铁路运输管理信息系统

主　编 ◎ 王　宇

副主编 ◎ 侯天航　李季涛

参　编 ◎ 杨俊锋　陶思宇

西南交通大学出版社

·成　都·

图书在版编目（CIP）数据

铁路运输管理信息系统 / 王宇主编. —成都：西南交通大学出版社，2022.12

ISBN 978-7-5643-7967-4

Ⅰ. ①铁… Ⅱ. ①王… Ⅲ. ①铁路运输 – 管理信息系统 Ⅳ. ①U29-39

中国国家版本馆 CIP 数据核字（2020）第 270789 号

Tielu Yunshu Guanli Xinxi Xitong

铁路运输管理信息系统

王　宇 / 主编　　责任编辑 / 周　杨
封面设计 / GT 工作室

西南交通大学出版社出版发行

（四川省成都市金牛区二环路北一段 111 号西南交通大学创新大厦 21 楼　610031）

营销部电话：028-87600564　　028-87600533

网址：http://www.xnjdcbs.com

印刷：成都蜀通印务有限责任公司

成品尺寸　185 mm × 260 mm

印张　13.75　　字数　374 千

版次　2022 年 12 月第 1 版　　印次　2022 年 12 月第 1 次

书号　ISBN 978-7-5643-7967-4

定价　48.00 元

PREFACE

前 言

随着全球信息化时代的到来，信息技术在各个领域的应用越来越广泛，对铁路运输行业的影响尤为深远。铁路运输管理信息系统作为现代铁路运营的核心支持系统，其发展水平直接关系到铁路运输的效率和质量。本书旨在全面介绍铁路运输管理信息系统的基本概念、应用领域、技术基础以及评价方法，为读者提供一本深入了解铁路运输管理信息系统的参考书籍。

本书共分为七章，第一章介绍了管理信息系统（MIS）的基本概念和定义，以及其在铁路运输行业中的应用和重要性。第二章详细阐述了铁路运输管理信息系统对企业的应用过程，包括信息系统的战略规划、系统设计、实施与维护等各个方面。第三章至第七章则分别介绍了铁路运输管理信息系统的规划、开发方法、系统分析、系统设计、实施与评价等有关概念和技术。

在编写过程中，我们尽可能地收集了国内外最新的研究成果和技术趋势，以期能够全面反映当前铁路运输管理信息系统的最新进展。同时，本书也注重理论与实践的结合，通过具体案例的导入与分析，希望帮助读者更好地理解铁路运输管理信息系统的实际应用。

本书的出版得到了众多同行专家学者的支持和帮助，在此表示衷心的感谢。同时，由于信息技术发展迅速，本书所涉及的内容可能存在一定的局限性和不足之处，敬请读者批评指正。

最后，我们希望本书能够对广大读者在了解和研究铁路运输管理信息系统方面有所帮助，并为推动铁路运输行业的信息化发展做出贡献。

编 者

2022 年 8 月

CONTENTS

目 录

第一章 MIS 基本概念

教学目的	通过本节内容的学习，能够正确把握管理信息系统课程所涉及基本概念的内涵以及基本概念之间的联系与区别，为后续课程的学习打下基础。
教学重点	管理、信息、系统、管理信息系统等基本概念的内涵及之间的联系与区别。
教学难点	系统思想在管理信息系统中的应用；管理信息系统的人机系统特性和动态性特征。
难点解决	系统演示+案例讨论
知识汇总	1. 理解并掌握信息、管理、系统之间的关系； 2. 理解管理的概念及其特点； 3. 理解并掌握组织对信息系统的影响； 4. 理解信息的概念、信息与数据的关系、信息基本属性、信息的价值； 5. 理解系统的概念、特性、组成；掌握信息系统的构成要素； 6. 管理信息系统的定义； 7. 管理信息系统概念图、管理信息系统的概念结构、功能结构、硬件结构和软件结构； 8. 管理信息系统的开发步骤。
课程导入	什么是信息？ 由于本课程处于不断发展变化过程之中，许多概念没有公认的定义或概念混淆，需要从概念的内涵上对其进行把握。通过提问，促使学生思考，引导其充分认识并正确掌握管理信息系统课程所涉及的基本概念内涵的重要性。

第一节　课程介绍

毫无疑问，现在我们所处的这个时代是一个信息时代（一个知识成为生产力的时代），管理学大师彼得·德鲁克认为："当前的信息革命实际上是人类历史上的第四次信息革命"。第一次信息革命是文字的发明，第二次信息革命是手抄书的发明，第三次信息革命印刷术的发明。每经过一次信息革命，人类的信息处理能力都得到了极大的提高，而且这种能力的增强是以几何级数的形式发展的。今天，我们获取信息的手段除了计算机和互联网外还有很多，诸如移动电话、电视、广播、邮件和报纸等，在这个"信息工具大发明时代"里，我们发现一个问题，我们所获取的信息不是太少，而是太多，以至于无法处理了，人们称之为"信息爆炸"。因此，我们迫切地需要一种工具来帮助我们"管理"信息，这种工具就是管理信息系统（Management Information System，MIS）。

现代科学技术的飞速发展，改变了世界，也改变了我们的生活，信息和信息系统无论在生活还是工作中都与我们有着紧密的联系，人们利用和依赖信息与信息系统来完成各种各样的事务（提问：信息系统如何改变生活）。同时，由于网络通信和信息技术的进一步发展，信息系统发挥的作用越来越大，其地位也变得越来越重要。信息系统已经从作为传统手工工作的替代工具逐渐发展成了企业获得关键竞争优势的战略资源。理解信息系统，特别是它们在业务流程、组织运营、管理控制和决策以及获取竞争优势等方面的创新应用，无论是对交通运输专业学生还是职场人员，都有着重要的现实意义。

如果没有信息系统的大量投资，整个经济将不可想象，电子商务公司，如淘宝、当当、京东商城、阿里巴巴将不存在。今天的服务行业——交通运输、金融、房地产、旅游、医疗和教育，没有信息系统就无法有效运作。类似地，零售公司如沃尔玛和家乐福，制造公司如长春客车厂和上汽通用等，都要求使用信息系统以保证其长期的繁荣与发展。正如办公室、电话、文件柜、有电梯的摩天大楼是20世纪的商务基础一样，信息系统是21世纪的商务基础。企业在未来五年内能做什么，往往取决于它的信息系统能做什么。

● 为什么要学习管理信息系统?

作为新一代的大学生，应当站在时代发展的前列，掌握现代科学技术知识，调整自己的知识结构和能力，以适应社会发展的需要。由于摩尔定律，"数据通信和数据存储成本基本上是零"，每一个企业对信息技术的使用面临着新的重大发展机遇，抓不住这个机遇的企业将失去其竞争力。随着信息技术的飞速发展，管理信息系统已成为铁路运输管理的重要组成部分。因此，当前企业对交通运输专业本科毕业生不仅要求具备扎实的专业知识，而且还应具有获取信息、应用先进的计算机技术处理信息的能力。在未来，作为运输企业的技术人员或管理者，虽然不一定是信息系统的直接开发人员，但你可能会决定开发什么样的系统，包含哪些功能，以及如何实现这些功能。因此，如果没有扎实的专业知识，不了解系统开发的基本知识，你就不可能清晰地理解现有系统，也不可能成功地设计新系统。我国铁路信息系统开发过程中的成功率很低、实施很困难，究其原因很多，其中就包括缺乏掌握管理信息系统基本原理、方法和技术的管理人员。因此，学习这门课程的首要原因：

作为未来的、交通运输企业的高级工程技术和管理人才，必须要有评估、评价和应用新兴信息技术的能力。同学们需要这门课程的知识来获得这样的能力。

科学技术的迅速发展和日益激烈的国际竞争使企业更加注重员工适应科技发展和需求的能力，也即是非常规的认知能力（抽象思维、系统思维、合作和实践能力）。

一、课程介绍

【课程性质】

本课程是交通运输专业本科生的专业必修课，是涉及多门专业基础课（计算机原理、程序设计、管理运筹学、系统工程学、数学模型、现代物流学）与专业课（行车、站场、货运和客运）的综合性专业应用课程，是交通运输类人才必备的素质教育课程。

本课程定位于交通运输专业的核心专业课，既重视管理信息系统基本原理的讲授，又密切结合管理信息系统的企业应用实践，其教学目标为：培养学生的信息素养和信息思维能力，掌握利用信息技术解决企业运作与管理中问题的基本方法与技术，培养学生的团队精神与团队合作能力。

【教学目的】

• 了解管理信息系统在企业，特别是铁路运输企业管理中的作用及其应用类型；

• 掌握管理信息系统的基本概念、结构、管理信息系统开发方法、管理信息系统开发过程各阶段的任务与技术、管理信息系统的开发环境与工具；

• 通过实践（课程设计），综合运用所学理论知识，初步具备分析设计应用系统的能力。

二、学习内容及教学计划（见图 1-1 和图 1-2）

要成功地掌握本课程的内容，请接受这样的观点："在这个领域没有绝对的对错之分，接受变化是人生中唯一不变的能力和意愿"。衡量成功的标准就是："技术很快就会过时，掌握当前的技术只有在短期有效这样一个事实"。对于长远的成功，重要的是要"学会学习"，并在以后的人生道路上不断地学习。

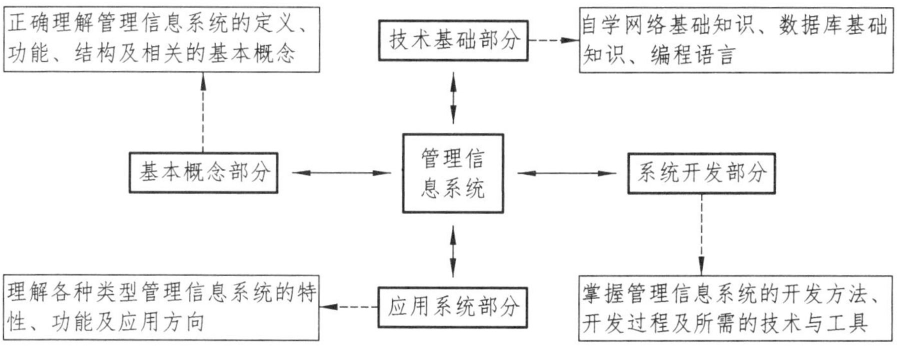

图 1-1　课程学习内容

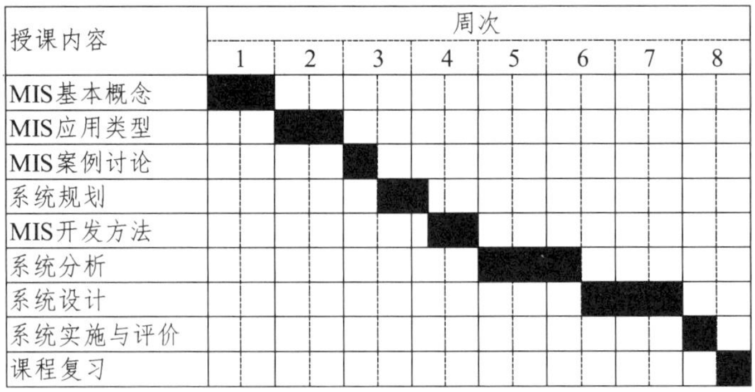

图 1-2　教学计划

第二节　中国铁路信息化介绍

一、铁路信息化概述

1. 重要意义

最新统计数据表明，到 2021 年年底，中国铁路营业里程达 15 万公里，其中高铁营业里程达到 4 万公里。一个横贯东西、沟通南北、干支结合的具有相当规模的铁路运输网络已经形成。2021 年，全国铁路旅客发送量 26.12 亿人，全国铁路货运总发送量 47.74 亿吨；整个铁路运输系统拥有 96.6 万辆货车、7.8 万辆客车、2.2 万台牵引机车、动车组 4153 组 3.3 万辆（2021 年交通运输行业发展统计公报，交通运输部统计中心），这些都需要由信息系统进行运输调度指挥管理。

硬件的建设不是一蹴而就的，在加强基础设施建设的同时，也必须从管理和组织上挖掘潜力。只有通过信息化手段推进铁路现代化，将信息技术广泛应用于铁路生产经营与管理决策的各项活动中，改造传统产业，才能提高运输生产率，提升市场竞争力，提高铁路运输经济效益。2020 年 12 月，全国交通运输工作会议上，交通运输部多次强调了科技创新、新技术应用、新基建重大工程项目建设、提高交通智能化水平、加快推进智慧交通建设等对于交通运输新阶段发展的重要性。目前，中国正在加速铁路网络建设，在这个过程中，政府及行业内部将大力推进铁路信息化、智能化，以信息化、智能化提升铁路运输效率，实现智能化的运输系统、数字化的行业管理、人性化的社会服务，从而实现铁路运输的跨越式发展。因此，可以说以信息化提升铁路运输效率是实现铁路交通运输现代化的必然选择。

2. 建设成果

为了提高铁路运输生产管理决策的自动化程度和水平，经过几十年的发展，铁路信息化建设已经取得了很大的成就。在硬件方面，铁路的通信网建设取得很大的发展，为铁路运输系统提供了有力支撑。工信部发布的《2021 年通信业统计公报》显示，2021 年，新建光缆线路长度 319 万公里，全国光缆线路总长度达 5488 万公里；其中，长途光缆线路、本地网中继光缆线路和接入网光缆线路长度分别达 112.6 万、1874 万和 3502 万公里，接入网光缆线路长度比上年净增达 297 万公里。另外，铁路 71 条干线的基础通信网达到了光缆化、数字化，主要的车站具备了多个两兆高速接入网络。在软件方面，铁路列车调度指挥系统 TDCS 的实现，使铁路 TMIS 和 DMIS 信息系统有效结合，彻底改变了传统的铁路调度指挥方式，建立起融信号、通信、计算机、数据传输和多媒体技术为一体的，可靠、集中、透明的运输调度指挥系统，大大提高了铁路运输调度指挥的效率和智能化水平。现在全国所有的列车全部都在计算机的控制下进行调度指挥。

3. 总体规划

2022 年，中国国家铁路集团正式印发《“十四五”铁路网络安全和信息化规划》，以推动铁路业务与数字化深度融合为主线，实施“上云用数赋智”行动，坚持安全、成熟、可靠及经济适用原则，积极稳妥推进铁路应用创新，充分发挥铁路数据价值，大力推进铁路网信治理体系和治理能力现代化，服务铁路高质量发展。到 2025 年，建成高速泛在、天地一体、云网融合、智能敏捷、绿色低碳、安全可控的智能化综合性铁路信息基础设施，各业务领域数字化水平显著提升，铁路数字经济蓬勃发展，网络安全防护能力得到全面增强，国铁集团信息化治理体系和治理能力现代化水平显著提升，铁路网络空间正能量更加充沛，客户服务、生产经营、开放共享能力迈上新的台阶，全面完成铁路信息化 CR1623 总体蓝图，网络安全和信息化将为铁路高质量发展提供强有力的支撑。

4. 总体目标

铁路运输经营、管理、服务系统化；指挥控制现代化；决策智能化。

讨论 1-1　美国铁路信息技术的应用目标

美国铁路信息技术的应用目标，已不再是单纯增加设备利用率、提高劳动生产率、大幅度减少员工和降低运行成本。如今，其目标转移到如何更好地接近客户，主动提供新的服务产品和提高服务质量，增加客户满意度，从而巩固原有铁路市场，提高铁路在市场中的竞争力，争取从其他运输方式那里夺取更多市场份额。为适应这种变化，美国铁路信息系统的运行模式也发生了相应变化。

根据重组要求开发信息系统。激烈的市场竞争使美国企业认识到，要在竞争中获胜，必须充分利用信息技术的成果，建立一个灵活的、全球化的、计算机控制下的企业。为此，企业开始对经营目标、管理观念、管理机构设置及运行机制进行重新研究和定义，以业务流程为中心对企业进行根本性的变革和改造。美国企业这种业务过程重建的潮流是信息技术的发展，特别是网络技术的迅猛发展所诱发和驱动的。因此，一个信息系统平滑与否，成为决定企业业务过程重建成败的核心环节。

美国各主要铁路公司在已经开发成功的综合运行管理系统的基础上，为更好地适应市场的需要，一边维持原系统正常运行，一边对企业的业务流程重新做出详细分析。从企业文化转变开始，（例如过去一切工作围绕保证列车准点运行，如今要转变到如何为客户提供及时、可靠、价格合理的“门到门”运输服务），根据企业的市场定位，按实现这个定位的流程对企业进行重建（The end to end）。

重建的目的是改变过去企业按职能设置机构的传统做法，使企业和顾客之间的关系更密切，更快、更好、更有效地为顾客提供高质量服务。这也便于企业对各个生产流程进行定量考核，每个流程可按同一标准重复实现，大大提高了数据的及时性和正确性，减少了员工靠记忆在规定时间内按规定顺序作业的困难。更重要的是，改变后的流程可以方便地适应多变的市场需求。

信息系统的设计根据重建确定后的流程为基础，彻底改变了过去的程序设计方法，使企业的数据库、信息知识组织更有效、更好地为整个企业服务，避免了传统上各业务部门按职能、按条目重复开发系统的弊病。美国铁路企业在使用信息技术时，坚持使用统一的软硬件平台，平台种类数量越少越好，一经严格评审后定下的技术平台要保持相对稳定。为了便于使用，他们还采用图形界面，用户只需直观地填表就可使用，不用专门培训。目前，他们还在大力实验语音、手写文字识别等新的技术。

二、铁路信息化体系结构

随着国内铁路投资力度的加大，铁路系统的信息化程度也在不断提高。自 1997 年国内铁路实施第一次大面积提速以来，铁路部门已先后进行了六次大提速，随着列车速度的不断提高，铁路系统对现代化信息设备的需求量和依赖程度都在不断增加。铁路信息化涵盖铁路行业各主要业务环节，体系结构可以概括为运输组织、客货营销、经营管理三大信息化应用领域、10 个建设方面、38 个具体应用系统，如图 1-3 所示。

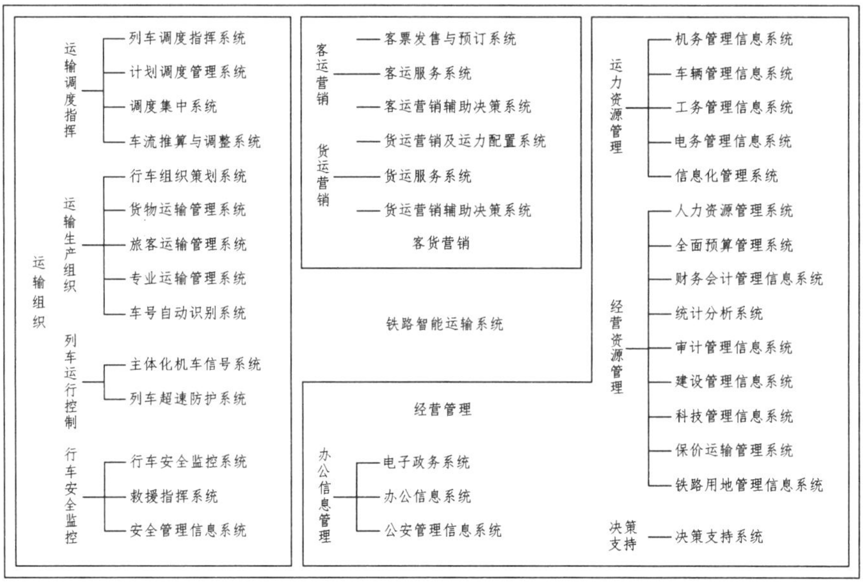

图 1-3　铁路信息化具体应用系统

1. 基础平台

公共基础平台是铁路信息化建设的基础，主要包括通信网络基础平台、信息共享平台、信息安全保障平台、公用基础信息平台，如图 1-4 所示。加强铁路信息化基础建设、提高系统整合能力、提供技术及管理保障是发挥铁路信息化效益的关键。

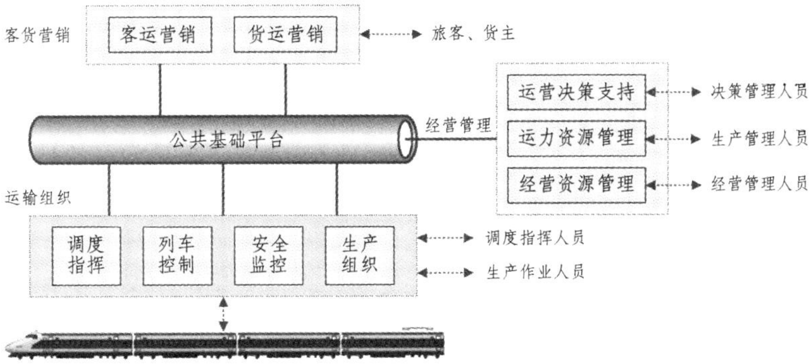

图 1-4　铁路信息化体系结构

2. 运输组织

调度指挥和列车控制是运输组织的核心，调度指挥信息化是保证安全生产、提高运输效率的迫切需要，是铁路信息化的重要组成部分，是铁路大联动机的基础，需要加速建设，保障运输安全，增强运输能力。

3. 客货营销

铁路面向市场，要提高经济效益，就需要尽快加强客、货运营销系统的建设。

（1）铁路客运营销管理信息化需要完善和优化客票发售和预订系统，建设自动售、检票系统，以及客运营销和预测系统等；

（2）铁路货运营销管理信息化需要建设货运营销辅助决策支持系统、货运营销信息服务系统、货运营销运力配置系统等；

（3）铁路需要建设电子商务门户网站，发展多式联运，实现铁路与港口、货运企业及海关等相关政府监管部门之间的信息交换。

4. 经营管理

经营管理指全面完成综合调度系统实施，实现对车辆、列车、机车、集装箱、货物的动态实时追踪等。

运营管理信息系统需要建设集装箱、工务、机务、车辆、电务管理信息系统和安全防范及故障预警等专业系统，以及铁路运营管理宏观决策支持系统、铁路发展战略信息系统等。

伴随着铁路数字化建设的步伐，为进一步加强铁路客货运输营销系统建设，扩大铁路客票发售和预订系统应用范围，研发客运综合服务信息系统，整合货运现有系统信息资源，开展铁路电子商务门户网站等，都具有现实而又深远的重要意义。

第三节　MIS 基础知识

课程导入

管理的任务在于通过有效地管理好人、财、物等资源来实现组织的目标，而要管理这些资源，则需要通过反映这些资源的信息来管理，因此，信息是管理活动中一项极为重要的资源。信息对于管理很重要是由于“管理的实质是决策”。管理工作的成败，取决于能否做出有效的决策，而决策的正确程度则取决于信息的质和量。基于计算机的信息系统，能把生产和流通过程中的海量数据流收集、组织和控制起来，经过处理，转换为对各部门来说都不可缺少的数据，再经过分析，使它变成对各级管理人员的决策具有重要意义的有用信息。

管理信息系统涉及管理、信息和系统这三个最基本的概念。管理、信息和系统分别是管理科学、信息科学和系统科学的研究对象，现代的管理信息系统中又广泛地应用了电子计算机，所以管理信息系统是多学科交叉的产物。本节先介绍信息、系统和管理的基本概念及相关知识，最后阐述管理信息系统的定义和基本概念。

一、管理基础知识

管理信息系统是服务于管理的，管理是信息系统服务的对象。对服务对象了解得越清楚，就能服务得越好，因而懂得基本的管理知识是很重要的。管理基础知识如图 1-5 所示。

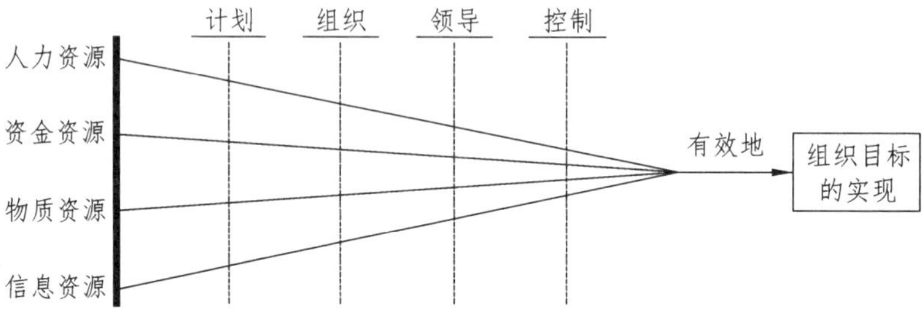

图 1-5　管理基础知识

1. 管理的定义

管理是对组织的人力、资金、物质及信息资源，通过计划、组织、领导和控制等一系列过程，来有效地达成组织的目标。在这里，“有效地”是指以最小的投入去获得最好或最大的产出目标。

管理是一个十分广泛的概念，有着非常丰富的内涵和外延。简单说来，管理就是了解情况并做出决策（Herbert A. Simon）。管理的过程就是决策的过程，因此，当前的管理信息系统不仅要收集大量的信息来满足管理者了解情况的需求，还要帮助管理者理解信息，并在此基础上做出合理的决策。接下来，我们通过管理科学的发展，来了解信息技术在管理科学中的应用以及对它的影响。

2. 管理科学的发展（见图 1-6）

第一阶段：

20 世纪 20 年代，以“泰勒制”为代表的科学管理出现，代表作是泰勒在 1911 年写的《科学管理原理》。书中论述了改直线制为职能制，强调对动作和时耗的研究，提倡分工、劳动定额和计件工资。认为提高劳动生产率是使公司盈利的关键，管理中必须设定各种标准和定额来控制工人完成每一基本任务所用的方法和所需的时间，第一次把科学原则引入管理中，主要贡献在于对绩效标准的重视。

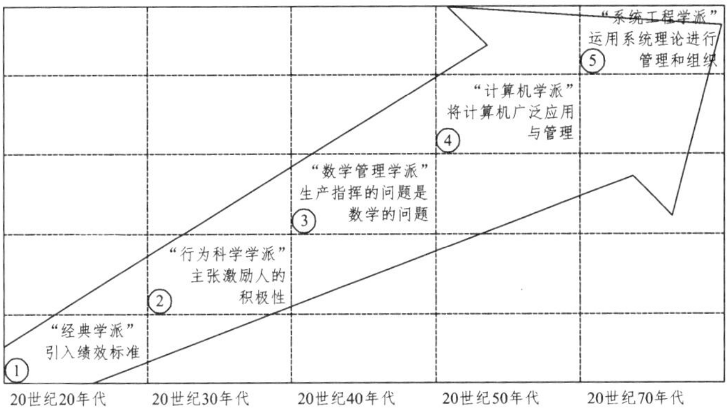

图 1-6　管理科学的发展

现代企业中的管理信息系统可以用程序自动对实际工作绩效与相应标准进行比较，并可以在实际绩效指标与标准的差超过一定限度时，按照例外管理的原则向有关管理人员提出报告。例如，铁路编组站到达列车列检技术作业过程，在站细中对各类列车的技术作业程序和时间都有明确的标准。

第二阶段：

20 世纪 30 年代，出现了“行为科学学派”，代表作是 1933 年美国人迈约写的《工业文明中人的问题》，主张激励人的积极性，甚至由工人参加管理。早期的 MIS 系统设计者不重视系统开发和应用过程中所涉及的人，往往把系统失败归咎于用户的保守和不愿变革，实际上无数事实证明，只有使用户充分了解系统实施的意义与自身根本利益的一致性，充分尊重他们的意见，让他们真正参与对于系统的设计，才能保证 MIS 系统的成功实施。

实例 1-1　霍桑效应

1927—1932 年，美国哈佛大学研究人员在伊利诺伊州的霍桑工厂研究车间照明对生产率的影响，实验分为参照组和实验组。结果在研究时意外地发现，无论在设计的环境中如何改变照明条件，随着实验的进行，参加试验工人的生产率总是在不断提高。最后得出的结论是：生产率的提高与照明条件的变化无关，完全是由于工人感到自己受重视而提高了工作积极性的结果，以后一些管理学家就把工人因为感到受重视而努力工作的现象称为霍桑效益。

思考：为什么管理信息系统成功的关键是人？

第三阶段：

20 世纪 40 年代出现了“数学管理学派”，代表作是 1940 年苏联人康托纳维奇撰写的《生产组织与计划中的数学方法》一书，认为生产指挥的问题主要是数学问题，如线性规划、任务指派、最短路径等运筹学问题。

在管理信息系统中将会运用到很多数学模型和算法，例如对客运服务质量的评价模型、运输线路的规划模型、列车运行图调整算法、售票窗口排队系统、到发线运用多目标规划模型等，这些都会用到运筹学的知识。

第四阶段：

20 世纪 50 年代出现了“计算机管理学派”，将计算机应用于管理（例如用于工资、人事、财务管理），从而形成了将计算机应用于管理的第一次热潮。显而易见，对问题进行定量化描述和处理最易发挥计算机的长处，主要用于解决结构化的决策问题。

第五阶段：

20 世纪 70 年代出现了“系统工程学派”，代表作是 1970 年华盛顿大学卡斯教授著的《组织与管理——从系统出发的研究》。该学派认为，现代企业是一个追求经济目的的社会技术系统，由各种人员、技术设备和其他物质要素构成，是一个与环境处于经常相互作用下的开放系统，企业不断地将来自环境的输入资源（人员、物质、设备、能源、资金和信息）转变为各种输出（产品、人员、资金、信息）。而企业的信息系统可以看成企业系统的一个子系统，它搜集数据和向管理人员提供信息，因而与管理人员一道在整个企业系统中起着反馈控制机制的作用。

从上述内容可以看出，后一种学派的产生，一般不是对前一种学派的否定，相反是对前一种学派的弱点加以改进，使前者的愿望能够更好地实现。例如，行为科学能激励工人更好地完成定额，更便于科学管理的实现；计算机的出现使数学方法的应用成为可能，从而促进了应用数学的发展；而系统工程则更加综合、更加全面，主张分析环境，什么方法合适就用什么方法。

将重要的管理理论进行总结后可以看到，管理的理论来源于生产，并由生产逐步转向经营，由产品转向服务，由低层逐步转向高层，由运营转向战略决策。直到今天，企业的管理问题也仍未完全解决，因此，利用信息技术解决管理问题仍然是既复杂而又有挑战性的工作。在管理活动中应用信息技术手段建立企业的信息系统，标志着管理现代化的进程，但是管理现代化并不是一个静止的概念，而是相对于一个时期、一定阶段而言的，其内容是随着社会的变化、生产力的发展和科学技术水平的提高而不断得到充实的。

二、信息基础知识

信息是客观世界的反映与深化，信息、物质和能源共同构成了人类社会发展的三大资源。科学家认为，如果说近代科学技术的各门类是被能源沟通在一起的话，那么现代科学的各个门类就是由信息贯穿在同一个线索上了。他们指出：“没有物质，什么都不会存在；没有能源，什么都不会发生；没有信息，任何事物都没有意义。”

信息（Information）是我们每天使用的基本术语之一，像“活着”和“真理”一样，用这类词进行交流不会产生歧义，但却很难给它们下定义。

1. 基本定义

（1）数据的定义。

数据和信息（见图 1-7）在管理信息系统数据处理中是最基础的一个概念，关于这个概念也有很多不同的解释，区分数据和信息是有用的，但对于管理信息系统的学习来说，我们只需要理解：

数据是记录下的事实（未经加工的事实），表达发生于组织及其环境中事件的原始事实的符号串，其本身并没有什么价值。例如，铁路编组站管理信息系统每天收集大量的办理辆数数据片段，这些记录下来的事实都称为数据。

（2）信息的定义。

这些办理辆数数据片段可以被汇总和分析，以提供有用的信息，如车站某一月份的办理辆数、班组的工作完成情况，办理辆数中无调、有调、到达和出发的辆数等，也就是说，数据经过加工以后就可以得到信息。因此，信息是加工后的数据，是对事物特征及其运作的描述，意指已转化为对人类有意义和有用形式的数据。

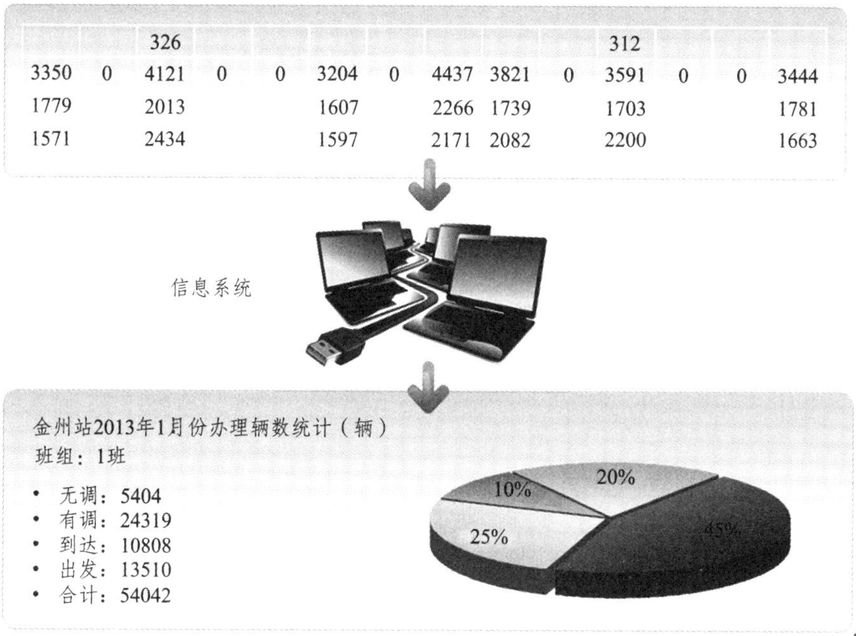

图 1-7　信息与数据

（3）注意事项。

① 在设计和建立信息系统的过程中，要明确无论哪个层次的管理者所需要的都是信息而不是数据，如果只是简单地提供“多而全”的数据，管理者就会淹没在数据的海洋里而找不到真正需要的信息。

② 资料的准确性至关重要，从虚假的数据出发很难做出正确的决策，“歪打正着”在现实复杂的决策中能够奏效的可能性几乎不存在。

③ 管理工作的成败取决于能否做出有效的决策，而决策的正确程度则取决于信息的质和量。

信息对接收者有用，对决策或行为有现实或潜在的价值。但是，对一个企业来说，如何认识信息的价值这是一个重要的问题。是什么能使某类信息具有很高的价值，而有些信息毫无价值呢？遗憾的是我们很难以货币为单位来精确度量信息的价值，就像我们知道交通运输业在国民经济中具有很重要的作用，但我们无法准确地指出它在 GDP 中所占的比重。

实例 1-2　供应链中的牛鞭效应

供应链的无效率，如零件的短缺、工厂能力利用不足、超额成品库存、货运成本超支等问题，均由不正确或不及时的信息引起。在一条供应链中，不确定性总会发生，因为许多事件不可能预测到，例如不确定的产品需求、运输延迟等。因此，为了使顾客满意，制造商往往在其库存中保持比它们实际需求还要多的库存，以应对这种不确定性和不可预测性。

供应链中的牛鞭效应是指尽管某种具体产品的顾客需求的变动不大，但它们在供应链中的库存和延期交货水平的波动却很大，这种随着往供应链上游前进需求变动程度增大的现象与我们挥动鞭子时手腕稍稍用力，鞭梢就会出现大幅度摆动的现象相类似。于是，人们将这种现象叫作“牛鞭效应（Bullwhip Effect）”。

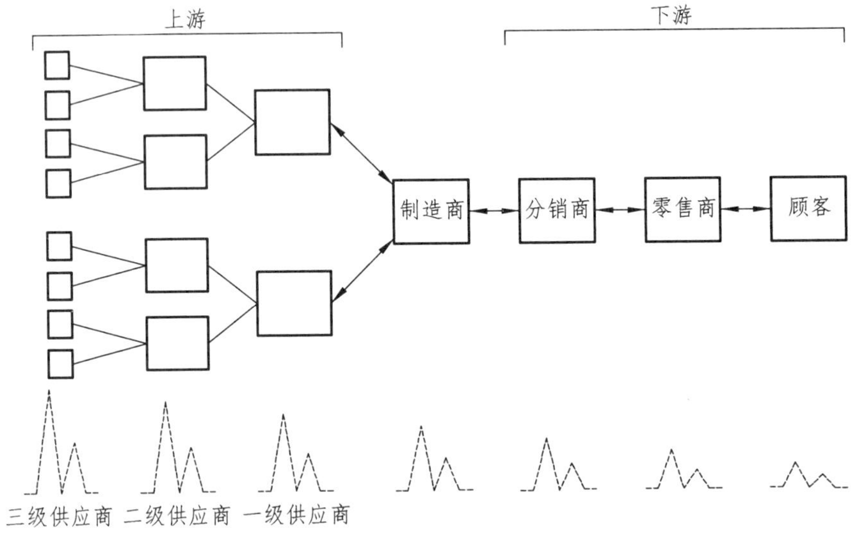

图 1-8　供应链中的牛鞭效应

在供应链管理中一个反复发生的问题就是牛鞭效应，即当信息在跨越供应链一个环节到另一个环节时受到破坏。需求上的一个微小变化，可能涉及供应链中的不同成员，这个变化经过供应链波动放大，造成了超额的库存、生产、仓储和运输成本。其原因在于，供应链中的各个节点是根据上一节点的订单预测来进行决策，这要比实际顾客需求的变动性大得多，因此无法真实地反应市场需求的变动情况。

有关报告估计，仅在美国就有300多亿美元沉积在食品供应链中，其他行业的情况也不相伯仲。

当供应链中的成员均有准确和及时的信息时，即供应链中的成员可以共享库存水平、调度、预测和运输的动态信息时，牛鞭效应就可以通过减少需求和供应的不确定加以克服。

当前，互联联网技术使顺序供应链可能转化为并行供应链，在顺序供应链中信息和材料流由一个公司顺流到另一个公司，而在并行供应链中，信息可在供应链网络各成员间同时多向流动，网络成员可以及时地调整生产调度或订货的变化。

2. 信息的维度

那么，我们怎样来确定信息的价值呢？我们能够做的就是按照信息的维度——时间、内容和形式来确定对信息的需要（见图 1-9）。运用上述三个维度，能够确定对人们有价值的信息的一些特征。下面让我们分别来看看这三个维度及其特征。

（1）时间维度。

无论我们是在向顾客提供有关产品和服务的信息，还是在运用信息进行决策，信息的时间维度都是至关重要的。时间维度包括：

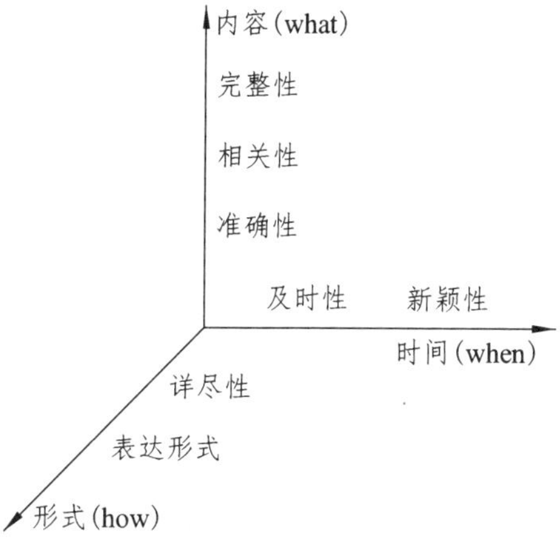

图 1-9　信息的维度

① 及时性：在人们需要时及时获得的信息。

② 新颖性：最新的信息。

好的信息应该是及时（Timely）的信息。及时性的含义是当人们需要信息时而拥有信息，若人们不能在需要时获得信息，那么就几乎不可能做出正确的决策；新颖性则意味着拥有最近或最新的信息。

（2）内容维度。

内容通常被认为是信息中最重要的方面，包括：

① 准确性：无差错的信息。

② 相关性：与你正要做的事相关的信息。

③ 完整性：你要了解的全面详细的信息。

好的信息应该是准确（Accurate）的信息，准确性特征说明用户接收的信息是经过正确处理的。例如，铁路局集团公司调度所的车流计划调度员如果收到管辖编组站提供的站存车数据是错误的话，那么将无法正确地铺画出车流计划。信息的相关性和完整性是相辅相成的，即你应该只接受与你工作相关的信息（相关性，Relevant），而且应该接受全部你所需要的信息（完整性，Sufficient）。例如，铁路局集团公司调度所的行车调度员在调整列车运行图时，会收集相关各部门的数据，如工务部门提交的线路施工计划，这个计划应包括完整的信息：施工开始时间、地点、结束时间、对列车运行速度的要求等。

基于信息技术的环境往往带来信息量的剧增，因此，很容易使我们忽略信息的相关性，从而提供远远超出人们吸收能力的信息，甚至可能提供人们根本不需要的信息。

（3）形式维度。

形式维度包括详尽性和呈现性。

① 详尽性：信息应详尽适当。

② 呈现性：信息以最适当的形式（图形、打印、动画、影像、声音等）被提供。

详尽性特征涉及接收信息的概括或详尽的程度。例如，铁路客运站售票车间主任需要掌握每一个售票员每天的售票情况（张数、金额、异地票销售等）；换一个角度，对于车站的站长，需要的则是车站每天客票的销售情况，而不是单个人的销售业绩。

呈现性特征涉及接收信息的形式。例如，在网上购物时，你会买没有实际图像的商品吗？

你甚至会觉得一张图片都是不够的，最好有整体图、局部图甚至动画操作演示，可能还要看看网友的评论。呈现性还包括用于提供信息的技术，比如：接收的是打印方式的信息，也可能把带有动态、影像、动画或声音等形式的信息显现在屏幕上，甚至可能是直接体验的方式如虚拟现实系统。

从某种意义上讲，如果上述信息维度运用恰当的话，将为系统开发和应用带来成功。也就是说，在人们需要信息的时候（时间维度），以人们希望得到的形式（形式维度）获得正确的信息（内容维度）是至关重要的。所以我们今后在系统开发过程中面临的问题就是“怎样确定人们需要哪些信息？何时需要？以及他们希望以何种方式得到信息？”这些也是我们在系统分析和系统设计中所要思考和解决的问题。

3. 信息的使用

了解信息所需的准确时间、准确内容和理想形式是在信息时代作为一名精通信息的专业技术人员迈出的重要一步。但这还远远不够，我们还需要解决如何获得信息、从哪里获得信息，以及一旦获得了信息其含义是什么等问题。

实例 1-3　信息的使用

一家超市的经理收到上周尿布销量统计如图 1-10 所示，发现周五晚上的尿布销量在一周尿布销售总量中占很大的比例。如果你是经理将如何做决策？

当你运用信息进行工作时，不要急于下结论。问问自己：这些信息到底意味着什么？我是否已经拥有了进行决策所需的全部信息？

“信息”不会必然地、自动地、无条件地等于“资源”“财富”和“金钱”。没有经过整理的信息不是我们的朋友，甚至是我们的敌人。信息真正成为财富和资源的必要条件是要把信息管理起来。

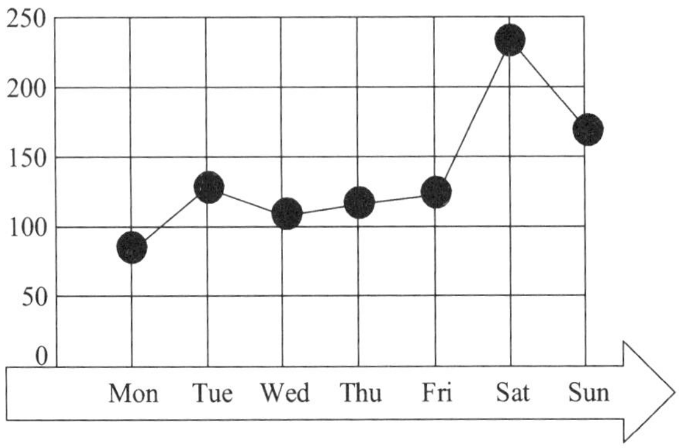

图 1-10　某公司周尿布销量统计

（1）五项职责。

职责一：需要确定自己的信息需求。

职责二：必须知道如何获得以及在哪里获得信息。

职责三：必须正确理解信息的含义。

职责四：必须在已知信息的基础上采取适当的行动。

职责五：在运用信息的过程中必须坚持遵守法律和道德规范。

（2）决策方案。

大多数人都会立即跳到“职责四”，决定要确保尿布在周五有充足的库存，或实行特价，以便在那一段时间进行促销。然而正确的方式应该是：

① 首先观察信息，并确认这并不是全面、完整的信息，也就是说，在采取行动之前还需要获取更多的信息。

② 确定所需要的信息是：为什么在那段时间会出现尿布销量的突升，以及都是哪些人在购买（职责一）。

③ 安排一个雇员周五晚上专门在卖尿布的通道上记录与该情况相关的信息（职责二）。

④ 了解到周五晚上大多数尿布是被一些年轻的男性顾客买走了，很明显他们被指派在下班回家的路上购买周末所需的尿布（职责三）。

⑤ 决定在尿布旁摆放有奖的国产和进口啤酒（职责四）。

（3）衡量水准。

精通信息的水准包括：成为一名内行、专家或一名创新者（见图 1-11）。

• 内行：意识到尿布销量在周五晚上升，要确保那段时间有足够的尿布库存。

• 专家：了解尿布销量在周五晚上升，要投入资金保持尿布的库存足够，并在那段时间进行促销，以提高年收益。

• 创新者：尿布销量对象主要是下班回家的男性顾客，要保证尿布的足够库存，但更重要的是在尿布旁放置有奖啤酒，吸引顾客购买，以便带来更多的边际收益。

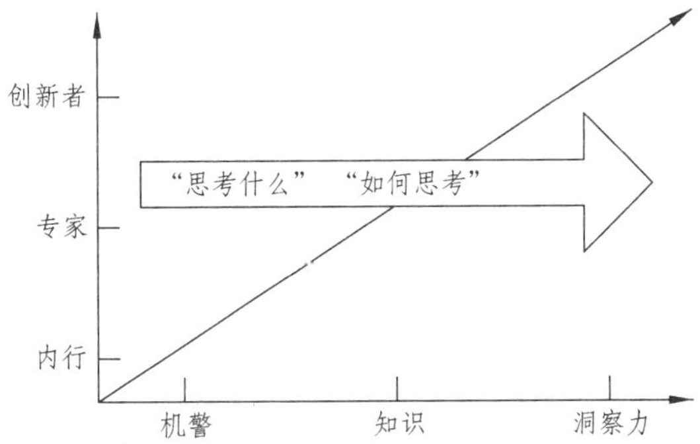

图 1-11　创新与思考

作为一名内行和专家，主要涉及要思考哪些问题，这些可以从学习中获得答案。但是任何老师或教材都不能教你如何从自己具有的知识中获得洞察力，老师只能教你“思考些什么”，而无法告诉你“如何思考”。学会如何思考的能力将使你成为一名真正的创新者。

三、系统基础知识

系统的概念是管理信息系统三大基本概念之一，为我们描述、理解、划分和分析组织中的现象提供了有用的框架。

1. 系统概念

系统是指各种方法、过程或技术结合到一起，按一定的规律相互作用，从而构成一个有机的整体（美国国家标准协会 ANSI）。就本质而言，系统是一定环境中一类为达到某种目的而相互关联、相互作用的事物有机集合体。系统结构如图 1-12 所示。

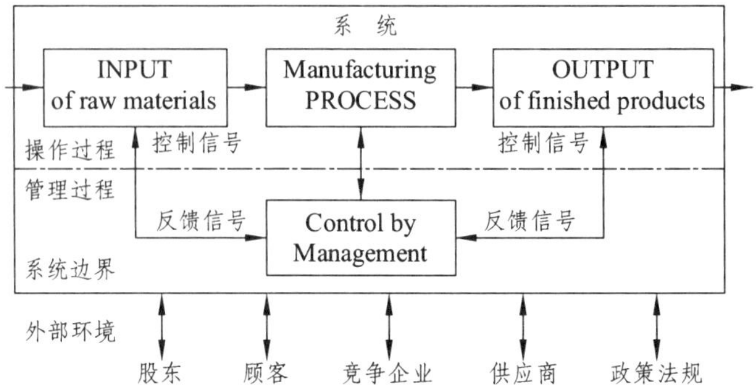

图 1-12　系统结构图

2. 系统元素

一个实际的系统模型从宏观上看有输入、处理和输出三部分（输入和输出可以是多个）：

① 系统输入：系统接收的物质、能量和信息。

② 系统输出：系统经变换后产生的另一种形态的物质、能量和信息。

③ 系统处理：除了将输入变换为输出之外，为了使系统有效地运转，还具有控制功能以及输出对输入的反馈功能。

例如，大学这个大系统的输入包括学生、教师、管理人员、教学设备等，处理方式包括教学、科研、社会服务等，输出包括受过教育的学生、有意义的科学研究成果、对社区和国家的服务等，最终的目标是获取知识。

3. 系统边界

系统边界是指一个系统区别于环境或另一系统的界限，由定义和描述一个系统的一些特征来形成，是系统与环境分开的假想线。边界之内是系统，边界之外是环境，从而实现系统与环境间的物质、能量和信息交换。在对系统的认识、理解和处理上，可先将系统视为一个黑盒子，由此来研究其外部特征（输入和输出），然后随着认识程度的深入不断展开，使其逐步变“灰”“半透明”“透明”，这也是管理信息系统分析和设计的思路。

4. 系统作用

系统理论及系统工程方法是信息系统开发的重要理论基础，对分析设计信息系统有重要的指导意义。按照系统观点，在开发信息系统时，需要先从整体上识别系统，再根据功能性和层次性将系统分解为相互联系的子系统。这样，一方面可以较好地从宏观上把握整个系统，另一方面也能有效地控制开发的复杂性，通过对各子系统的深入研究，可以集中注意力于单一的问题领域。

第四节　管理信息系统的基本概念

一、管理信息系统概念

1. 起源与发展

信息系统是一个古老而又年轻的学科，古代的飞马传信、烽火报警系统就是最为原始的信息系统，它们都是基于人的信息系统，因此称之为人基信息系统。管理信息系统定义的起源和发展如图 1-13 所示。

图 1-13　管理信息系统定义的起源和发展

管理信息系统的概念最早开始于 20 世纪 30 年代，博德在他的一本著作中强调了决策在组织管理中的作用，从而有了管理信息系统的萌芽。

20 世纪 50 年代西蒙提出了管理依赖于信息和决策的概念，同一时代维纳发表了《控制论与管理》一书，他把管理过程当成一个控制过程，而控制主要依赖于信息。1954 年，计算机已成功地运用于会计的工资统计工作中。1958 年，盖尔写道："管理将以较低的成本得到及时准确的信息，做到较好的控制"，这时数据处理一词已经出现。20 世纪 60 年代，美国经营管理协会及其事业部第一次提出了建立管理信息系统的设想。

在拥有上述理论基础之后，管理信息系统的定义开始出现于各种场合：

管理信息系统一词最早出现在 1970 年，瓦尔特·肯尼万（Walter T kennevan）给它下的定义是："以书面或口头的形式，在合适的时间向经理、职员以及外界人员提供过去的、现在的、预测未来的有关企业内部及其环境的信息，以帮助他们进行决策。"这个定义没有指明一定要用计算机来处理信息，也没有强调应用模型，而是着重指出了信息对企业决策的支持功能。显然，这个定义出自管理，而不是计算机。

1985 年，管理信息系统的创始人之一，明尼苏达大学卡尔森管理学院的著名教授高登·戴维斯（Gordon B. Davis）给出了管理信息系统比较完整的定义："它是一个利用计算机硬件、软件以及各种分析、计划、控制、决策模型和数据库的人机系统、它能提供信息，支持企业的运行、管理和决策功能。"这个定义指出了管理信息系统的基本组成元素，即包括计算机、各种分析和决策的模型、数据库和用户，同时还指明了管理信息系统的主要功能是支持管理和决策。

20 世纪 70 年代末 80 年代初，管理信息系统一词出现在《中国企业管理百科全书》中，它的定义是：管理信息系统是一个由人、计算机等组成的，能进行信息的收集、传递、存储、加工、维护和使用的系统。它能实测企业的各种运行状况，利用过去的数据预测未来，从企业全局出发辅助企业进行决策，利用信息控制企业的行为，帮助企业实现其规划目标。

90 年代以后，支持管理信息系统的一些环境和技术有了很大的变化，因而对管理信息系统的定义描述也有一些变化。一些学者试图以别的名词和内容代替管理信息系统，但没有成功。主要的名词有决策支持系统（Decision Support System，DSS），信息技术（Information Technology，IT）和信息管理（Information Management，IM）。DSS 替代论者试图用小而方便的模型支持管理决策，从而得到巨大的收益，但是因为没有管理信息系统提供足够的信息支持，致使 DSS 在应用中难以发挥作用。信息技术过分强调技术的变革，削弱了管理信息系统的系统性和综合性，不利于管理信息系统的发展。

2. 管理信息系统定义

（1）环境。

当代管理信息系统的环境、目标、功能和内涵均有很大的变化。

全球化挑战和机会——扁平化的世界。2005 年，新闻工作者 Thomas Friedman 写了一本很有影响的书，声称世界是“平的”，他的意思是：互联网和全球通信使发达国家经济和文化的优势不再明显。发达国家和欠发达地区的人们竞争工作岗位、市场和资源。例如，在美国销售的玩具，80%在中国制造，而在中国制造的个人电脑，有 90%用的是美国英特尔和 AMD 芯片。全球化要求信息系统做什么？回答很简单——每一件事。互联网融入国际通信系统，这大大减少了全球范围的运行和作业成本，顾客现在可以 24 小时在全球市场内采购、获得价格和质量信息。

（2）目标。

企业应用信息技术的能力和它实现企业战略，进而达到企业目标的相关性不断增强。企业在未来五年内能做什么往往取决于它的系统能做什么，增加市场份额、成为廉价高质的生产商、开发新产品、提高生产率、改进顾客服务质量、保持长期的竞争优势等目标，越来越多地取决于企业信息系统的种类和质量。

（3）技术领域。

管理信息系统在企业中最振奋的话题是技术的持续革新，以及新技术的应用对企业成功的影响。老的系统正在被全新的系统替代，新的行业出现了，成功的公司是那些学习了如何应用这些新技术的公司。在技术领域的主要变化有：新生的移动数字平台，如 iPhone，大多数管理者在工作日如果不用手机或互联网简直不可想象；在线服务软件的增长，如网络会议、微信、博客等，导致虚拟会议猛增；“电子云计算”的增长，越来越多的商务软件跨网运行。

所有这些变化都为一个动态的、新的全球商业经济做出了贡献，事实上，没有管理信息系统的变化，全球经济就不可能成功。

（4）MIS 的定义。

管理信息系统是一个以人为主导、利用计算机硬件、软件、网络通信设备以及其他办公设备，进行信息的收集传输、加工、储存、更新和维护，以企业战略竞优、提高效益和效率为目的，支持企业高层决策、中层控制、基层运作的集成化的人机系统。

从定义可以看出，一个信息系统从技术上可以定义为相互连接的部件的集合，它可以进行信息的收集、处理、存储和分发，以支持一个企业的控制和决策。除了支持决策、协调和控制，信息系统还可以帮助分析复杂的问题和创造新的机遇。此外，信息系统包含企业内或围绕它的环境的主要人员。

（5）注意事项。

虽然信息系统要用计算机技术处理原始数据，使其成为有意义的信息，但这里有明显的不同，计算机和程序是一方面，而管理信息系统是另一方面。计算机及其相关的程序是管理信息系统的技术基础和工具，它仅仅是管理信息系统的一部分。就像房子要使用锤子、钉子和木头建造，但它们并不是房子。

二、管理信息系统的结构

管理信息系统的结构是指各部件的构成框架，由于对部件从不同的角度去理解就构成了不同的结构方式，其中最重要的是概念结构、层次结构和功能结构。

1. MIS 概念结构

MIS 的概念结构如图 1-14 所示。信息源是信息产生地，可以是市场需求报告、库存报告、人力资源报告或生产能力报告等。对铁路运输调度指挥来说可能是装卸车统计、列车确报、车站报点等。信息处理器担负信息的传输、加工、保存等任务。信息用户是信息的使用者，应用信息处理的结果进行决策。信息管理者负责信息系统的设计实现，并在实现后负责信息系统的运行和协调，同时信息管理者也调整完善系统适应新的决策任务。

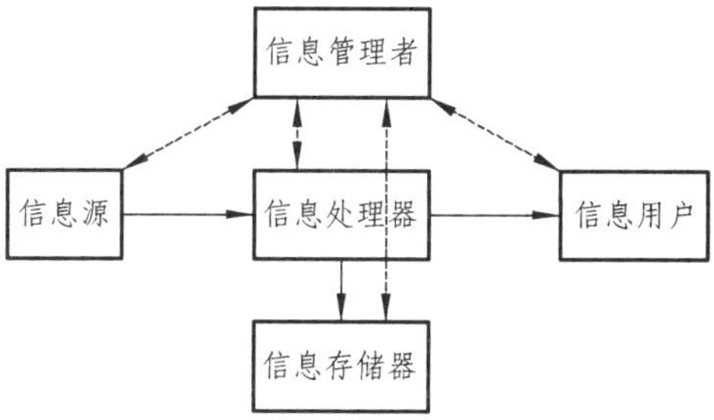

图 1-14　MIS 的概念结构

2. MIS 层次结构

根据处理信息量的大小和决策的层次来看，可以把 MIS 看成一个金字塔式的层次结构。信息系统是为管理决策服务的，而管理是分层次的，即纵向可以分为基层（作业处理）、中层（战术管理）和高层（战术策略）三个层次。因此，管理信息系统也可以纵向相应分解为三层子系统。由于下层系统数据处理量大，上层系统数据处理量小，所以组成了金字塔结构。

管理又可按职能分条进行，因此，在每个层次上又可横向地分为财务管理、制造、营销管理、人力资源管理和办公自动化等子系统等。每个子系统都支持从基层到高层的不同层次的管理需求。

一般来说，基层管理所处理的数据量很大，加工方法固定，而高层管理所处理的数据量较小，加工方法灵活，但比较复杂。所以从解决问题的类型看是从结构化问题到半结构化问题到非结构化问题展开，如图 1-15 所示。

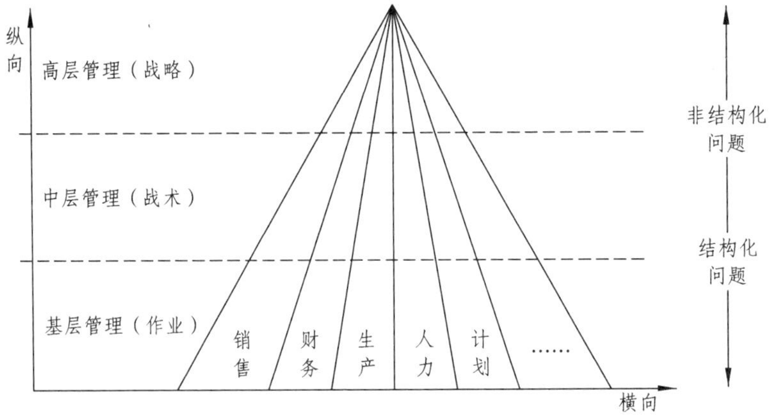

图 1-15　MIS 的层次结构

在实际工作中，由于时间、人力、技术、资金等方面的限制，一个组织很难一次性开发这样一个完整的系统。在将来实际工作中，开发的管理信息系统可能仅涉及某几个子系统，即管理活动的某些层次和功能，而其他则成为该系统的环境或边界。有了这样一个框架，对于所开发的系统的地位、作用和结构就可以有一个清楚的认识。

实例 1-4　高速铁路调度指挥系统层次结构

我国高速铁路调度指挥的组织机构采用两级管理模式设置，即在中国铁路总公司设高速铁路调度指挥中心，在北京、上海、武汉、广州、沈阳设高速铁路调度所。总公司调度指挥中心主要是协调、管理和监督几大区域调度中心的日常工作；客运专线公司调度所是调度指挥系统的核心指挥部门，具有承上启下的作用；调度区域内的车站、乘务基地、动车基地、维修基地和综合检测基地等基层站段的调度人员只受命于区域调度中心，按区域调度中心的调度命令办理各类作业。

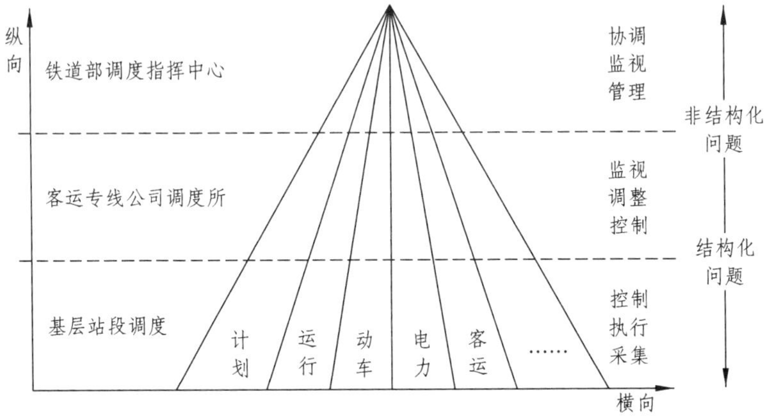

图 1-16　高速铁路调度指挥系统层次结构

中国高速铁路调度体系可以按照纵向与横向相兼顾的原则进行设计，其中纵向是指高速铁路的管理层（铁道部调度中心）→调度层（客专调度所）→执行层（车站、系统、设备），横向是指高速铁路运行所涉及的相关业务，包括计划编制、行车管理、供电管理、动车管理、维修管理、客运管理和应急处理等。高速铁路调度体系设计的思想就是通过有效的管理和技术手段实现对上述内容的高效、灵活、安全与智能化的管理。

3. MIS 功能结构

从使用者的角度看，一个 MIS 总有一个目标，具有多种功能。各种功能之间又有各种信息联系，从而构成一个有机结合的整体，形成一个功能结构，如图 1-17 所示。

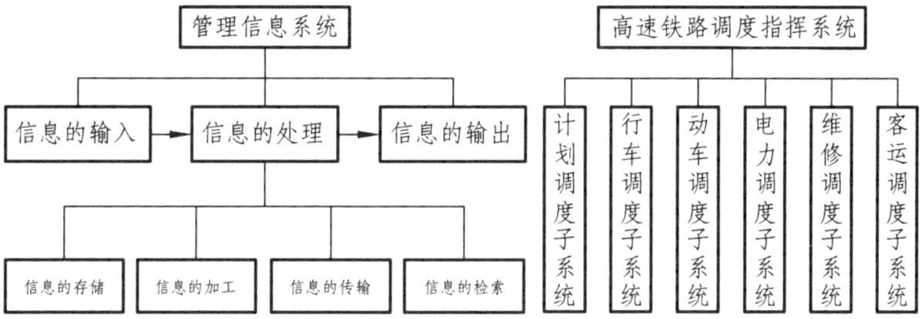

图 1-17 MIS 的功能结构

（1）系统功能。

系统功能是指系统能干什么或有什么作用。管理信息系统是一个由人和计算机设备组成的系统，它是利用计算机技术、信息处理技术、现代管理技术和系统工程的观点为企业的生产和运作提供服务的技术和社会系统。

（2）技术角度。

尽管各种信息系统的目标不一，功能各异，但是一般都具有信息输入、存储、加工、检索、传输和输出等基本功能。

① 信息输入将信息经过一定校验后，通过某种介质以一定的格式整理和录入。

② 信息存储将输入的信息安全可靠地存储在介质上。

③ 信息加工是对信息进行处理以便获得新的信息，是 MIS 开发和设计的重要内容之一。

④ 信息传输是计算机系统内和系统外的传输，实质是数据通信。

⑤ 信息输出是 MIS 系统设计的最终目标，适当的输出形式有利于提高工作效率。

（3）应用角度。

企业的 MIS 大致可分为市场子系统、财会子系统、人事子系统、生产子系统等。其中每个子系统分管着企业运作过程中不同的任务，各自成为一个完整的系统，但当面对整个企业时这些系统又有机地结合起来，形成一个大系统，共同完成企业的目标。

三、MIS 技术基础设施

1. MIS 基础设施的发展

管理信息系统技术基础设施是为企业特定的信息系统应用提供平台的共享技术资源，这些资源在整个企业或企业中的业务单位内实现共享。它是运行 MIS 所必需的硬件设施和应用软件的组合，是过去 50 余年来相关计算机技术发展的结果，通常可以分为五个阶段，每个阶段分别代表不同的计算能力配置和构成，如图 1-18 所示。

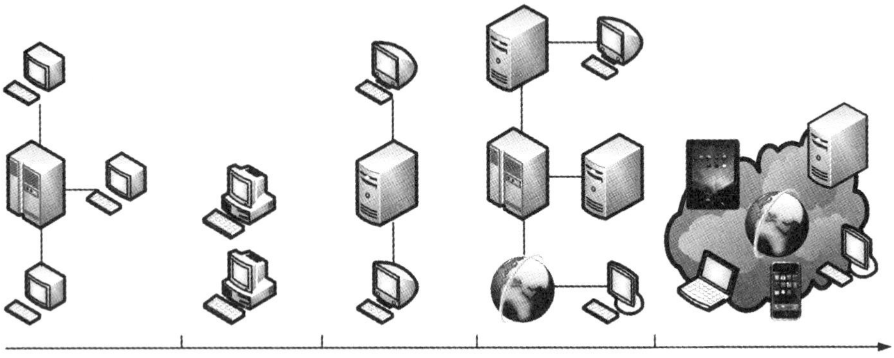

图 1-18　MIS 基础设施发展阶段

（1）通用主机和微机阶段（1959— ）。

1959 年，IBM1401 和 7090 晶体管计算机的出现，使得主机进入大规模商用阶段。在这个阶段，计算机系统是由专业的程序员和系统操作员高度集中控制的，其中包括软硬件在内的各个组成部分几乎都是由同一家生产商提供。主机逐渐发展为可以支持多个远程终端的中央主机系统，它通过专用的通信协议和专用的数据线将多个远程终端连接在一起。第一个航空订票系统出现在 1959 年，成为在线实时交互的大型计算机系统的原型。

（2）个人计算机阶段（1981— ）。

通常认为，1981 年 IBM PC 的出现标志着个人计算机时代的开始，伴随着 20 世纪 80 年代和 90 年代初期计算机普及的浪潮，出现了大量的软件工具，如文字处理软件、电子表格软件、小型数据库管理软件。这使得非集中式计算成为可能，不必共享一台大型主机，满足了独立部门或者业务单位的数据处理需求，但此时的个人计算机都还是独立的系统。

（3）客户机/服务器阶段（1983— ）。

C/S 结构是在 20 世纪 80 年代推出的分布式应用技术，最早由美国 Borland 公司研发。C/S 结构的计算机硬件系统分为两个部分，客户机和服务器。应用软件也分为服务器端程序和客户机端程序。服务器负责管理和维护数据资源，并接受客户机的服务请求（例如数据查询或更新等），向客户机提供所需的数据服务。对于用户的请求，如果客户机能够满足就直接给出结果，反之则交给服务器进行处理。C/S 一般面向相对固定的用户群，对信息安全的控制能力很强，一般安全性要求较高的信息系统适宜采用 C/S 结构，例如铁路调度指挥使用的 TDCS 系统和铁路客票发售与预定系统。

（4）浏览器/服务器阶段（1992— ）。

B/S 结构是 20 世纪 90 年代随着 Internet 技术的兴起，对 C/S 结构的一种变化或者改进的结构，由微软公司研发。在这种结构下，用户界面完全通过 Web 浏览器实现，一部分事务逻辑在前端实现，但是主要事务逻辑在服务器端实现，形成所谓 3-tier 结构。随着 Windows XP 将浏览器技术植入操作系统内部，这种结构更成为当今应用软件的首选体系结构。B/S 一般只要有操作系统和浏览器就行，但对安全的控制能力相对弱，因为面向的是不可知的用户群。例如 TMIS 系统，既有在内部的数据共享又有向外部的信息发布。

（5）云计算阶段（2000—）。

互联网带宽的大幅度增加推动了浏览器/服务器模式更进一步，也称为“云计算模式”。云计算（cloud computing）指公司和个人不额外购买硬件和软件，而通过互联网获得运算和软件支持。IBM、惠普和戴尔等硬件生产商都建立了庞大的运算中心，用以向那些需要依靠网络商业应用程序运作的公司提供运算、数据存储和高速互联网连接服务。软件生产商如甲骨文、微软、Google 和 SAP 提供互联网应用程序。例如，5 万多家公司使用 Google Apps——一套基于互联网的包括文字处理、报表和演示文档的桌面软件，有些在 iPhone 上运行。

实例 1-5　高速铁路客票系统建设

客票发售和预订系统 TRS 是覆盖全国铁路的大型计算机网络应用系统，属“九五”国家科技重大攻关项目。TRS 的建设和运用彻底改变了我国铁路客票近百年的手工作业方式，使硬版票成为历史，缓解了长期存在的买票难问题，提高了铁路客运经营水平和服务质量，受到广大旅客的欢迎，提高了铁路的企业形象，取得了良好的社会和经济效益。

TRS 由铁道部客票中心、地区客票中心和车站客票系统三级构成，车站售票系统主要负责售票的实时交易服务，地区客票中心主要负责以座席为核心的调度控制和客运业务管理，铁道部客票中心主要负责全路客运的协调管理、营销分析，并保障全路的联网售票。

目前，中国铁路客户服务中心（12306.cn）是铁路服务客户的重要窗口，集成全路客货运输信息，为社会和铁路客户提供客货运输业务和公共信息查询服务。客户通过登录网站，可以查询旅客列车时刻表、票价、列车正晚点、车票余票、售票代售点、货物运价、车辆技术参数以及有关客货运规章。铁路货运客户可以通过该网站办理业务。

2018 年 11 月 3 日，改版升级的中国铁路 12306 网站正式上线运营[33]。改版后的 12306 网站，功能布局更加合理、界面更加友好清晰、购票流程更加便捷，增加了用户扫码登录功能，减少了旅客无效点击，方便旅客快速购票。新改版的 12306 网站以服务旅客为中心，丰富和完善了服务引导信息内容，着力满足购票、餐饮、站车服务、旅游服务等旅客出行全方位服务需求。

2021 年 6 月 9 日，国铁集团官方公众号表示，12306 已成为全球交易量领先的票务系统，累计注册用户近 6 亿，年售票 40 亿张，单日最高售票量突破 1700 万张，互联网售票量占比高达 90%。

2. MIS 基础设施的构成

信息技术基础设施主要由 7 个部分组成。图 1-19 显示了这七个各不相同又相互联系的组成部分，并列举了一些主要的供应商。这些组成部分必须和其他部分同等紧密地联系在一起，组成 MIS 的基础设施。

（1）计算机硬件平台。

计算机硬件平台包括客户机（台式电脑、移动设备、笔记本电脑、移动平板电脑等）和服务器。虽然客户机/服务器架构占据了主导地位，但大型主机并没有完全消失。

（2）操作系统平台。

在客户机端，大约 95%的个人电脑和 45%的手持设备使用的是微软的 Windows 操作系统。而在服务器方面，Windows 占据了 70%的市场，另外 30%的公司服务器采用 Unix 或 Linux 操作系统。

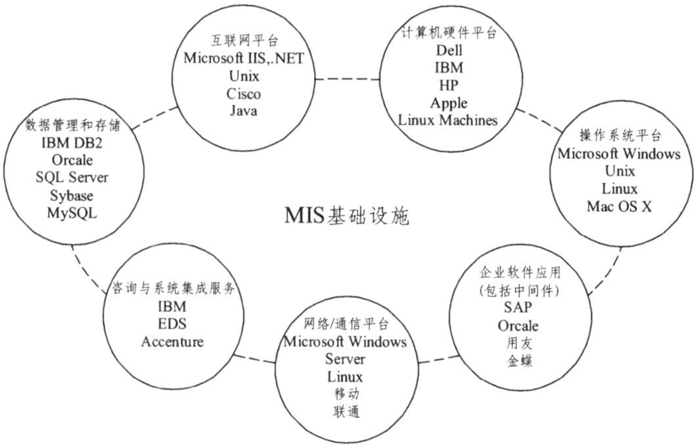

图 1-19　MIS 基础设施的组成

（3）企业软件应用。

最大的企业应用软件供应商是 SAP 公司和 Oracle 公司，国内较大的企业软件供应商是用友和金蝶。

（4）数据管理和存储。

数据管理软件负责组织和管理公司的数据，使其可以得到有效的访问和使用。IBM、Orcale、SQL Server、Sybase 占据了数据库市场超过 90%的份额。除了传统的磁盘阵列和磁带存储之外，大型企业现在开始应用基于网络的存储技术。存储网域（Storage Area Network，SAN）通过专用的高速存储网络把多个存储设备连接在一起，使得多个服务器可以快速访问中央数据存储池。

（5）网络/通信平台。

Windows Server 是占据领导地位的局域网操作系统，大型企业广域网主要使用各种 Unix 操作系统，几乎所有的局域网和广域网都是用 TCP/IP 协议作为网络通信标准。通信平台主要由提供语音和数据连接、广域网和互联网接入服务的电信/电话服务公司提供，如移动、联通和网通等公司。

（6）互联网平台。

互联网平台与企业的通用网络基础设施以及软硬件平台直接相关。

（7）咨询与系统集成。

软件集成是指将企业的遗留系统与新的基础设施集成起来，实现新旧系统的无缝衔接。如果这些遗留系统可以和现有系统整合，就没有必要更换。

资料 1-1　摩尔定律

“摩尔定律源自 1965 年我为《电子学》撰写的文章。我预见到，我们将制造出更复杂的电路从而降低电器的成本——根据我的推算，10 年之后，一块集成电路板里包含的电子元件会从当时的 60 个增加到 6 万多个。那是个胆大的推断。1975 年，我又对它做了修正，把每一年翻一番的目标改为每两年翻一番。”

——戈登-摩尔（Gordon Moore）。

在学校里，摩尔不是最用功的那个人，但却是最会学习的那个，他整天跑出去做运动、搞发明，但学习成绩一直还不错。高中毕业后他进入了著名的加州伯克利分校的化学专业，实现了自己的少年梦想。1950年，摩尔获得了学士学位，接着他继续深造，于1954年获得物理化学博士学位。

1965年，作为英特尔公司的创始人之一，戈登·摩尔应邀撰写了一篇名为“让集成电路填满更多元件”（*Cramming more components onto integrated circuits*）的文章。文中，摩尔对未来半导体元件工业的发展趋势做出了预测——他指出，单块硅芯片上所集成的晶体管数目大约每18个月增加一倍、性能提高一倍、价格下降一半。这一预言后来成为广为人知的“摩尔定律”。

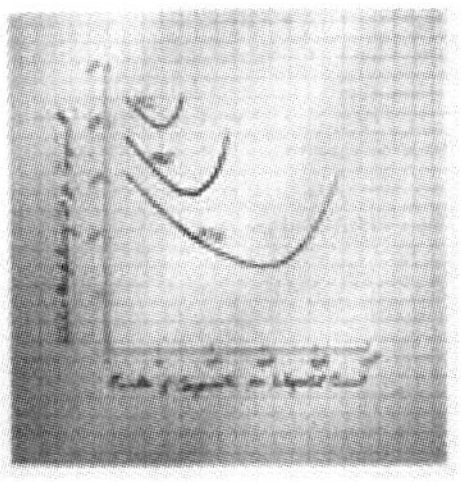

“摩尔定律”被誉为“定义个人电脑和互联网科技发展轨迹的金律”，摩尔定律在过去数十年里展现出了惊人的准确性：不只是微处理器，还包括内存、硬盘、图形加速卡——PC的主要功能元件几乎都是遵循着摩尔定律所“设计”的路线而不断“进化”和演变。

多年来，我们可以看到，由于摩尔定律的实现，使我们能以极低的价格获得很高性能的产品。比如说在1971年，英特尔第一代微处理器有2300个晶体管，到2007年在45纳米处理器上含有8亿多个晶体管。这仅相当于1968年每个晶体管价格的百万分之一，就是因为摩尔定律以极低的价格带来极高性能的产品才刺激了整个电子工业的发展，自个人电脑诞生至今，晶体管密度的一再增加提升了处理器与周边硬件的性能及性价比，催生出规模达上万亿美元的电子工业，使个人计算和通信走向全球、走进数以亿计的企业和家庭。

四、信息系统的当代方法

信息系统的研究属于多学科领域，没有一个单一的学科或观点占统治地位。从总体来说，这个领域可以分为技术和行为两种方法，如图1-20所示。信息系统是社会技术系统，虽然它是由机器、设备和物理技术组成，但也要求实在的社会、组织和智力投资才能正确地工作。

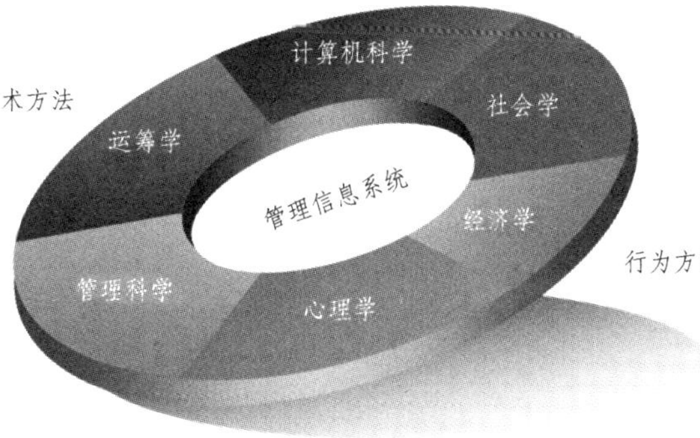

图1-20　信息系统的当代方法

1. 技术方法

研究信息系统的技术方法强调基于数学方法、模型的信息系统研究，以及物理技术和这些系统的能力。贡献于技术方法的学科是计算机科学、管理科学和运筹学。

计算机科学关心建立可计算理论、计算方法和高效的数据存取方法；管理科学强调开发决策和管理经验的模型；运筹学集中于组织参数最优化选择的数学技术，如运输、库存和作业成本等。

2. 行为方法

信息系统领域的一个重要部分是关心系统开发和长期维护中产生的问题，这些问题包括企业战略的集成、设计、实现、利用和管理，技术模型很难应用在上述领域，而其他的行为学科可以给出重要的概念和方法。例如，社会学家观察组织如何影响系统开发的形式，以及信息系统如何影响个人、组织和团体；心理学家之所以研究信息系统，是因为其兴趣在于决策者如何感知和应用正确的信息；经济学家研究信息系统的兴趣在于，企业内部和市场上是什么影响信息系统的控制和成本结构。

行为方法不忽视技术。事实上，信息系统技术经常会引起一个论点，但是行为方法的焦点通常不在于技术解，取而代之的是，它集中注意态度的转变、管理和组织的政策和行为等。事实上，企业即便最新引进了一个新的信息系统，并不意味着它用得有效，也不意味着工作人员会有更高的劳动生产率。管理信息系统的应用，强调企业性能的总体最佳化，因此，技术和行为二者均要加以注意。

第五节　管理信息系统的开发

一、系统开发概述

管理信息系统的开发是一项大的系统工程，如图 1-21 所示。不管我们从事哪个领域的工作，都有可能在未来的本职工作中涉及系统开发，现在让我们从一个信息部门主管或项目负责人的角度，体会一个管理信息系统的来龙去脉，了解各个阶段之间的任务，以及各个阶段之间的联系，而暂时不考虑复杂的技术细节。

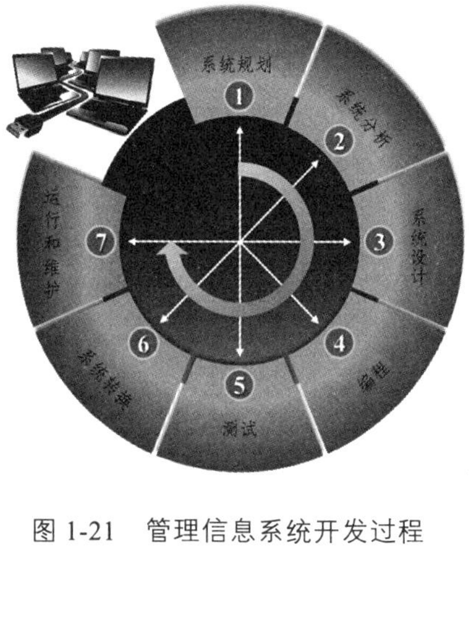

图 1-21　管理信息系统开发过程

系统开发是一个问与答的过程，当我们进行系统开发时，主要做的就是提出问题，而对于这些问题产生一个信息系统解答的活动就称为系统开发（system development），例如：

• 我们应该开发哪些系统？应当什么时候开发？这就是系统规划阶段要做的工作。

• 应该由谁开发这些系统？这是对开发方式的选择。

• 我们应该怎样着手进行系统开发？

项目开发涉及的工作包括：系统分析、系统设计、系统实施和系统评价等。图 1-22 描述了系统开发的过程，系统开发活动通常按顺序进行，但某些活动可能重复或同时进行，这取决于采用的系统开发方法。

1. 系统规划

系统规划就像是一幅路线图，指明了系统开发（规划的目标）的方向、理论依据、当前的系统情况、要考虑的新的开发任务、管理战略、实施计划和预算等。

2. 系统分析

系统分析是对组织试图要用信息系统解决的问题进行分析，它由问题的定义、原因、解答和识别满足系统的信息需求等内容组成。系统分析应包括一个可行性研究（feasible study），通过经济、技术和组织环境的观点分析，确定方案是否可行，或者是目标能否达到。

3. 系统设计

系统分析描述了为满足信息需求应该开发什么样的信息系统，系统设计用于指示如何开发该系统，是对系统的总体计划或模型。信息系统设计就像一个建筑物的蓝图，它给出这个系统形式和结构的所有说明。

系统开发剩余的过程是要将基于系统分析和设计的解决方案转化为企业的运行信息系统，这些后续步骤由编程、测试、系统切换、运行和维护组成。

4. 编　程

在编程阶段会将设计阶段完成的系统说明转换为软件代码。现今，许多企业不再自己对新系统进行编程，取而代之的是从外部购买符合新系统要求的软件，如 ERP 系统，这些软件包来自外部商业软件供应商，它们为企业开发满足企业应用的软件。

5. 测　试

全面的、彻底的测试是确定系统是否产生正确结果的保证，测试要回答的问题是“系统是否产生了在已知条件下要求的结果”。测试时间在系统项目管理计划中经常被低估，因为测试数据要认真准备，测试结果要进行评估，系统要做出校正，甚至在某些情况下系统的一部分可能必须重新设计，这些都需要花费大量的时间。

6. 系统切换

系统切换是一个由旧系统到新系统的变化过程。切换时，要培训终端用户使用新系统，应当完成系统如何工作的详细说明，缺少培训和文件编制会导致系统失败。因此，系统开发的这一部分过程也是很重要的。

7. 运行和维护

当新系统投入运营后，系统将由用户和技术专家共同进行评估，以确定它是否符合规划的目标，并决定是否需要修改。在系统运营过程中也必须不断维护，目的是校正错误，满足需求和改进效率。

二、管理信息系统开发知识框架

管理信息系统开发的知识框架和知识点如图 1-22 和表 1-1 所示。

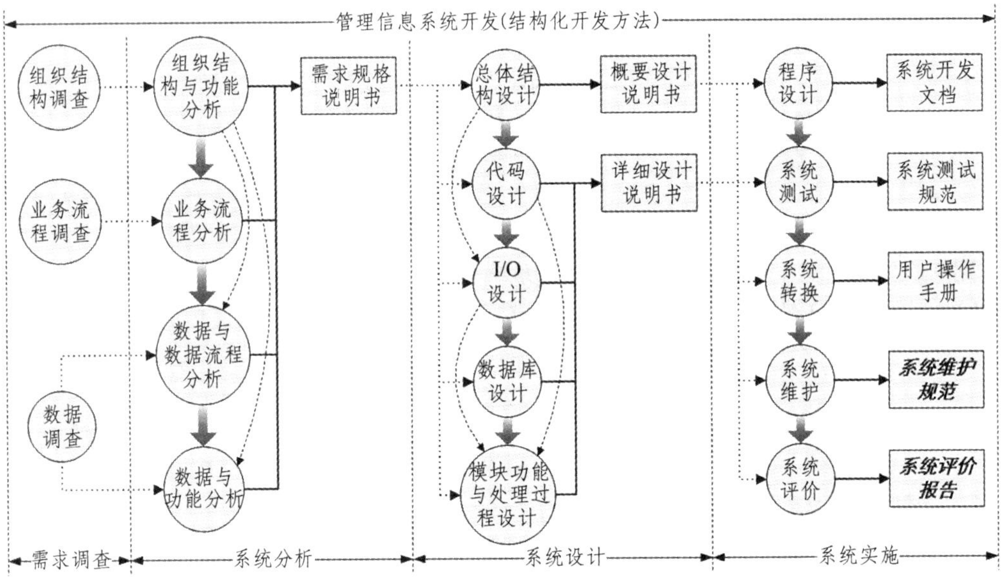

图 1-22　管理信息系统开发知识框架

表 1-1　管理信息系统开发知识点

阶段	系统规划与调查	系统分析	系统设计	系统实施
知识与概念	·初步调查 ·详细调查 ·可行性研究	·组织与功能分析 ·业务流程分析 ·数据与数据流程分析 ·数据与功能分析	·代码设计 ·输入输出设计 ·数据库设计 ·模块功能与处理过程设计	·程序设计原则 ·系统测试方法 ·系统转换三种方式 ·系统维护类型 ·系统评价
方法	·调查方法	·组织结构图 ·组织业务关系图 ·业务功能一览表 ·业务流程图 ·分层数据流图 ·数据字典 ·U/C 矩阵	·代码校验 ·E-R 图 ·关系规范化 ·HIPO 图 ·U/C 矩阵	·黑盒测试 ·白盒测试

续表

阶段	系统规划与调查	系统分析	系统设计	系统实施
技术		·结构化分析方法 ·面向对象分析方法	·结构化设计方法 ·面向对象设计方法	
文档	·可行性研究报告	·需求规格说明书	·概要设计说明书 ·详细设计说明书	·系统开发文档 ·系统测试规范 ·用户操作手册 ·系统维护规范 ·系统评价报告

第六节　MIS 实践

- **为小组团队工作创建一个网站**

1. 基本任务

以小组为单位，采用百度云平台或其他网上工具，为小组创建一个网站。

2. 基本要求

（1）为网站创建一个账号，指定允许访问的小组成员和有帮助的人员，指定能评价工作的教师作为观察员。

（2）给网站起个名字，为此网站选择主题、字体、颜色。

（3）为团队创建一个存储空间，用于存储文件、资料、图标、演示文档和感兴趣的网页等。

（4）为团队创建一个日历，用于管理团队的工作计划。

【学习指导】

（1）基本概念是每一门课程学习的基础，需要牢固掌握。由于这些基本概念中许多概念还没有公认的定义，学习这些基本概念的关键在于对其含义的理解。

（2）在学习过程中，正确理解信息与管理信息、信息系统与管理信息系统的联系与区别，对于系统、模型、模式等内容需要进一步扩充，牢固树立全局观念和整体观念。

第二章 MIS 的应用
——企业如何应用信息系统

教学目的	通过本讲内容的学习，使学生通过对实际信息系统的分析，将所学的概念、技术和企业的实际联系起来，了解应用系统是什么、能做什么，了解信息系统的软件、硬件是如何与企业管理相结合的，从而具体了解计算机的潜力，善于把 IT 技术应用于管理，为学习系统规划、系统分析和系统设计打下基础。
教学重点	1. 业务处理系统； 2. 决策支持系统； 3. 电子商务。
教学难点	理解应用系统是把概念、技术和企业的实际相联系的桥梁。
难点解决	案例演示及互动讨论。
知识汇总	1. 了解信息系统角色的演变、应用系统分类，理解应用系统多维模型； 2. 理解业务处理系统的功能及结构； 3. 理解掌握决策支持系统的特点、基本构成、概念结构，了解决策支持系统框架； 4. 理解电子商务的基本框架、基本类型，了解电子商务的现状及发展趋势。
课程导入	商品交易在人类历史上已经很久远，人们习以为常，但是随着计算机技术、网络技术和通信技术的发展，一种全新的交易方式出现了，是什么？ 当代的信息系统是由于计算机的出现而产生的。人类自进入文明社会以来一直在从事信息处理工作，但是计算机的诞生改变了人们几千年的传统观念，促使人们去进一步研究信息处理技术、信息系统、信息资源充分利用的规律性，这正是当代信息系统作为一门学科诞生的基础。在信息处理系统中，计算机既是一个举足轻重的工具，同时又是导致信息系统作为一门学科形成的基础。 管理信息系统（MIS）既是一门理论科学，同时又是一门应用科学，了解 MIS 的应用现状和应用类型对于我们今后开发 MIS 具有十分重要的意义。

第一节　应用系统分类

应用系统是把概念、技术和企业的实际相联系的桥梁，它是构建在计算机硬件、网络通信、系统软件和通用软件基础上的系统。通过全面了解应用系统是什么、能做什么，就可以了解计算机的潜力，从而善于将所学知识应用于管理实际，为下一步学习系统开发打下基础。

一、企业 MIS 的发展历程

管理信息系统的发展可以从两个方面看：一方面是从技术角度，即根据计算机的运算速度、内存容量、网络传输速度、高级编程语言及数据库管理等的发展来划分；另一方面是从管理信息系统在企业应用中的功能来看，即信息系统所服务企业的性质、在企业所能执行任务的种类、产生信息服务的层次等。从功能角度分析，一般信息系统在企业的应用可以分为以下四个阶段，如图 2-1 所示。

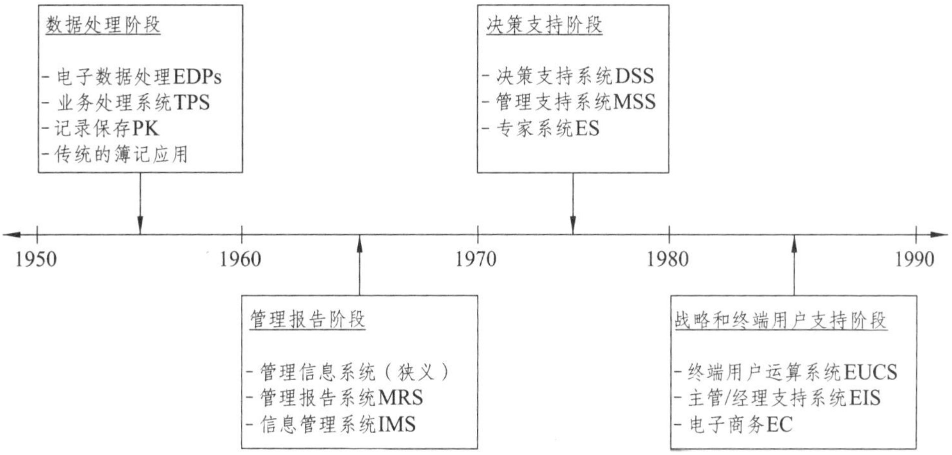

图 2-1　企业 MIS 的发展历程

1. 数据处理阶段

20 世纪 50 ~ 60 年代，随着数据处理技术和商用小型计算机的出现，计算机应用的主战场被推向了工商管理领域，这个时期的计算机应用系统主要是强调电子技术在处理商务信息中的应用问题，主要着眼于各种技术工具的使用。典型的系统包括电子数据处理和业务处理。

2. 管理报告阶段

随着时间的推移，进入 20 世纪 70 年代后，人们开始不满足于仅用计算机来代替人工进行数据处理，而是希望将其更全面地引入管理领域更深的层次。在此阶段，信息系统更强调科学的管理方法和定量化管理模型的应用，强调对生产经营过程的分析、预测和控制作用等功能。典型的系统包括管理信息系统和管理报告系统，如铁路编组站管理信息系统。

3. 决策支持阶段

随着信息技术应用水平的不断深入，人们逐渐开始考虑如何将信息系统引入商务活动的最高层次，即决策支持的功能上来。由于决策过程较为复杂，而且对企业经营关系影响重大，所以 DSS 一经出现立刻受到企业界的高度重视。典型的系统包括决策支持系统 DSS、经理支持系统和专家系统。

4. 战略和终端用户支持阶段

自人类进入 20 世纪 90 年代以来，网络技术空前发展，特别是到 1995 年前后，互联网已从一个学术网络、技术网络发展成为一个大众媒体。典型系统包括主管信息系统、终端用户运算系统、ERP、电子商务、在线服务等。

从发展上看，信息系统经历了从模拟人工处理数据到定量分析、最后到定性推理和全球资源共享的过程。以上这么多名词是根据出现的前后顺序列出的，它可以算分类的一维，就是时间维，但是按照其他概念的分类来说，它的概念是混乱的。

实例 2-1　铁路客票发售和预订系统

电子数据处理系统的典型代表是铁路部门建立的铁路客票发售和预定系统。系统建立以前我国铁路客票的发售一直沿用常备客票和手工作业方式，劳动强度大，售票速度慢，售票范围受局限，席位管理紊乱，旅客购票要排长队甚至夜间就开始等候（现在亦如此），如果要买不同方向或不同席别的车票还要到多个窗口排队，“买票难”成了旅客费力费神的社会问题。传统落后的售票形式成为严重阻碍铁路客运的发展的重要原因之一。就拿客票票额的分配来说，它不是通过市场调节，而是依据计划确定，几年不变，导致有票的车站客流不足、有客流的车站又没有票的现象屡见不鲜，从而造成列车虚靡。

为了改变这种情况，早在 20 世纪 70 年代，路内很多单位就开始了计算机售票的研究，并在上海站和广深线试验，但由于中国铁路客票发售的特殊复杂性和技术条件所限，一直未能大面积推广。2014 年国庆长假，从 9 月 9 日到 9 月 13 日，日均发售车票 832 万张；9 月 12 日单日，发售车票 969 万张，创历史新高，其中互联网售票 541 万张，占售票总量的 55.8%。可以说，我国铁路客票系统具有覆盖面广、交易量大、实时性强、席位精确管理、安全可靠性要求高、系统复杂程度高等特点，是任何一个国家的铁路售票系统或其他行业系统无法比拟的。国内外专家在了解了中国铁路客票发售工作的实际情况后，感叹地说，这个系统如能建成，堪称世界票务管理系统之最。

为了方便旅客和自身发展，1996 年铁道部部长办公会议做出决定，改革传统的售票方式，依靠科技进步，尽快建成具有中国特色和自主知识产权的铁路客票发售和预订系统。客票系统自 1996 年启动以来，先后进行了 4 次版本升级，1.0 版本适应全国统一车站售票，2.0 版本适应地区内联网售票，3.0 版本适应全路联网异地售票，4.0 版本适应客运体制改革和收入清算需求。客票系统 5.0 版实现了计算机联网售票，并且有出售返程、联程等异地购票的功能，实现了票额、座席、制票、计算、结算和统计等计算机管理，为铁路客户服务提供了有效的调控手段，标志着中国铁路客户服务已走向现代化。

2010 年 1 月 30 日，12306 网站开通并进行了试运行。2011 年 1 月 19 日，我国 18 个铁路局（公司）所在地也分别成立了铁路客户服务中心，并公布了服务热线。之后，通过不断的更新系统，12306 网站推出了候补购票、“铁水联运”等一系列便民服务。2021 年 6 月 9 日，国铁集团官方公众号表示，12306 已成为全球交易量领先的票务系统，累计注册用户近 6 亿，年售票 40 亿张，单日最高售票量突破 1700 万张，互联网售票量占比高达 90%。

中国铁路客户服务中心（12306.cn）促进了铁路客运生产力和生产关系的重大变革，加强了市场竞争能力，提高了工作效率，方便了旅客购票，促进了营销改革，提高了管理水平，发展了生产力，也推动了生产关系的变革，产生了巨大的社会效益和经济效益。如今，计算机联网不但把旅客期盼已久的“一个售票窗，可买全国票”的愿望变成了现实，而且推动了远程代售、自动售票、电话订票、网上订票、自动检票、列车补票、余额显示、旅客查询、媒体信息发布等多种服务方式，深受广大旅客群众的欢迎，大大改善了铁路的企业形象。

二、应用系统多维模型

管理信息系统的应用现在已无孔不入，无论工、农、商、学、兵，无论中外，到处都可见管理信息系统的影子。因此，在概念上对它们进行正确的分类，有利于深化对管理信息系统的理解。当前世界上对它的分类也是各式各样，没有统一的模式。理论上认为管理信息系统的概念空间有五维。分类空间中的坐标系应当是正交的，即每一维是独立的。根据这个原则我们讨论一下应用分类。

1. 技术维

技术维说明技术上的深化程度，主要是指：计算机硬件、软件、数据管理技术、网络和通信技术。从信息系统应用来看，最低的应用技术是电子数据处理系统（DP），技术的提高可以达到办公自动化（OA），更进一步达到支持协同工作的计算机系统，技术上的最高水平在向决策支持（DSS）、商业职能（BI）和人工智能（AI）前进。

2. 支持维

支持维说明信息使用的深度，包括：提高效率阶段、转化价值阶段、寻找机会阶段。

• 数据处理系统：用计算机代替人工处理信息，从而大大提高效率。

• 管理控制系统：进行企业运营的控制，达到更好地计划、控制、检查，从而及时地实现价值转化。

• 战略信息系统：支持高层和长远的决策和战略规划，利用信息技术做出正确的决策，抓住机遇，从而获得战略优势，是目前的一个重要趋势。

3. 层次维

层次维支持不同层次的管理（基层、中层、高层），从低到高依次为：业务处理系统、终端用户系统、主管信息系统或经理支持系统。

4. 职能维

企业内是划分为不同职能的，不同的职能有不同的应用系统支持。一般企业均有市场、生产或服务、财务和会计、人事系统四大职能，如 CRM（销售）、ERP（生产）等。

5. 组织维

组织（organization）是一个正式的、稳定的社会结构，它从环境中获取资源，并通过生产将这些资源转化为产品和服务。不同的组织或企业应用不同的信息系统，如制造企业的应用系统 ERP、银行业 ATM、教育业的应用系统（网络教学平台）等，值得注意的是，电子商务应用有很大的前途。

6. 多维模型

可以用一个图来形象地表达应用系统的分类，由于五维空间难以表达，可以只选择较重要的层次维、职能维和组织维三维画出，如图 2-2 所示。其中，任何一个应用系统均表现为空间的一个单元，层次信息系统对应系统的层次维，分为高、中、低三个层次；职能信息系统对应系统的职能维，分为市场、生产、财务、人事等；组织信息系统对应系统的组织维，如金融、服务、制造业等。例如图 2-2 中用于金融市场方面的高层应用系统。

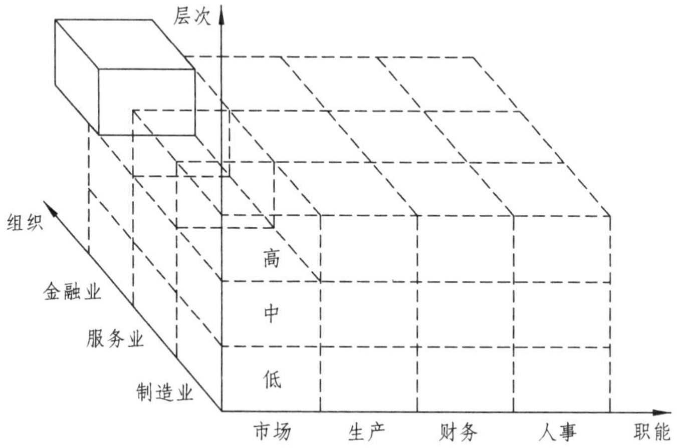

图 2-2 应用系统多维模型

每一种应用系统的概念模式、技术体系、研究重点、主要功能都有所区别，了解每一种应用系统的特点和结构，对于我们今后进行信息系统的开发具有重要的意义。尽管应用系统的分类有许多种，但是每一种应用系统并不是孤立存在的，在企业中可能同时有几种类型的应用系统协同工作，共同来完成企业的目标，如图 2-3 所示的一个典型的商业系统。

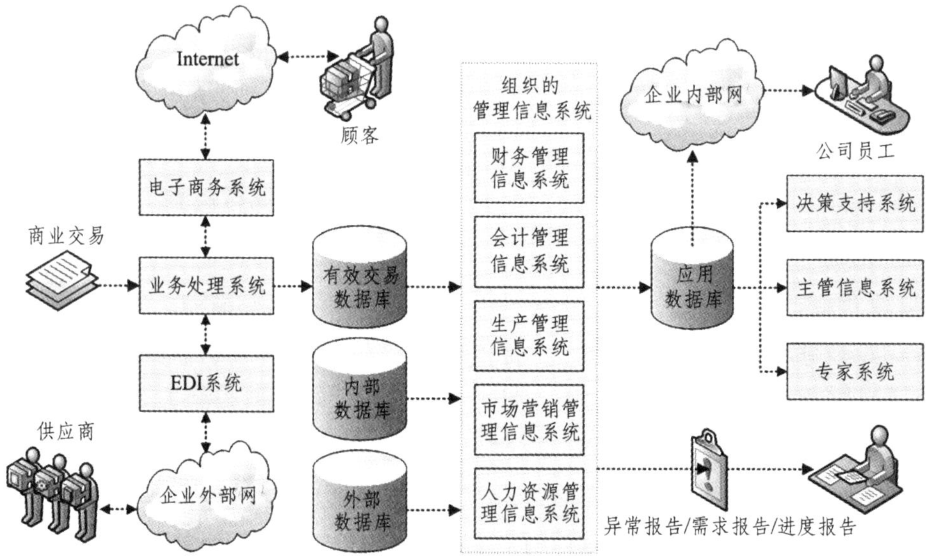

图 2-3 企业应用系统框架

第二节 业务处理系统

一、基本概念

业务处理系统是供基层业务人员使用的信息系统，又叫事务处理系统（Transaction Processing System，TPS），一个组织的 TPS 必须支持发生在企业正常业务活动中的大量日常事务和日常活动，并有助于公司增加产品和服务的价值，它是整个企业信息系统的基础。对于一个企业来说，业务处理系统非常关键，它停止运行几小时可能导致整个企业的灾难，并殃及与其相连的其他公司。（设想一下铁路客票发售与预订系统不能工作的情况）

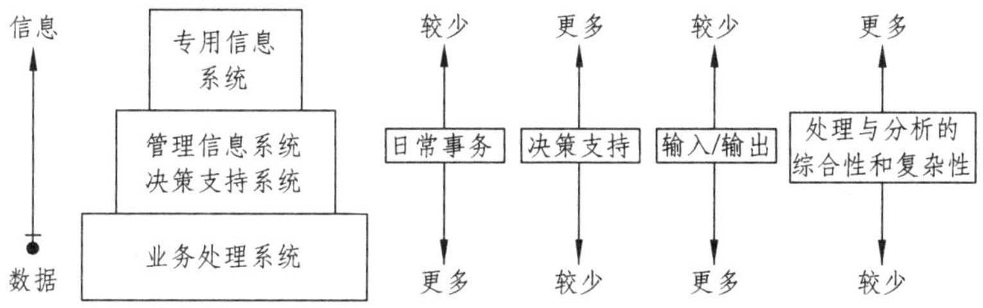

图 2-4　基于层次的信息系统分类

1. 业　务

业务是某种工作的手续的集合。例如在银行进行一个客户的存取款、在车站完成一次购票或接发列车、在超市完成一次购物付款等，业务处理系统就是处理这些业务的系统。

2. 基本功能

TPS 的主要处理对象是数据，目的是客观地纪录企业的生产经营过程，统计报告企业生产经营的状况，为管理者提供一个查询和了解企业生产经营状况的工具和平台。TPS 向其他职能信息系统、决策支持系统和其他专用信息系统提供数据，帮助使用这些系统的人员实现它们的目标，所以 TPS 是其他系统的基础。

3. 系统比较

TPS 不需要综合、复杂的处理，但要进行大量的数据输入和输出，TPS 执行日常操作（如订单处理），这些操作常常是每日或每周进行相同的处理。当从 TPS 转到 MIS/DSS 和专用信息系统时，日常事务减少，决策支持增加，输入与输出减少，综合和复杂的处理与分析增加。综合性和复杂性的增加并不意味着事务处理不重要，大多数情况下，所有这些上层系统是以一个或多个事务处理的结果为出发点的。

4. 服务价值

TPS 支持的日常活动经常发生在常规业务中，对客户来讲，他们所接触到的企业信息系统通常就是 TPS。

对于铁路企业而言，TPS 支持例行的日常业务处理活动，如车站的接发列车系统。又因为 TPS 常处理与客户接触相关的活动，如客票发售、货物查询，所以这些系统在为客户增值方面起到关键作用。例如铁路货车实时追踪系统，通过获取和跟踪每辆货车的实时位置和运行状况，铁路企业能够向托运人和收货人提供及时而精确的有关货车确切位置的信息。

二、业务处理过程

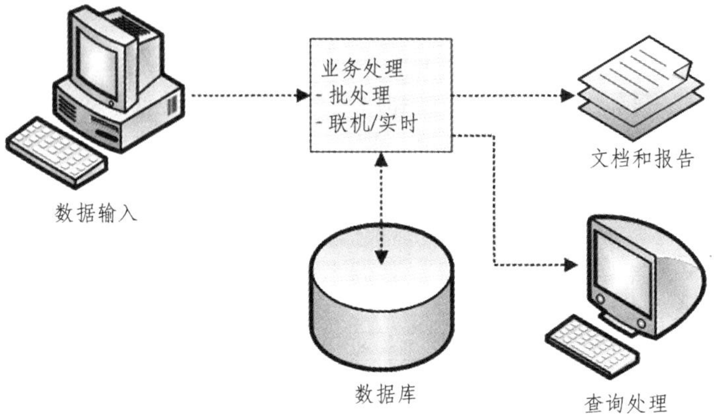

图 2-5　业务处理系统

业务处理的过程称为业务处理周期，一般包括 5 个步骤：数据输入、业务处理、数据库处理、文件和报告产生、查询处理活动。

1. 数据输入

数据输入指从拿到数据，然后记录、编码和编辑，到转换成实用的形式的整个过程，通常数据输入的过程是数据处理的一个瓶颈。TPS 的一个重要评价指标就是无错误地输入和处理数据：这就要求在开发业务处理系统时，系统应当具有纠错和辨识能力，从而避免本该为 4 小时的输入工作不会由于数据录入错误而成为 40 或 400 小时的输入工作。数据输入的方式有两种：传统手工输入方式和源数据自动化输入（如超市 POS 机条码扫描、无线射频技术 RFID）。

2. 业务处理

业务处理分为批处理和实时处理（联机事务处理 OLTP）。批处理是定期地收集源文件，然后进行成批的处理，优点在于当要处理的是大量数据时是一种比较经济的方法，缺点在于信息的时效性，例如工资支付和个别账单处理。实时处理在处理业务时是及时的、立刻的，数据反映现在的真实情况，又称为联机处理或在线处理（On-line Transaction Processing, OLTP），优点在于能及时处理、更新、响应顾客，缺点是安全性较差、数据库易受攻击，如铁路客票发售和预定系统的网上订票。

3. 数据库维护

每一笔业务处理均是对公司现状的改变，因此，公司数据库中的数据必须要反映公司的现状。业务处理就是要修改和维护公司数据库中的数据，使其和企业现状保持一致。

4. 文件和报告

最后一个处理阶段是产生信息产品，也就是报告和文件，这些业务文件包括行动计划文件、信息文件、周转文件等。业务的及时处理能力对组织的获利业务十分重要，如发票早几天发给客户，订单早几日发给运输部门，那么款项就能早日收回。

5. 查询处理

无论批处理和实时处理均能提供查询功能，查询包括实时查询和远距离查询。

实际的数据处理和统计是 TPS 将要处理的主要对象。所以，将一个实际问题演变成为一个典型的TPS处理问题就成为TPS开发面临的首要问题。通常要将一个实际问题演变成为TPS处理问题有两步：

- 一是将原始账本、单证处理过程演变为数据库处理过程。
- 二是将原本手工处理过程演变为计算机程序处理过程。

实例 2-2　超市 POS 系统

下面以超市的 POS 系统为例来简单讲解一下 TPS 的基本运作方式和开发时应注意的事项。

数据应从其源头处获得，并及时、准确地记录，人工工作量要降到最小，数据应能直接进入计算机，而不要以某种文档的形式键入。用扫描仪自动读取通用产品代码（条形码 UPC）的方式称为源数据的自动化输入，这种方式要比人工输入代码快且准确。扫描仪读取每件商品的条形码，并在商品数据库中查询每件商品的价格，POS 事务处理系统根据价格数据确定客户账单。

购买数量、日期、时间和价格用于更新商店的库存数据库和销售明细数据库，从而使数据库中的数据能够及时、准确地反映超市的经营现状和库存现状。

通过库存数据库、销售明细数据库可以产生相应的管理报告，进而通知商店的库存经理订购那些销售后库存数量低于订货数量下限的商品，当然也可以报告哪些商品销售不良。超市经理利用销售明细数据库（商品数据库）可以进行详细的特定商品的销售分析和销售预测。此外、商品数据库也可以卖给市场研究公司或厂商进行详细的销售分析。

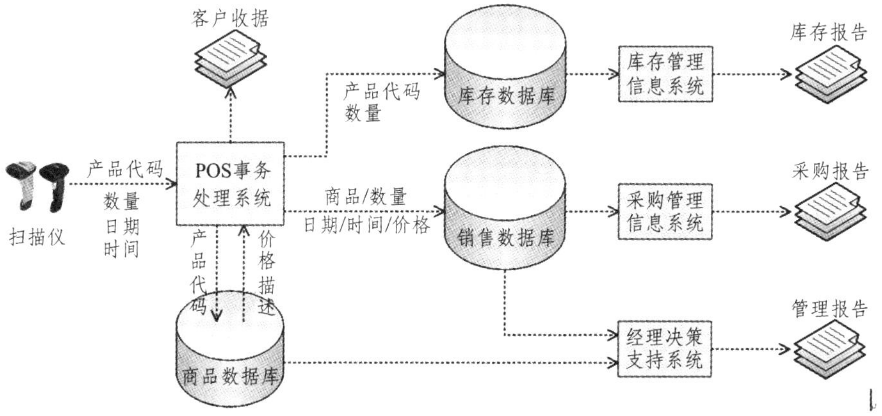

图 2-6　超市 POS 事务处理系统

第三节　决策支持系统

• 不同类型的决策是什么？决策过程如何工作？

• 信息系统如何支持管理层的决策？

• 决策支持系统（DSS）如何不同于 MIS？它们如何为企业提供价值？

• 有哪些智能技术应用在决策支持系统（DSS）中？

由于事务处理系统的广泛应用，工作人员可以从每天都要进行的大量手工处理事务中解脱出来，并从系统中获得大量的数据，当这些数据被过滤及处理后，它们就能向管理者和员工提供强大的支持。但是如何利用好这些数据呢？本节关注于企业如何使用信息系统改善决策。多种信息系统直接改善决策，遍及企业各层级，从主管层到顾客服务中心和工厂车间，甚至有系统帮助顾客做出更好的决策（提问：你知道有哪些系统帮助你进行决策？）

一、决策过程

1. 决　策

所谓决策是指为了达到某个行为目标，在占有一定信息的基础上，借助于科学的理论、方法和工具，对影响目标的各种因素进行分析、计算和评价，结合决策者的经验，从两个以上的可行方案中选择一个最优的方案。由此可见，决策并不是一个瞬间做决定的行为，而是为了解决某个问题、达到某个行动目标，收集信息、拟订方案，分析、评价及选择方案等一系列完整的活动过程。

解决问题对于任何一个组织来说都是一项主要活动，一旦发现问题，解决问题的过程就由决策开始。由 George Huber 开发的著名模型将决策过程划分为三个部分：情报、设计和选择。后来，Huber 将这个模型合并进了整个问题解决过程的扩展模型，增加了执行和监控部分，如图 2-7 所示。

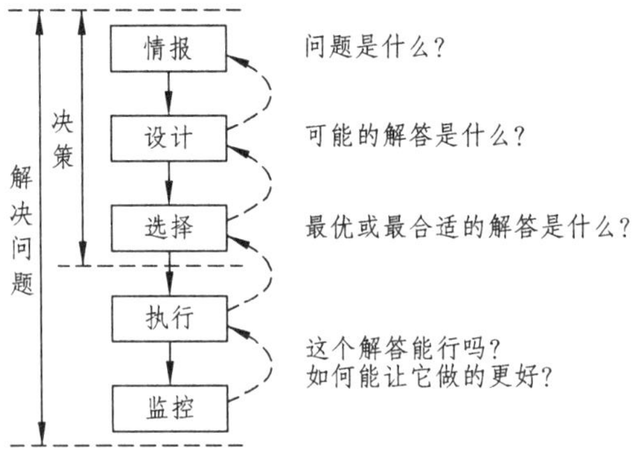

图 2-7　做出决策和解决问题

2. 决策阶段

• 情报阶段：是解决问题的第一步，在这一阶段中将发现潜在的问题（如管理信息系统的例外报告)、需求或机会，收集与问题的原因和范围有关的信息，需要调查研究资源和环境的限制条件。

• 设计阶段：得到问题解决的各种可选方案，评估可选方案的可行性。应用决策支持系统的分析模型和电子报表进行灵活的数据分析，设计可能的解答。

• 选择阶段：从可行方案中挑选一个最合适的方案。可以用决策支持系统的分析模型，在较大的数据集中，分析寻找“最优”或“最合适”的解答，例如遗传算法、蚁群算法等。

3. 解决问题

解决问题包括决策但又不只是决策，它还包括执行阶段，即将选择的方案付诸实施。同时也包括监控阶段，即决策者估计执行过程，从而确定是否能实现预期的效果，以及根据实施过程中新的反馈信息来调整或修改决策。

二、决策问题的分类

通过前面的讲述可知，一个组织有不同的层次。每个层次的决策有不同的信息需求，对应不同的决策类型，可采用不同的信息处理方法。通常，决策被分为结构化的、半结构化的和非结构化的决策，如图 2-8 所示。

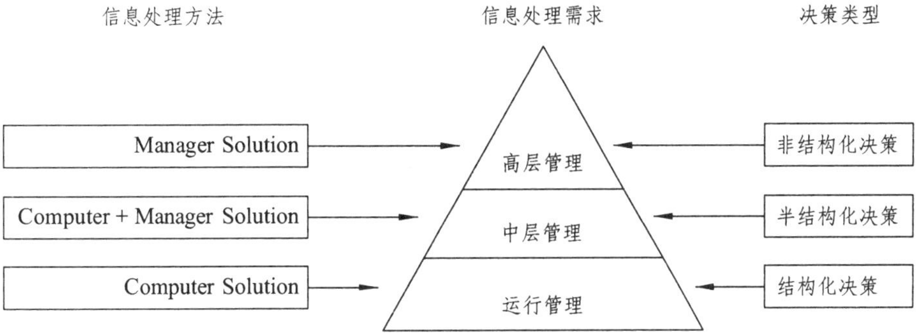

图 2-8　决策问题的分类

(1)结构化。

结构化决策指问题的本质和结构十分明确，解决这些问题的步骤是已知的而且是经常重复发生的一类决策问题。例如货车停留时间统计、列车正晚点统计等，通常有比较成熟的算法和解题规则可以采用。结构化决策采用专门的方法处理确定的信息，所以总能得到准确的答案，没有必要靠“感觉”或“直觉”，因此，这是一类可编程的决策问题。普通职员常做的是结构化决策。(如铁路车站安全统计管理)

(2)非结构化。

非结构化决策指以前未曾出现或很少出现的问题，这类问题因本质和结构十分复杂而难以确切了解，用以往解决问题的一些步骤和方法难以处理。在其中，决策者必须对问题的定义提供判断、评价和洞察。每一个决策就像一部小说，重要而无规则，进行决策时，没有很好理解的或一致统一的程序。高层管理常面对非结构化的决策，例如，确定企业 5~10 年的目标，或决策是否对列车再进行提速。高层要回答“是否应当对列车进行提速？”这个问题时需要考虑市场、设备、安全、资金等很多问题。(如地铁人员应急疏散方案的制定)

（3）半结构化。

半结构化决策是指一部分决策阶段或决策内容结构化，而另一部分决策阶段或决策内容非结构化的问题。企业中层管理的大多数决策介于结构化和非结构化之间，属于半结构化问题。例如，金州站站长的决策可能是“为什么统计报告显示最近 3 个月的车站解编辆数有下降趋势？”，站长可以从车站系统中得到每天的解编辆数和运行效率，这是决策的结构化部分，但在得到解答前，还需要从地区企业经济条件和国家经济形式等外部资源收集更多的非结构化信息。

半结构化决策还指在决策过程中所涉及的数据不确定或不完整，虽然有一定的决策准则，也可以建立适当的模型来产生决策方案，但决策准则的采用因决策者的不同而不同，因此不能从这些决策方案中得到最优化的解，只能得到相对优化的解，这类决策也可以称为半结构化决策。

实例 2-3　选择工作的计分模型

选择工作具有多重标准，例如薪水、工作地点、未来机遇、个人发展、工作的稳定性等，但是不是所有的标准都能够量化，不同的人有不同的价值观念，因此从中选择“最好”的方案是很困难的。工资部分的决策是结构化的，其他部分的决策则是非结构化的（如未来机遇和前途只能凭经验或直觉来判断）。

地铁资料：据统计，2005—2022 年我国各城市轨道交通规划建设获批项目共计 126 个，涉及 44 座城市，获批里程 12928.37 公里。

实例 2-4　运输最少天数的决策问题

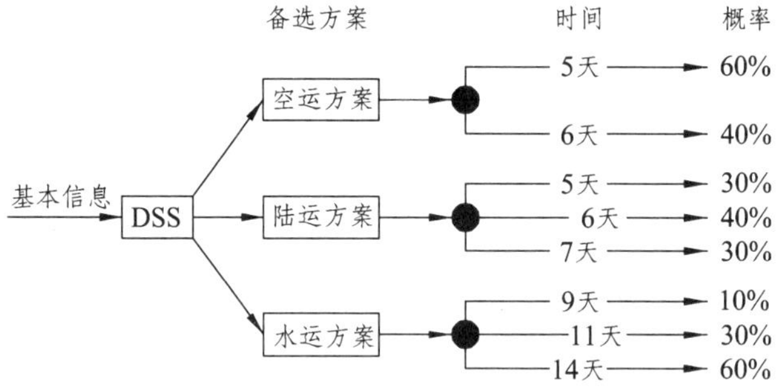

图 2-9　运输最小天数决策

本例中，是以运输天数最少为决策目标，可应用最大期望值决策准则来选取决策方案。

- 空运方案期望值：（5×60%）+（8×40%）=6.2 天
- 陆运方案期望值：（5×30%）+（6×40%）+（7×30%）=6 天
- 水运方案期望值：（9×10%）+（11×30%）+（14×60%）=12.6 天

比较各方案的期望值，则应选取陆运方案作为决策方案。如果决策者的风格不一样，估算出的概率值不同，或应用的决策准则不一样，就有可能得出不同的结论。例如，应用的是最大可能性准则的话，则选取的决策方案应是空运方案，而不再是陆运方案。

三、产生与发展

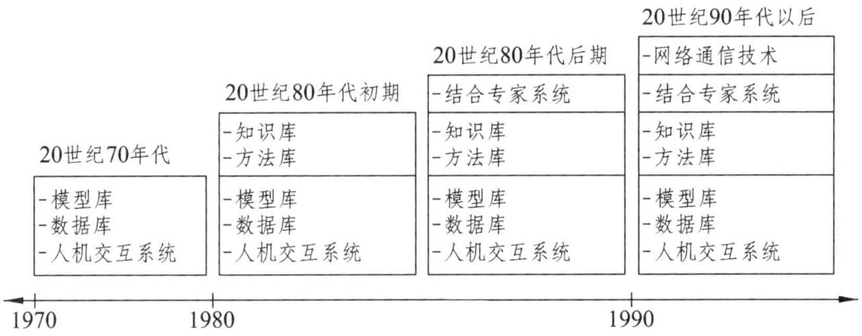

图 2-10　DSS 的产生与发展历程

1. 20 世纪 70 年代中期

Keen 和 Scott Morton 于 20 世纪 70 年代中期首次提出了“决策支持系统”一词，标志着利用计算机与信息支持决策的研究与应用进入了一个新的阶段，并形成了决策支持系统新学科。到 70 年代末期，DSS 一词已经非常流行，一般认为 DSS 是结合与利用计算机强大的信息处理能力和人的灵活判断能力，以交互方式支持决策者解决半结构化和非结构化问题的系统。

2. 20 世纪 80 年代初期

DSS 增加了知识库与方法库，构成了三库系统或四库系统。

• 知识库系统：人类的知识必须模型化或表达成计算机可以处理的方式，是有关规则、因果关系及经验等知识的获取、解释、表示、推理及管理与维护的系统。

• 方法库系统：是以程序方式管理和维护各种决策常用的方法和算法的系统。

3. 20 世纪 80 年代后期

人工神经元网络及机器学习等技术的研究与应用为知识学习与获取开辟了新的途径，出现了专家系统。专家系统与 DSS 相结合，既能够充分利用专家系统定性分析的长处，又能够充分利用 DSS 定量分析的优点，从而形成了智能决策支持系统 IDSS，提高了 DSS 支持非结构化决策问题的能力。

4. 20 世纪 90 年代以后

DSS 与计算机网络技术结合构成了新型的能供异地决策者共同参与进行决策的群体决策支持系统 GDSS。GDSS 利用便捷的通信技术在多位决策者之间沟通信息，提供良好的协商与综合决策环境，以支持需要集体做出决定的重要决策。

四、决策支持系统概念模式

决策支持系统（Decision Support System，DSS）是以管理科学、运筹学和控制论等为理论基础，以信息处理、仿真技术和计算机应用等技术为手段，综合运用信息和数学模型，辅助决策者解决半结构化或非结构化决策问题的人机交互信息系统。

DSS 将决策者和信息技术提供的特定支持功能联系在一起，信息技术的优势是高效、可以存储大量信息以及具有复杂的处理能力，能够帮助决策者产生决策所需要的有用信息。决策者的技能体现为经验、直觉和判断能力。事实上，DSS 的主要功能就是通过加强决策者的洞察力来为决策者提供帮助，改善决策者的决策效果。

1. 决策者

DSS 面向决策者，即 DSS 的输入和输出、起源和归宿都是决策者，决策者在决策过程中处于中心地位，一般多采用强调决策者主观能动性的模式。决策者运用自己的知识和 DSS 的响应输出结合起来对管理的“真实系统”进行决策，对“真实系统”提出的问题和操作的数据是输出信息流，人们的决策是输入信息流。

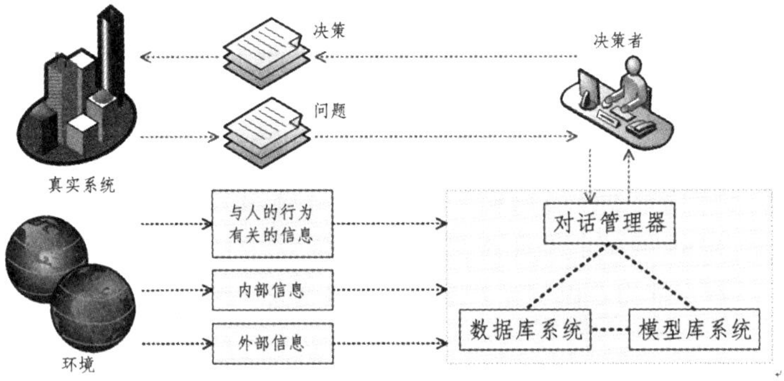

图 2-11　决策支持系统概念模式

2. 数据和信息

与 DSS 有关的基础数据，它包括来自真实系统并经过处理的内部信息、环境信息、与人的行为有关的信息等。

• 内部信息：订单要求、库存状况、生产能力与财务报表等。

• 外部信息：政策法规、经济统计、市场行情、同行动态与科技进展等。

最早的 DSS 非常依赖于模型驱动，用几种模型去执行如“What-if”分析或其他分析，其分析能力基于一个强有力的理论或模型，结合一个良好的用户接口，从而使得系统容易使用。当代的某些 DSS 是数据驱动型，使用在线分析处理（OLAP）、数据挖掘来分析海量数据。数据驱动 DSS 使用户能从以前淹没于大量数据中的信息中提取有用信息。

五、决策支持系统基本结构

DSS 的基本结构是由 DSS 的定义、性质、特点和任务等所确定的。了解概念模式和基本结构可以帮助我们了解系统的功能、运行机制，以及系统目标和系统内部各部分之间的相互联系。DSS 的结构与 MIS 和 TPS 有较大的不同，最为明显的一点是它由各种技术性很强的部件构成。这些部件构成了 DSS 结构的技术基础，所以说，DSS 的技术部件是 DSS 开发研究的主要对象。DSS 的核心是数据库和模型库，此外一个典型的 DSS 还包括对话管理器，其作用是使决策者很容易访问和操作 DSS。最后运用网络和其他的计算机信息系统，可以使 DSS 成为另一个强大的系统。

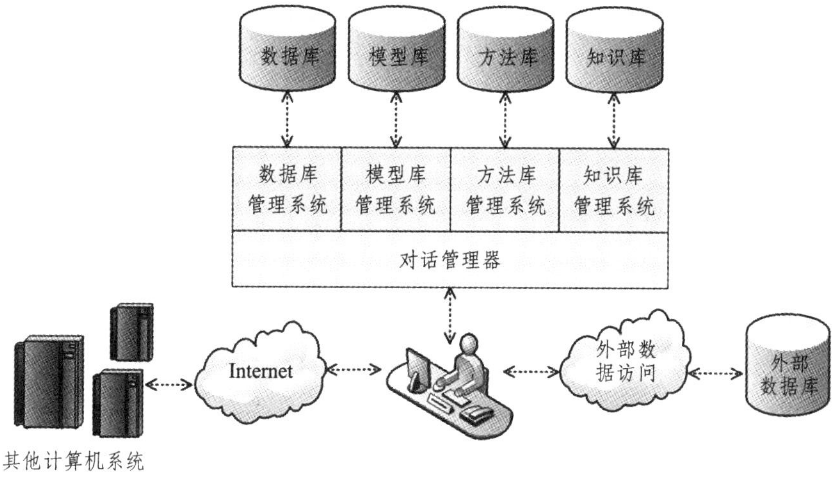

图 2-12　决策支持系统基本结构

1. 系统组成

最基本的 DSS 由模型库系统（优化模型、统计分析模型、预测模型）、数据库系统（内部信息、外部信息、用户信息）和人机对话系统（提供数据库和模型库的管理功能：如查询、修改、增加、删除、连接）等组成。通过加工、汇总、分析，提供综合信息、预测信息和各种方案模拟运行的功能。

2. 数据库

DSS 数据库是一个现在的和历史的、来自应用或群体的数据集合，用于提供与决策问题有关的数据，包括系统内数据、系统外数据、决策方案的反馈数据等。与 MIS 和 TPS 强调数据的整体结构和全面性不同，DSS 只存储了与决策问题领域有关的数据。在 MIS、DSS 相互存在的系统里，DSS 的数据库往往是虚拟的，或者是作为 MIS 数据库的一个子集而存在的，一般通过一个决策数据提取系统来取出 DSS 所需要的数据，因而 DSS 不会干扰关键的运营系统。

3. 模型库管理

模型库提供与决策问题相关的模型和方法，包括数学模型、逻辑表达方法、自然语言描述、图形描述方法等。DSS 中的模型库是用来储存辅助决策所需要的各种模型和方法的，如线性规划模型、网络模型、表格模型、投入产出模型、指数平滑法、回归分析法等。通常在计算机中可以把一个模型或一种方法以子程序的形式存放在存储器中。所以，模型库实际上就成为程序库。DSS 系统应具有模型设计功能、动态建模功能、管理功能和存储功能。

4. 对话管理

DSS 用户接口提供用户和系统及软件工具间的互动，现今，大多数 DSS 都具有网络接口，使其具有图形显示、互动性和易用的优点，同时应具有智能纠错和自我学习的能力。对话管理强调决策人员的知识、经验和判断能力的主动作用。

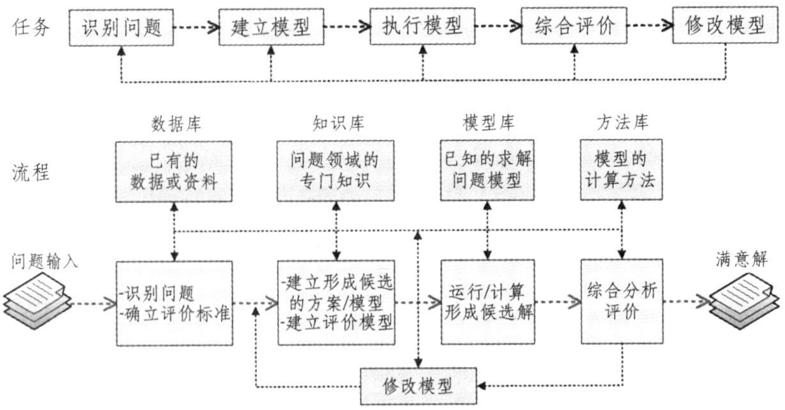

图 2-13　决策支持系统的任务及流程

5. 工作过程

分析和识别问题，描述和表达决策问题以及决策知识，建立评价决策问题的各种准则（如价值准则、科学准则、效益准则）——数据库。形成候选的决策方案（目标、规则、方法和途径），构造决策问题的求解模型（如数学模型、运筹学模型、程序模型、经验模型等）——知识库/方法库。多方案、多目标、多准则情况下的比较和优化，综合分析评价方法如专家评价、仿真模拟等——模型库/方法库。

实例 2-5　铁路编组站阶段计划编制辅助决策系统

铁路编组站阶段计划的编制主要解决三个相互联系的问题：本阶段列车出发计划、调机车运用计划和到发线运用计划。阶段计划的编制始终围绕按列车运行图发车这一中心来进行，是一个考虑因素众多的过程，涉及的部门及信息量大。阶段计划编制的关键是要处理好三个相互联系的问题：出发车流的来源、到发线的运用和机车的运用。就其中的每一个问题来说，都是一个需要进行优化的问题。各问题的数学模型和求解方法分别放在模型库和方法库中，系统通过模型库、方法库提供适当的方案并通过人机接口纳入人的因素，实现编制工作的科学化。

（1）模型库。模型是阶段计划初始方案形成后优化的基础，主要模型有：网络配流模型、车流推算模型、作业车取送优化模型、到发线使用优化模型、调机使用模型、初始方案生成模型、集成优化模型、阶段计划评价模型、统计分析模型。

（2）方法库。方法库一般有两层，第一层是各优化模型的具体算法，第二层为各种算法需要调用的公共基本优化算法。这些算法包括网络单纯性算法、瑕疵算法、各种启发性算法、分支定界法、带资源约束的网络计划算法以及计算机模拟方法等。

（3）数据库。包括源数据库、中间数据库和决策数据库三部分。源数据库有列车编组计划、列车运行图、车站技术设备、日班计划以及 TIMS 现车、机车供应等基本数据；中间数据库为各优化模型计算过程中产生的中间文件；决策数据库是直接为决策者提供决策信息的数据库文件，有过程决策数据库和最终决策数据库。

六、相关的智能技术

专家系统、案例推理和模糊逻辑系统用于捕捉隐性知识；神经网络和数据挖掘用于知识发现，它们能发现大规模数据集合背后的模式、分类和行为，这些仅依靠决策者的知识和经验或简单的实验是不可能发现的。遗传算法用于产生问题的解答，很多问题如果仅依靠决策者自己分析就显得太庞大、太复杂了。智能代理可以使常规的工作自动化，帮助企业在电子商务、供应链管理和其他活动中查找和过滤信息。

1. 专家系统

专家系统是一种智能技术，能在很窄、很有限的人类专门知识中捕获隐性知识。系统将技能熟练的专业技术人员的知识表达为软件中规则集合的形式，可以被企业中的其他人员所共享。一般认为，专家系统由知识库、推理机、人机接口、解释器和知识获取系统 5 个部分组成，如图 2-14 所示。

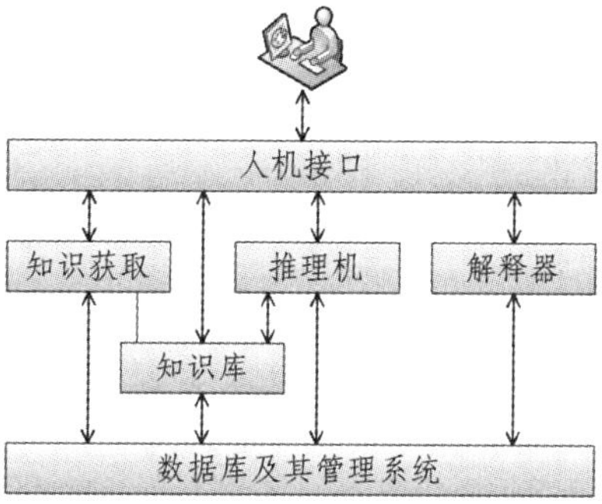

图 2-14　专家系统基本结构

（1）知识库。

人类的知识在模型化或表达成计算机可以处理的方式后，这些模型化的知识可以作为专家系统的一个集合，总体上称为知识库（knowledgc basc）。知识库用来存放专家提供的知识，专家系统的问题求解过程是通过知识库中的知识来模拟专家的思维方式，因此，知识库中知识的数量和质量决定着专家系统的质量水平。在专家系统中运用较为普遍的是产生式规则，即以“IF-THEN-ELSE”的形式出现，根据处理问题的复杂程度，一个专家系统可能有几百甚至几千条规则，这些规则相比于传统的软件程序更加交错复杂。

（2）推理机。

用于查找规则库的策略称为推理引擎（inference engine），即针对当前问题的条件和已知信息，反复匹配知识库中的规则，获得新的结论，进而得到问题的求解结果。通常有两种策略：前向链接和后向链接。

- 在前向链接中，推理引擎在用户输入信息后开始启动，当一个条件为真时，激发规则的行动（如进入下一条规则或结束），按顺序触发一系列规则，直至达到一个结论。
- 在后向链接中，搜索规则库的策略开始于一个假设，然后询问决策者关于选择的事实，直至假设被确认或被否定。

专家系统缺少知识的广度，无法像真正的专家那样具有对基本原理的理解，因此，通常能够执行的任务非常有限。然而，在获得了专家的窄域知识后，专家系统可以帮助企业用很少的人做出高质量的决策，从而为企业带来较大的收益，例如减少错误、减少成本、缩短培训时间、改进服务和质量。现今，专家系统已经广泛地应用于企业孤立的、高度结构化的决策中。（举例：非正常接发列车应急处置引导系统）

2. 基于案例的推理

基于案例推理（case-based reasoning，CBR）描述企业过去的经验，并将其表达成案例存于数据库中，为以后遇到具有相似参数的新问题时查询和参照。系统可以查找与新问题具有相似问题特征的已有案例，找到最密切的拟合，从而可以将以往案例的处理方法用于新问题的解决，成功的解决又可以描述为新的案例存储于知识库中，不成功的解决及其不成功的解释也一并存储于案例库中，工作方式如图 2-15 所示。

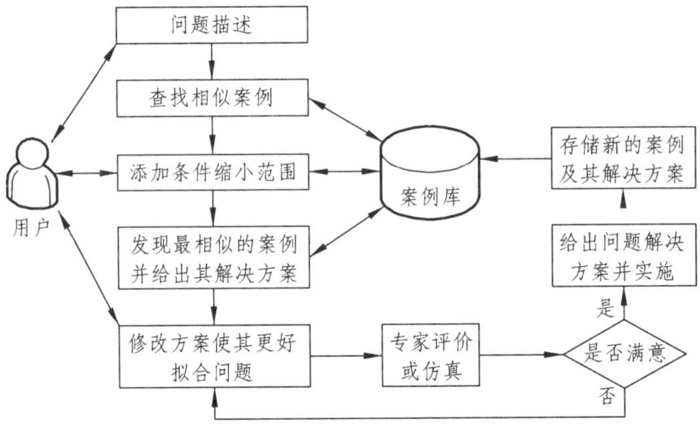

图 2-15　案例推理工作方式

虽然专家系统和案例推理系统均以专家的知识表达为基础，但两个系统的工作方式并不相同，专家系统主要针对知识库应用一组“IF-THEN-ELSE”规则处理问题，而基于案例的推理解决问题则是通过重用或修改以前解决相似问题的方案来实现的（如铁路行车事故救援）。

3. 神经网络

神经网络常用于模拟复杂的、难以理解的并且已经收集到大量数据的问题，对于发现大量数据间的模式和关系特别有用，而这些对于人工分析则很复杂、困难。神经网络发现这些知识的方法是用硬件和软件模拟生物大脑的并行处理模式，其特色在于信息的分布式存储和并行协同处理。神经网络从大量的数据中“学习”，是用筛滤数据、寻找模式、建立模型，反复校正模型错误的方法。

神经网络通常由一个输入层、一个输出层和几个隐藏层组成，用户将一组已知其所产生输出结果的数据作为训练数据对网络进行训练。例如高速列车的自动防护系统（Automatic Train Protection，ATP）就采用神经网络作为系统的预测模型进行多步递推预测，而后利用滚动优化和误差校正对列车的速度进行控制，以实现列车的高速、安全、可靠运行。其神经网络结构如图 2-16 所示。

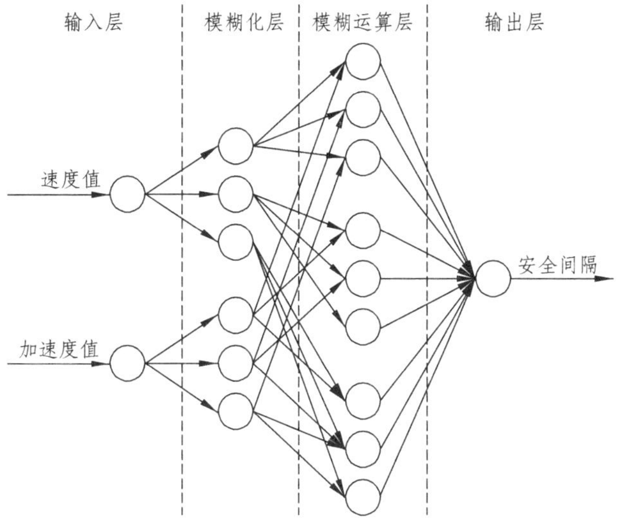

图 2-16　神经网络结构

第 1 层为输入层，将输入引入网络，输入数据包括速度值、加速度值；第 2 层和第 3 层为隐藏层，对输入进行模糊化和模糊运算；第 4 层为输出层，实现模糊操作并输出数据。计算机将采集到的数据输入神经网络，根据性能指标函数（某种条件）训练神经网络，直至达到期望值，完成神经网络的训练。之后，将训练好的神经网络作为预测控制算法的预测模型，控制高速列车的运行过程。

不同于专家系统寻求模拟专家解决问题的方法，神经网络将智能以一个生成的学习能力的形式纳入系统中。相反，专家系统对于给定的问题高度专业化，并不容易再训练。专家系统通常会给出问题的解释，而神经网络不能完全解释所得到的特定结果，甚至不能总保证一个完全确定的解，即在同样的输入条件下会有不同的结果。

4. 数据挖掘

传统的数据库只能查询如“2013 年 1 月份金州站办理辆数是多少？”这类问题的答案，联机分析处理能够支持查询更复杂的信息，如“每一个班组到达列车办理辆数，并与预期办理辆数的比较”这类问题。但对于在大型数据库中搜索隐藏于其中的未发现的知识却没有更好的办法。

数据挖掘（Data Mining，DM）是指从数据库大量的数据中揭示出隐含的、先前未知的并具有潜在价值的信息的过程，是一种决策支持过程。它可以高度自动化地分析企业数据，做出归纳性的推理，从中发现潜在的模式与关系，帮助决策者调整策略、减少风险，做出正确的决策。能够从数据挖掘中获得的信息类型一般包括：

• 关联信息，是指与单一活动相关联的事件，若两个或多个变量的取值之间存在某种规律性，就称为关联。例如，超市购买模式的调查显示，当顾客购买薯片的同时，65%的情况下顾客也会购买一瓶可乐，但在促销活动中，这种概率会增加到 85%。在“尿布与啤酒”的例子中，年轻男性顾客购买婴儿尿布的同时，有 30%～40%的人也会为自己买一些啤酒。

• 顺序信息，是指某段时间里相联系的一系列事件。例如，售出一套精装商品房，65%的情况下在两个星期内会售出一台冰箱，45%的情况下在一个月内会售出一台微波炉。

• 分类信息，指的是通过检查现有的分类信息和根据一系列准则，描述某信息归类于哪一种模式。例如，通过挖掘货票库中的海量数据，用聚类技术对客户细分，铁路货运营销部门可以根据不同类别货主对货运收入贡献的大小制定不同的优惠措施。

其他的信息还包括估计信息（如根据购买模式估计家庭收入）和预测信息（如机器故障预测）等，典型的数据挖掘系统的结构如图 2-17 所示。

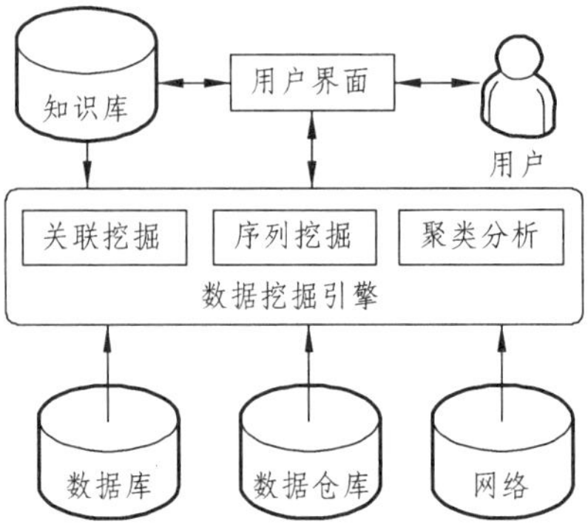

图 2-17　典型数据挖掘系统结构

5. 智能代理

（1）智能代理。

智能代理技术可以帮助企业过滤大量数据，只留下重要的信息。智能代理（Intelligent Agent，IA）是一些软件程序，工作于无人干预的环境中，为用户、企业过程或软件应用执行特殊的、重复的和可预测的任务，是一种在分布式系统或协作系统中持续自主发挥作用的计算实体。例如，Outlook 中定期删除垃圾邮件、日程安排或浏览互联网寻找去目的地最便宜的机票、设备故障诊断等。

智能代理在电子商务领域的应用十分广泛，几乎贯穿了电子商务的全过程。智能代理可以帮助用户获取大量有用信息。对于企业来说，它可以通过智能代理收集需求信息，帮助企业进行产品开发决策。还可以通过智能代理找到合适的材料供应商与合适的产品买主，以求降低成本、提高效率。对于客户来说，由于网上的商品众多，在网上找到合适的商品很困难。但采用智能代理系统后，它可以帮助客户去网上查找所需的商品。所以，智能代理对买卖双方都具有相当的诱惑力。

（2）铁路应用。

故障诊断技术是发现故障、定位故障设备、提供故障解决方案的一项重要技术。故障诊断一般可以通过故障诊断程序、诊断系统或人工方式来完成。目前，有以下几个主流的方法：

• 基于专家系统的故障诊断，以知识库为基础，在串行运行的模式中模拟人脑的逻辑思维，实现严格的诊断推理。

• 基于人工神经网络的故障诊断，利用各种神经网络模型来诊断系统的故障，即在大规模并行运算中模拟人脑的物理结构，实现直觉联想型故障模型。

• 基于模糊数学的诊断方法，是一种基于知识的自动诊断方法，它利用模糊逻辑来描述故障原因与故障现象之间的模糊关系，通过隶属函数和模糊关系方程解决故障原因与状态识别问题。

• 基于故障树的方法（Fault Tree Analysis，FTA），又叫因果树分析法，是目前国际上公认的一种简单、有效的可靠性分析和故障诊断方法，是指导系统最优化设计、薄弱环节分析和运行维修的有力工具。

随着信息技术的发展，铁路对故障诊断系统的实时性、智能性和网络化提出了越来越高的要求。而智能代理技术为故障诊断系统的设计和实现提供了一条极具潜力的途径。基于多Agent的信号设备故障诊断系统就是利用多Agent系统的自主性、反应性和主动性等特点，将铁路信号设备的故障监测与诊断过程分成多个子任务，利用多个 Agent 来分别自主地完成各自的子任务，并在适当的时间与其他 Agent 进行交流，达到监测与诊断任务的自主完成，从而实现了监测与诊断的智能化，其结构如图 2-18 所示。

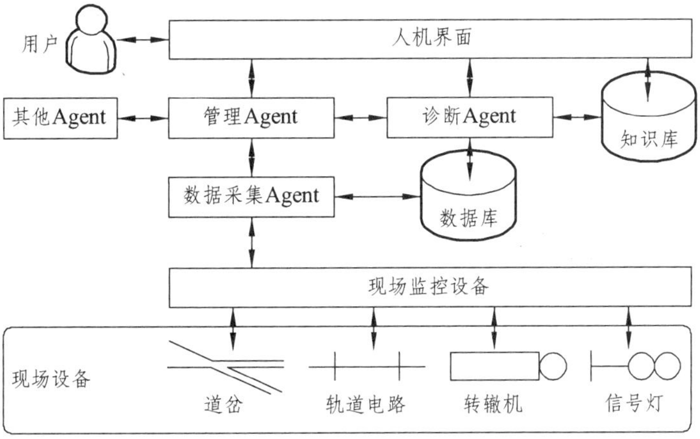

图 2-18　多 Agent 铁路信号故障诊断系统结构

（3）系统结构。

信息采集 Agent 是利用现场的一些信息采集设备，例如，传感器和 A/D 数据采集卡，以及监控系统提供的一些设备信息来获取信号设备的静态或动态数据，并将其存储在数据库中，为管理 Agent 调用。

管理 Agent 在整个处理过程中处于主导地位，它负责对收集到的信号设备信息进行综合判断，进行任务分解和任务分配，将铁路信号设备的全局诊断任务按其设备种类、设备功能和故障类型分解为若干个局部诊断子任务，形成诊断任务集。将设备信息处理任务集提交给诊断 Agent，由诊断 Agent 对所提交的设备故障提出解决故障的方案，并且负责各个诊断任务的分配、调度、控制以及处理各个诊断子 Agent 发生的冲突，监视任务的执行，在适当的时间与其他 Agent 进行信息的交互协作。

诊断 Agent 的主要功能是对管理 Agent 提出的故障信息给出具体的分析和解决故障的方法，它是整个诊断系统的核心。它接受管理 Agent 提出的各种请求，并从数据库中提取相应的信号设备的状态数据，并且从知识库中提取对应的解决方法。当一种新的设备故障现象出现时，诊断 Agent 提出的故障解决方案添加到知识库中，从而不断丰富知识库。

利用 Agent 技术在铁路信号故障诊断系统中的应用，可以辅助维修人员进行故障分析及诊断，更好地预防信号故障在铁路行车中的危险，从而保证行车安全。

第四节　电子商务

在不久的将来，要么电子商务，要么无商可务。

——比尔·盖茨

- 什么是电子商务、数字市场、数字产品的独特特点？
- 互联网技术如何转变企业模式？
- 电子商务的各种形式是什么？电子商务如何改变消费者零售和企业对企业的交易？
- 移动商务在企业中的角色是什么？最重要的移动商务应用是什么？

你在网上购买过图书吗？在你去专卖店买品牌运动鞋之前，你是否用 Web 搜索过该产品的信息？如果是，那么你已经身处电子商务之中了。尽管大多数购买仍是通过传统渠道进行，但电子商务却在持续快速的增长，并且改变着许多公司的经营方式。

计算机改造社会的能力可能最为明显地体现在对人们沟通方式的改变上。我们的社会已由一个依赖于面对面沟通的社会，演变为以电话为主要媒介，再到今天日益依赖于电子邮件和即时通信的社会。从本质上讲，丰富多样的老媒介因为失去效率和有效性而被淘汰。换言之，电话不能使人们通过个人表情来观察情感的变化，而电子邮件则使人们不能通过声音语调的变化来判断人们情感的变化。互联网扩大了其对社会的影响，因为它能替代范围广泛的人际和商务沟通。

一、电子商务概述

1. 如今的电子商务

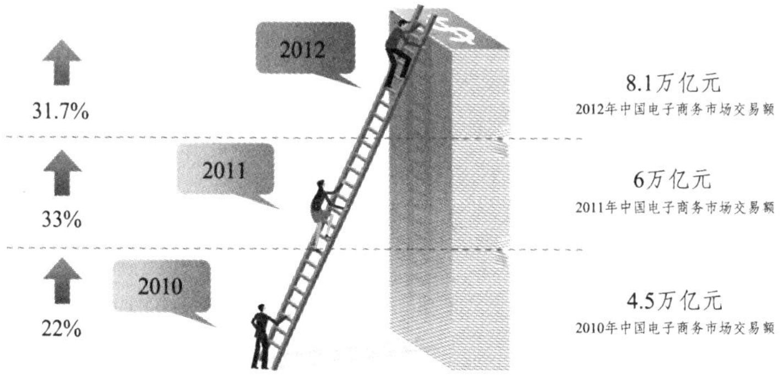

图 2-19　电子商务的发展

电子商务指的是利用互联网和 Web 来完成业务交易。更确切地说，电子商务是关于组织和个人之间的有数字化支持的商业交易。在大多数情况下，这意味着商业交易通过互联网和 Web 完成。商业交易包含以组织和个人之间用价值（如金钱）换取产品和服务的过程。

电子商务起始于 1995 年。当时最早的互联网门户网站之一 Netscape.com 最先接纳了大公司的广告业务，同时，它推广了这样一个理念：Web 是可以用于广告和销售的新型媒介。当时没有人预见到电子商务零售额的成倍增长，及其后来呈现出的指数型增长曲线。

• 根据《中国电子商务报告（2021）》报告显示，2021 年，我国电子商务坚持创新驱动，不断加快数字产业化和产业数字化步伐。全国电子商务交易额达 42.3 万亿元，同比增长 19.6%；网上零售额达 13.1 万亿元，同比增长 14.1%；实物商品网上零售额 10.8 万亿元，占社会消费品零售总额比重达 24.5%；跨境电商进出口额达 1.92 万亿元，5 年增长近 10 倍；电子商务相关产业吸纳及带动就业超过 6700 万人；我国已连续 9 年保持全球最大网络零售市场地位。

直播电商、即时零售等模式业态创新不断激发消费活力，带动网络零售提质升级，助力构建全国统一大市场；跨境电商、海外仓加速发展，助力外贸企业在新冠疫情影响下逆势突围，保障全球产业链供应链稳定；大数据、物联网、人工智能等新一代信息技术在电子商务领域广泛应用，与制造业、农业、服务业等融合发展，赋能传统产业转型升级不断迈进；在疫情多点散发对居民消费和市场供应造成影响的情况下，网上购物、网上订餐、无人零售、远程医疗等电子商务服务模式迅速弥补了线下的不足，有效保障了社会生产生活稳定。电子商务在助力稳增长、促消费、保就业、惠民生等方面取得了显著成效，作为宏观经济的“稳定器”“加速器”作用愈发凸显。

2. 为何电子商务与众不同

为什么电子商务的发展如此迅速？答案就在于互联网和 Web 的独特性上。简单来说，和以前的技术革新（诸如收音机、电视和电话等）相比，互联网和电子商务技术更加丰富和强大。接下来，让我们逐一考察它的技术特性。

（1）遍及化。

在传统商务中，市场是一个物理意义的地方，如商场、便利店和超市，人们通常去这些地方来进行商品交易。而电子商务具有遍及性，它可以发生在任何地方和任何时间，可以无所不在。例如，可以在家或在工作地点使用台式电脑购物，甚至可以在公交车上使用移动设备购物。其结果是产生了一个超越传统意义上时间和地理界限的市场。从消费者角度来看，遍及化降低了交易成本，无须再把时间和金钱花费在去一个实体市场的路上，而且购买过程消耗的精力也更少。

（2）全球化。

和传统商业相比，电子商务技术使得商业交易能够更加顺利、有效地超越文化和国家的界限。结果使电子商务潜在的市场规模大约等于全世界的上网人数（超过 10 亿人，并且还在快速增长）。相比之下，绝大多数的传统商业是地方性的或区域性的，也就是说只涉及地方性商家或全国性商家的当地店面。例如，电视、电台和报纸基本上是地方性或区域性的机构，少数有影响的全国性电视电台或报纸可以吸引来自全国的观众，但却很难超越国家限制去吸引全球性的观众或读者。

（3）统一标准化。

电子商务技术一个显著的特点就是互联网的技术标准，即电子商务的技术标准是全球的统一标准，该标准由全球各国共享，它允许使用不同技术平台的任何电脑间互联互通。相比之下，绝大多数的传统商业技术因国家而异。例如，电视和电台的标准各国间就有很大的差异，手机技术也是如此。统一的技术标准极大地降低了市场准入成本，同时，对消费者来说，也降低了搜索成本，即寻找称心商品所花费的精力。

（4）信息密度。

互联网和 Web 极大地提高了信息密度。信息密度是指所有市场参与者（如消费者和商家）可以获取的信息的数量和质量。电子商务技术极大地降低了信息的收集、存储、加工和传递成本，提高了信息的流通性、准确性和时效性。信息密度使价格和成本更加透明化，价格透明指的是消费者可以很容易地在市场上找到同一种商品的各种不同价格，成本透明指的是消费者可以发掘商家采购某些产品的真实成本。

商家同样可以受益于信息密度，比起从前，网上商家可以发掘更多的消费者的特点。这使得商家可以把市场细分为具有不同价格偏好的消费群体，可以用不同的价格销售基本相同的商品给不同的消费群（只买贵的，不买对的）。例如，旅游公司可以发现某些顾客对昂贵的国外度假十分感兴趣，于是便以高价向该顾客提供高档次的旅行安排，因为公司知道这些人愿意为这样的旅游多付钱；同时，商家还可以用更低廉的价格将同样的旅行安排提供给对价格更敏感的顾客。信息密度还可以使商家根据成本、品牌和质量对其产品分档。

3. 电子商务的重要概念

商业的发生地点、时间和盈利模式在某种程度上取决于信息的成本和信息的传播。互联网创建了一个数字化的市场，在这个市场中，全世界数以亿计的人可以直接、及时、免费地交换大量的信息，其结果是改变了企业完成业务的方式并拓展了其在全球的市场范围。

（1）数字市场。

互联网降低了信息不对称。信息不对称是指交易的一方比另一方有更多的对交易有用的信息，这些信息有助于决定在谈判力量上的对比。而在数字市场中，消费者和企业可以访问很多提供竞争性价格信息的网站，从这个意义上讲，数字商场可以说比传统市场更“透明”。

数字市场有很强的可调整性，并且很有效率。因为数字市场的运行涉及较低的搜索和交易成本、较低的菜单成本（menu cost，即商家根据市场情况动态调整价格的成本）。在动态定价中，产品的价格是随着消费者的需求特征和卖家的供货情况而不断变化的。

数字商场提供了许多越过中间商（如分销商和零售商）直接销售给消费者的机会，去除分销渠道的中间环节可以显著地降低购买过程中的交易成本。例如，以往为了支付传统分销渠道中的各环节，一个生产商通常不得不将价格定于高达原始制造成本的 135%。通过直接销售给消费者或减少中间商的数量，企业可以降低价格并提高利润。这种去除价值链上那些负责中间环节的组织和商业流程的过程称为“去中间化”（disintermediation）。

（2）数字产品。

互联网上的数字市场极大地促进了数字产品的销售。数字产品是指可以通过数字化网络传输的产品，音乐、视频、软件、报刊、书籍以及研究报告和学术论文等都是能以纯数字产品的形式来展示、存储和销售的。

一般来说，生产多一件数字产品的边际成本几乎为零，例如，多制作一份市场分析报告或学术论文根本不花费什么。然而，制作最开始第一份数字产品的成本是相对较高的。事实上，由于其他的存储和运输成本很少（如买一台服务器或上网费用），制作第一份数字产品的成本基本上等于该产品的总成本。在互联网上，数字产品几乎没有什么运送成本，市场营销成本也不会增加，并且定价的自由度很大。

根据“管理评论”的观点，在未来的企业竞争中，最大的赢家将是那些“大脑袋、小身子”的组织，例如美国一家公司 Adtrack，只有 35 个人，工作就是每天跟踪搜索上千种的报纸、杂志上的上千万条广告信息记录（存储在一个数据仓库中），然后向企业提供竞争者的销售战略和相对地位信息。

二、电子商务的构成及分类

1. 电子商务类型

电子商务实际上是电子商务交易主体围绕交易事务通过电子市场发生的经济活动，如图 2-20 所示。交易主体是指从事电子商务活动的客观对象，如制造企业、供应商、银行、零售商、政府机构、物流公司和个人消费者。交易事务是指交易主体之间所从事的具体的商务活动内容，如询价、报价、转账支付、广告宣传、商品运输等。电子市场是指交易主体从事商品和服务交换的场所，通常由各种各样的商务活动参与者利用各种通信装置通过网络连接成一个统一的经济整体。

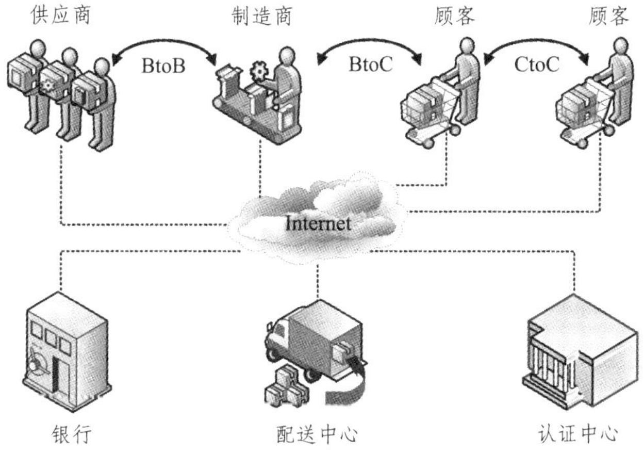

图 2-20　电子商务概念模型

从电子商务的构成可以看出，划分电子商务的类型有多种方法。一种是看电子商务交易参与者的性质，这样可分为三种主要的电子商务种类：

① 企业对消费者（BtoC）电子商务，是通过信息化的手段，尤其是互联网技术把本企业或其他企业提供的产品和服务不经任何渠道，直接传递给消费者的商务模式。由于它与大众的日常生活密切相关，所以被人们首先认识和接受，如当当网、Dell 公司、京东商城、苏宁电器。

② 企业对企业（BtoB）电子商务，是指以企业为交易主体，在企业间进行的电子商务活动，是一种使用虚拟供应链连接企业伙伴、降低再供应时间和成本的有用工具，如阿里巴巴（www.alibaba.com）、美商网（www.meetchina.com）。

③ 消费者对消费者（CtoC）电子商务，是指消费者与消费者之间通过网络来展开的一些交易活动，这是目前占交易份额很小但盈利前景很大的一类业务，称为 C2C，如 eBay、淘宝。

另一种划分电子商务交易的方式是根据参与者的具体联网方式。如今，移动智能手机和其他无线便携电子设备都具备了互联网接入功能，可以用来发送短信、电子邮件、访问 Web 网站和购物，企业正不断推出面向无线设备的新型产品和服务。这种使用便携无线设备购买商品或服务的方式被称为移动商务（mobile commerce）。

2. 中国电子商务的发展历程（见图 2-21）

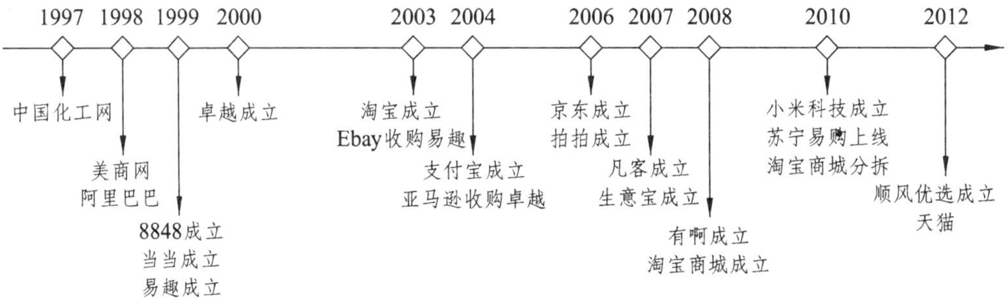

图 2-21　中国电子商务的发展历程（部分）

1997 年 12 月，中国化工信息网正式在互联网上提供服务，成为国内第一家垂直 B2B 电子商务商业网站。

1998 年 10 月，美商网是最早进入中国 B2B 电子商务市场的海外网站，首开全球 B2B 电子商务先河；1998 年 12 月，阿里巴巴正式在开曼群岛注册成立，1999 年 3 月，其子公司阿里巴巴中国在我国杭州创建。

1999 年 5 月，“中国电子商务第一人”王峻涛创办“8848”涉水电子商务，标志着国内第一家 B2C 电子商务网站诞生；1999 年 8 月，邵亦波创办国内首家 C2C 电子商务平台“易趣网”；同年，以当当为代表的 B2C 网站以标准化的图书等品类为发端。

2000 年 5 月，卓越网成立，为我国早期 B2C 网站之一。

2003 年淘宝成立，宣告中国 C2C 新一篇的开端，淘宝成立之初就以免费方式吸引商家，在商家数和商品数方面快速赶超易趣，“全”是早期 C2C 乃至 B2C 竞争的核心。在早期，更适应“全”需求的 C2C 以超过 B2C 多倍的速度更快，发展，B2C 在很长一段时间内，只能以亚马逊为榜样，苦苦支撑。

2004 年淘宝支付宝成立，淘宝同时展开服务战，从而彻底将易趣甩开。

2006 年京东成立，当时谁也没想到，京东能从 3C 产品开始（所谓“3C 产品”，就是计算机 Computer、通信 Communication 和消费类电子产品 Consumer Electronics 三者结合，亦称“信息家电”。），以更为可信的品牌形象和更优的服务，成长到现在举足轻重的地位；2006 年拍拍成立。

2007 年凡客成立。2007 年 4 月，网盛科技宣布正式推出“基于行业网站联盟的 B2B 门户与搜索平台”——“生意宝”（Toocle.cn），首开由垂直 B2B 转型综合 B2B 之先河，国内综合 B2B 市场由此渐跨入多元化良性竞争阶段。

2008 年有啊成立，目的是携巨大用户优势切入 C2C 市场并击败淘宝，但单一的用户端优势和部分的产品改良，难以实现对淘宝整个系统的正面进攻；2008 年淘宝商城成立，淘宝已经深刻地认识到 B2C 对 C2C 的替代性竞争，京东商城的新型服务模式无疑对淘宝形成了巨大的威胁，淘宝商城初期尝试并不成功，不得不在 2010 年将淘宝商城独立分拆运营，并在 2012 年正式改名为天猫，以实现在之前利益切割之上更为独立的品牌切割。

2010 年小米成立，众多的淘品牌、凡客和小米的部分成功，充分证明了采用互联网传播和渠道模式，能够在当今中国深入改造传统产业链条，诞生新的消费品品牌；2010 年苏宁易购正式上线，电商渠道对传统渠道的冲击和替代逐步显现，并在 2012 年爆发价格战，值得观察的是在 2012 年顺丰优选也宣告成立。

从消费者需求的角度来看，早期在网上能买到低价的商品，打破传统渠道的地域限制，对消费者形成了巨大的吸引力，在这个阶段，谁的商品更多，谁就能更好地吸引消费者，C2C 显然能够在“全”上做得更好，从而在早期实现了对 B2C 的全面领先，一定程度上我们可以说，这个阶段的电子商务供应端的特点就是“高折扣低便利”，想想几年前你在淘宝上买个东西需要多久才能收到。

在 2004 年的一项研究表明，当时有 70%～80%参与过网购的消费者表示不愿意再次网购，可见当时市场的混乱状况，而淘宝支付宝担保交易的做法，消除了消费者的部分顾虑，部分清理了市场上的害群之马，为当时的 C2C 市场发展立下了汗马功劳。

经过多年的发展，当消费者已经习惯在网上购物之后，“便利性”的需求凸显，消费者对服务品质有了更高的要求，京东的 B2C 模式显然更能满足这个时期消费者的需求，一定程度上可以说，这个阶段的电子商务供应端的特点就是“低折扣高便利”，当顾客在京东上午购买一个东西，下午就能送到的时候，即使这个东西同线下一样的价格，顾客还愿意花费交通、时间成本去逛线下商店吗？

新渠道模式与传统渠道模式的冲突，背后更为深刻的显现是互联网对整个中国实体产业链的改造，顺之者昌逆之者亡。未来，不管是制造行业、仓储物流行业、连锁渠道，乃至企业品牌传播与品牌建立，不互联就死亡是必然的规律。

三、电子商务的技术特点

1. 实现与客户的亲密关系（BtoC）

电子商务技术的特性为市场营销提供了很多新机会，互联网为企业提供了新的通信和交流渠道，这些渠道可以用于在销售、市场推广和客户服务中发展密切而有效率的客户关系。

（1）交互式营销。

电子商务可以为大量的消费者提供个性化的商品，这在传统营销中是不可能的。一些网站如凡客，提供在线工具使得消费者可以根据他们具体的要求来定制所购买的商品。网站可以成为丰富的信息来源，这些信息包括具体的消费者的行为、偏好、需求和购买规律。企业可以利用这些信息来制定市场推广计划、产品和服务价格。

（2）点击跟踪。

点击跟踪（Clickstream Tracking）分析工具收集有关客户在网站上活动的数据，并把它们存储在日志中。这些工具记录用户访问某个特定网站前后所去过的其他网站，还记录用户在某个网站具体访问的网页、在每页上停留的时间、访问网页的类型，以及他们所购买的产品。企业通过分析这些有关客户兴趣和行为的信息来建立现有和潜在客户的详细资料。这样的信息可以使企业建立独特的个性化网页来为每个用户展示他们所特别感兴趣的产品或服务的内容和广告，可以改善顾客的感受从而创造更多的价值。例如：

• 顾客在网站首页点击，系统可以告知顾客上网的时间以及在首页驻留的时间，这有助于企业了解网站导航设施是否合理；

• 顾客选择一件商品，如选择一件休闲裤（尺寸是 29 码、颜色是灰色、材质是棉麻）并将其放入购物车，这些信息有助于商家确认什么材质和颜色最流行；

• 如果顾客没买休闲裤并离开了网站，这个信息可能是顾客改变了主意，或者可能在结账或支付过程中遇到问题，从而有助于商家改进网站的设计或支付方式。

通过交互式营销和个性化设计，企业能够以非常低的成本达到个性化营销的目的。

（3）协同过滤。

协同过滤（Collaborative Filtering）是 Web 个性化服务的另一项技术，它可以将某个特定用户在某个网站的行为信息与有类似兴趣的其他顾客的数据进行比较来预测这个用户接下来想要看到什么，然后软件可以根据所推断的顾客兴趣来为用户做出推荐。例如，当当和卓越亚马逊使用协同过滤软件来准备个性化的图书推荐"购买此书的顾客还购买了……"，这些推荐正好在顾客购买时做出，因此是一个理想的时间来促使顾客购买相关产品。

（4）博客。

博客（Weblog）是一种个性化的网页，一般包括一系列由作者输入的按日期排序的条目以及通向其他网页的链接，目前已成为另一种很有前景的基于 Web 的营销工具。拥有公共博客的公司可以把它作为接触客户的渠道，通过对个人的交流可以为未来的大众客户展示新产品和服务的信息。通过分析客户的博客针对新产品和服务以及广告推广活动都发表了什么言论，企业可以更廉价、快速地分析消费者的兴趣和情绪。例如，通过博客发现在线消费者频繁地讨论汽车后排空间的问题，则企业在新产品开发中可能加大轴距，更注重后排乘客的舒适性。

2013 年 11 月 3 日，央视新闻联播头条播出了《互联网思维带来了什么》，以小米手机和海尔空调为例说明互联网给制造业带来的新变化。节目中展示了小米手机根据用户需求，研制出了专门为老年人设计的老人功能，指出："小米手机把用户当朋友，根据用户的建议来改进产品，这是最大的变革。"数以万计的小米用户成了小米研发的外援团。每天都有用户通过微博等平台来提出意见，如"手机丢了怎么帮助找回？黑暗中手机能不能自动变成手电筒？"等，小米根据用户的需求，每周都会进行更新，每次更新都会发布几个甚至十几个功能。

2. 新的效率和关系（BtoB）

（1）EDI 的定义。

电子数据交换（Electronic data interchange，EDI）是指按照统一规定的通用标准格式，将标准的经济信息通过通信网络传输，在贸易伙伴的电子计算机系统之间进行数据交换和自动处理。由于使用 EDI 能有效地减少直到最终消除贸易过程中的纸面单证，因而 EDI 也被称为"无纸交易"。

当前，大约 80%的 B2B 电子商务仍是基于电子数据交换的专用系统。EDI 使得两个企业的系统可以交换标准的交易文档，例如发票、提货单、订单及送货时间安排等。交易文档通过网络自动从一个信息系统传输到另一个信息系统，这样可以消除在一端的纸打过程和另一端的数据输入过程。

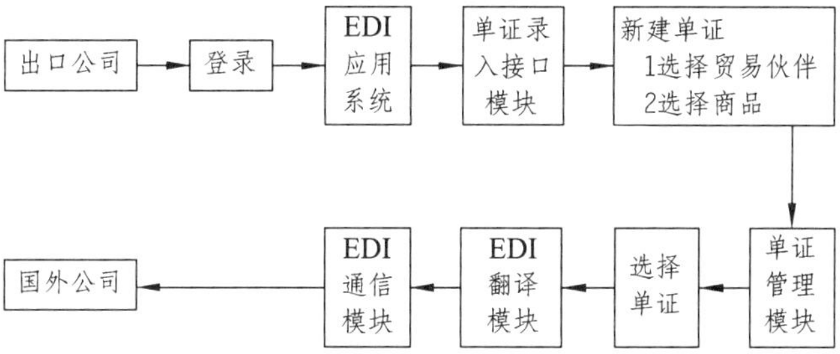

图 2-22　电子数据交换 EDI 流程

（2）核心技术。

EDI 涉及的技术十分广泛。概括而言，EDI 的核心技术主要有数据通信网络技术、标准化技术和计算机应用技术。目前广泛使用的 EDI 技术标准是被国际标准化组织批准的 UN/EDI 技术 FACT 标准。因此，一个部门或企业要实现 EDI，首先必须有一套计算机数据处理系统；其次，为使本企业内部数据比较容易地转换为 EDI 标准格式，须采用 EDI 标准；另外，通信环境的优劣也是关系到 EDI 成败的重要因素之一。

EDI 在铁路运输中的应用最早起源于美国和加拿大。20 世纪 80 年代初，美国铁路协会组建 Railine 网络时就引进了 EDI 技术，为北美的美国、加拿大和墨西哥铁路提供先进的数据信息交换工具。欧洲在数据通信系统中投入大量人力、物力，积极推动 EDI 的应用，其铁路运输业也开始采用 EDI 技术，1987 年 10 月欧洲铁路联盟完成了用于铁路运输业的 EDI 标准信函的定义，1989 年联合国制定了国际运输信函（IFTM）标准，目前，欧洲铁路联盟已开发了近 30 种基于联合国 EDIFACT 标准信函，概括了国际运输委托书有关方面的所有要求。

在以往的情况下，由于网络的安装和运行费用较高，许多中小型公司难以承受，导致它们大都使用传真和电话进行贸易往来。即使采用 EDI 的大公司也不能完全做到节省费用，因为它们的许多贸易伙伴并没有运用 EDI，因此，成本因素限制了 EDI 方式电子商务应用范围的扩大。而互联网的发展则提供了一个费用更低、覆盖面更广且服务更好的系统，随着互联网安全性的逐步提高，WEB-EDI 就成为一种最为流行的方式，它利用万维网和电子数据交换技术相结合，提供一种全新的电子商务方式。

（3）行业网络。

私用行业网络（private industrial networks）一般包括一个大公司使用外部网与其供货商或其他商业伙伴相连，如图 2-23 所示。这样的网络由买家所拥有，允许公司和指定的供应商、分销商及其他商业伙伴来共享产品设计和开发、市场营销、生产计划、库存管理以及其他一般性的交流，包括图片发送和电邮。例如，VW Group Supply，它连接大众汽车和它的供应商，负责大众汽车 90%的全球采购，包括所有的汽车零部件。

（4）网络商场。

网络商场（net marketplace），国内也称电子港（e-hub），是一个提供给很多不同的买家和卖家的，基于互联网技术的单一数字市场。它为整个行业所拥有，或由买卖双方之间的独立中介来运行。网络商场从买卖交易以及其他一些中介服务中产生营业收入，参与者可以通过在线协商、拍卖或报价索取等方式来完成定价，如图 2-24 所示。

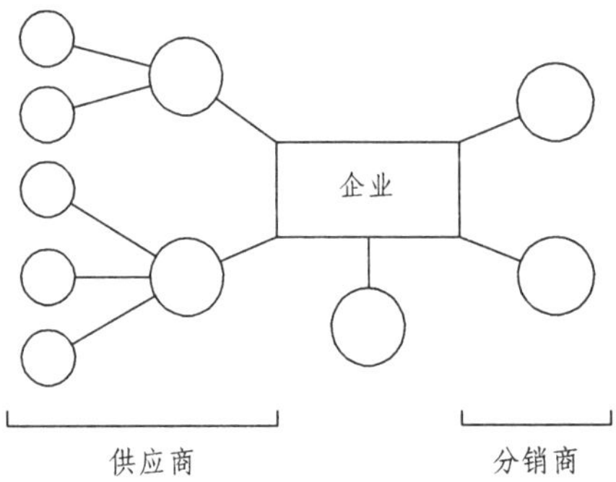

图 2-23　私用行业网络

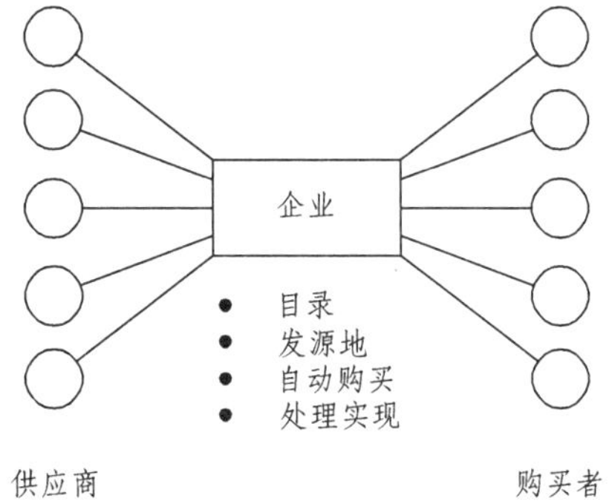

图 2-24　网络商场

3. 移动商务

无线便携设备不仅可以用来传输信息，也可以用来购买商品和服务。随着 3G 手机的逐步普及，移动商务也开始发展，移动商务（M-business 或 Mobile Business）是电子商务的一条的分支，是指通过移动通信网络进行数据传输，并且利用移动信息终端参与各种商业经营活动的一种新兴的电子商务模式，它是新技术条件与新市场环境下的新电子商务形态。

（1）发展阶段。

移动电子商务是在无线传输技术高度发达的情况下产生的，比如经常提到的 3G 技术就是移动电子商务的载体。除此之外，Wi-Fi 和 Wapi 技术也是无线电子商务的选项之一。随着移动通信技术和计算机的发展，移动电子商务的发展经历了 3 个阶段：

• 第一代移动商务系统是以短信为基础的访问技术，这种技术存在着许多的缺陷，其中最严重的问题是实时性较差，查询请求不会立即得到回答。此外，由于短信信息长度的限制也使得一些查询无法得到一个完整的答案。这些令用户无法忍受的严重问题也导致了一些早期使用基于短信的移动商务部门纷纷要求升级和改造现有的系统。

• 第二代移动商务系统采用基于 WAP 技术的方式，手机主要通过浏览器的方式来访问网页，以实现信息的查询，部分地解决了第一代移动访问技术的问题。第二代的移动访问技术的缺陷主要表现在访问的交互能力极差，因此极大地限制了移动电子商务系统的灵活性和方便性。

• 第三代移动商务系统同时融合了 3G 移动技术、智能移动终端、VPN、数据库同步、身份认证及 Web service 等多种移动通信、信息处理和计算机网络的最新的前沿技术，以专网和无线通信技术为依托，为电子商务人员提供了一种安全、快速的现代化移动商务办公机制。

（2）服务和应用。

移动商务的发展主要针对强调时间性的服务、针对移动人群的服务，以及针对那些需要比其他方式更有效地完成任务的服务商。主要有以下几个方面：

① 基于地点的服务。

如高德导航器那样的服务可以让用户定位周边的餐馆、自动提款机和加油站，寻找周边的消费场所和便利服务，并且给其他高德用户发送当地信息并附上路线图。陌陌软件提供了交友服务，使用户可以在附近寻找其他人来约会。智能代理使得拥有全球定位系统的手机用户可以寻找周边空闲的公寓。

② 银行和金融服务。

各大银行也推出了服务使得用户可以通过手机或其他移动设备来管理他们的银行账户，例如可以用手机来查询存款余额、转账和支付、消费提醒和信用卡支付等。

③ 无线广告。

手机服务商为广告商提供了非常有用的信息，包括用户住址、年龄、在哪里看到广告以及他们手机上玩过的游戏、听过的音乐和使用过的其他服务。广告商如果能够很好地解决隐私问题以及消费者对手机广告的不良反应，那么移动广告促销可以提高消费者的回应率和参与程度。

④ 游戏和娱乐。

手机可以方便地转换成移动娱乐平台，手机服务可以提供可下载的数字游戏、音乐以及铃声，越来越多的手机结合了移动音乐播放器的特性。例如，我们每天的天气预报、腾讯新闻、无线电视直播等。

小知识 2-1　Internet 和 Web 的异同

Internet 是一组全球信息资源的总汇。有一种粗略的说法，认为 Internet 是由于许多小的网络（子网）互联而成的一个逻辑网，每个子网中连接着若干台计算机（主机）。Internet 以相互交流信息资源为目的，基于一些共同的协议，并通过许多路由器和公共互联网而成，他是一个信息资源和资源共享的集合。计算机网络只是传播信息的载体，而 Internet 的优越性和实用性则在于本身。

目前，Web 又引申为“环球网”，而且，在不同的领域，有不同的含义。就拿“环球网”的释义来说，对于普通的用户，Web 仅仅只是一种环境——互联网的使用环境、氛围、内容等；而对于网站制作、设计者来说，它是一系列技术的复合总称（包括网站的前台布局、后台程序、美工、数据库领域等等的技术概括性的总称）。

Internet 采用超文本和超媒体的信息组织方式，将信息的链接扩展到整个 Internet 上。Web 就是一种超文本信息系统，Web 的一个主要的概念就是超文本链接，它使得文本不再像一本书一样是固定的、线性的，而是可以从一个位置跳到另外的位置。你可以从中获取更多的信息，可以转到别的主题上。想要了解某一个主题的内容只要在这个主题上点一下，就可以跳转到包含这一主题的文档上。正是这种多连接性我们才把它称为 Web。

Web 是建立在 Internet 基础上的。

第五节　MIS 实践

一、决策支持系统实践

通过使用互联网提供的软件设计回家路线，进行旅程规划，包括铁路、公路、市内公共交通、自驾。

应用网站：

中国铁路 12306 网站（https://www.12306.cn/）、百度地图、高德地图

设计要求：

路程最短、时间最短、费用最低或综合考虑。

二、电子商务实践

假设你决定要买一款智能手机，选择一个你想要买的手机品牌及其型号，如华为、小米或三星。为尽可能便宜地购买，试几个采购网站，让它们为你做价格比较。

应用网站：

京东商城、苏宁易购、淘宝、百度。

基本要求：

根据以下指标比较这些采购网站：容易使用性、提供的数量、获得信息的速度、提供关于产品和销售者信息的全面性、价格选择等。

你将采用哪些网站？为什么？你将选择什么手机？为什么？为做出决定，这些网站对你的帮助如何？

【学习指导】

• 了解电子商务的定义、类型以及其基本的流程，了解电子商务的支持技术 EDI 和 EDI 的标准，学习过程中，注意比较电子商务与传统商务之间的区别。

• 明确决策支持系统所解决的问题对象、发展过程和现状，比较 DSS 与 MIS 之间的联系与区别，了解 DSS 的结构形式和 DSS 的开发技术。

第三章 MIS 系统规划

教学目的	通过本讲内容的学习，正确认识如何从组织发展的战略目标出发进行系统规划，了解系统规划常用方法的基本思想、规划过程、使用工具、适用范围，认识业务流程的重组对于提高管理水平和管理效率的重要性。
教学重点	1. 系统规划的内容和作用； 2. 各种规划方法的基本思想、规划过程和工具； 3. 定义企业过程和定义数据类的方法； 4. 业务流程重组的实质、技术、适用条件。
教学难点	组织发展的战略目标在管理信息系统建设中的体现、企业过程的识别、业务流程重组在信息系统规划中的应用。
难点解决	案例、实例、动画演示、互动讨论、课后练习
知识汇总	1. 理解战略规划的含义、战略规划的特点、掌握战略规划的框架结构； 2. 理解信息系统规划的概念、信息系统规划的三阶段模型、战略规划步骤； 3. 掌握信息系统规划方法：关键成功因素法（CSF）、“战略目标集”转化法（SST）、企业系统计划（BSP）； 4. 理解三种信息系统规划方法的结合——CSB； 5. 掌握定义企业过程的步骤和方法、定义数据类的方法； 6. 理解掌握 BPR 的定义、原则、方法、工作内容； 7. 了解系统调查的原则，理解初步调查的内容、可行性研究的内容、详细调查的内容和方法，了解可行性研究报告的内容和基本格式。
课程导入	信息系统建设是一项涉及面广、投资规模大、建设周期长、存在一定风险的系统工程，是组织发展战略的重要组成部分，它必须服务和服从于组织的总体目标并与组织的整体发展战略协调一致。

通过前面的讲授，我们已经清楚了管理信息系统的基本概念、基本结构以及在企业中的应用现状和类型，接下来就要学习如何开发一个实际的 MIS。管理信息系统的开发实际上是一个问与答的过程，而我们首先要问的是：“我们为什么要开发一个 MIS 系统？要开发一个什么样的系统？什么时候开发系统？”这样的问题，这也是我们系统开发要解决的第一个问题，通常称为系统规划阶段。有了规划以后，确定了一些预计开发的项目，这样针对某个项目才可以着手进行开发。

第一节　系统规划概述

作为一名管理者，你可能是决策者之一，决定建造什么样的信息系统，系统应该包含哪些功能以及如何实现系统？由于新的信息系统投资在企业引起的某些变化是不可能预见的，故而发生的后果可能也不符合你的预期。

一、系统启动原因

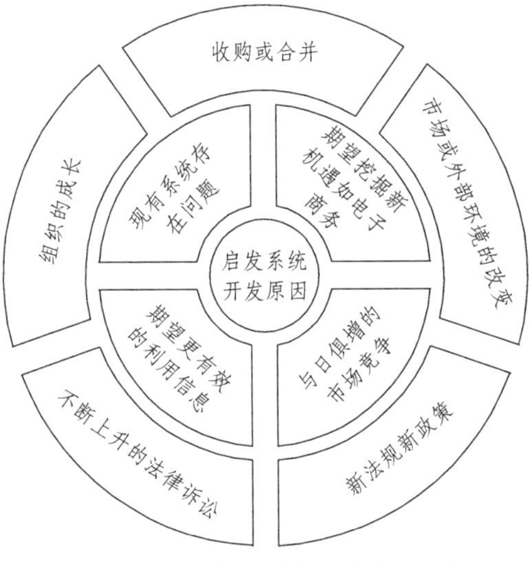

图 3-1　管理信息系统开发启动原因

1. 内部原因

（1）现有系统存在问题：例如原铁路局调度所使用的 DMIS 存在智能性、共享性差的问题，而且没有无线调度命令功能，为了解决该问题，铁道部组织开发了 TDCS 列车调度控制系统。

（2）期望挖掘新的机遇如电子商务：例如铁路客票发售和预定系统在原有 5.0 系统的基础上进一步开发，实现了网上订票功能。此外，创新移动信息的应用，如短信息发布平台、短信预警平台、短信票务查询等，为铁路部门提高运输组织效率、提升客运服务质量提供了切实可行的手段。

（3）与日俱增的市场竞争：铁路在客、货运市场份额逐年下降的情况下，希望通过建立信息系统来改善自身的竞争力。例如，2013 年初铁道部在发布新版的《铁路主要技术政策》中提出：将全面推进铁路信息化建设，积极发展应用物联网、云计算、地理信息系统、卫星导航、下一代互联网等现代信息技术，将继续完善列车运行控制系统（CTCS），并发展 GSM-R，全面实现高速铁路 GSM-R 网络覆盖，逐步建立覆盖全路的数字移动通信系统，以及开展下一代铁路移动通信技术的研究。

（4）期望更有效的利用信息：铁路信息基础设施的逐步完善以及大量业务处理系统的应用，必将带来大量的数据和信息，因此，需要更好地利用业务处理系统获得的信息进行更高层次的决策和改善客户关系管理。

2. 外部原因

（1）收购与合并：会带来信息的不一致性、信息孤岛等问题，需要开发新的系统进行整合。

（2）市场或外部环境的改变：客户要求的提高、产品生命周期缩短等。

（3）新法规新政策：如食品安全法和食品安全信用评价体系的建立，要求食品企业必须建立实时的信息处理系统，从而将食品信息及时传递到监督机构进行监控。

3. 企业现状

• 企业更多的是关心怎样建设一个 MIS，而对于建设一个什么样的 MIS 却关注不够；

• 考虑具体的方案细节较多，对总体方案与发展战略问题重视不够；

• 普遍存在着重硬轻软、重网络轻数据、重 Web 应用轻 DB 应用、按报表原样建库的片面性缺点。

4. 面临的问题

• 系统建设与组织发展的目标和战略不匹配，不能适应组织变革和环境变化需要，解决问题的有效性低，组织结构陈旧、管理落后；

• 开发环境落后、技术方案不合理，系统使用人员的素质低，系统维护工作跟不上，资源短缺、投入太少、而对系统的期望又过高。

二、知识框架

信息系统规划（Information System Planning，ISP）是信息系统实践中的主要问题，也是现在管理信息系统研究的主要课题之一。人们曾经形象地指出，不做规划就贸然开发信息系统的做法是一种“预备→开火→瞄准目标”的风格，其后果可想而知的。信息系统规划就像是一幅路线图，指明了系统开发（规划的目标）的方向、理论依据、当前的系统情况、要考虑的新的开发任务、管理战略、实施计划和预算等。系统规划知识框架如图 3-2 所示。

首先，现在信息系统的应用已经越来越多地为企业的战略服务，信息系统如不能实现将直接影响企业战略的实现，企业战略如不能实现就将使企业陷入被动地位，甚至导致企业倒闭。

其次，现代企业用于信息系统的投资越来越多。因此，信息系统建设通常是个投资巨大、历时很长的工程项目，如果规划不好，就会造成严重的损失和浪费。

如果一个操作错误可能损失几万元，那么一个设计或计划错误就可能损失几十万甚至几百万元，而一个规划错误的损失则能达到几千万甚至上亿元。因此，规划比计划、设计、运行就显得更为重要。

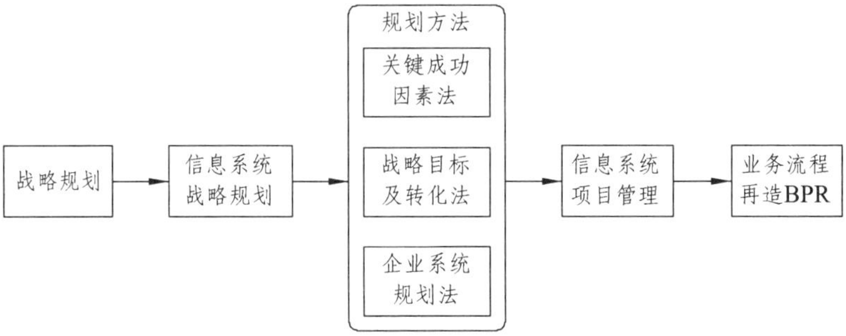

图 3-2　系统规划知识框架

第二节　战略规划

一、什么是组织

1. 组织的定义

组织是一个正式的、稳定的社会结构，它从环境中获取资源，并通过生产将这些资源转化为产品和服务。这个技术定义关注于组织的三个要素，环境所提供的资金和劳动力是首要的生产要素，组织（企业）通过生产将生产要素转化为产品和服务，产品和服务得到消费，反过来供应投入，如图 3-3 所示。

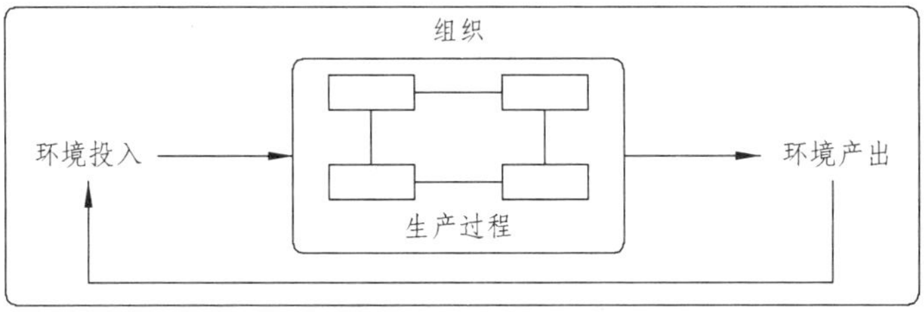

图 3-3　组织的技术微观定义

组织的定义要求企业考虑当引入技术变化时，如何投入以创造产出。技术变化要求企业做出一些改变，例如：谁拥有并控制信息；谁有权利存取和更新信息；谁做出员工安排、工作时间和工作方式等决策。这些复杂的情况迫使企业去关注工作方式的设计和实现产出所需要的过程。

2. 组织环境

组织处于环境之中，它从环境中获取资源，又向环境供应产品和服务，组织和环境存在互动关系：一方面，组织依赖于其内外部环境，没有财务和人力资源，组织就无法存在，此外，组织必须按照政府法律法规运营，并且要顾及顾客和竞争者的行动；另一方面，组织可能影响它所处的环境，例如，企业形成联盟去影响政治，企业利用广告宣传影响顾客接受它的产品和服务。图 3-4 显示了信息系统有助于组织接受环境的变化，同时也有助于组织对环境采取行动。信息系统是重要的工具，它可以扫描环境，有助于管理者识别外部变化并对外部变化做出及时有效的反应。

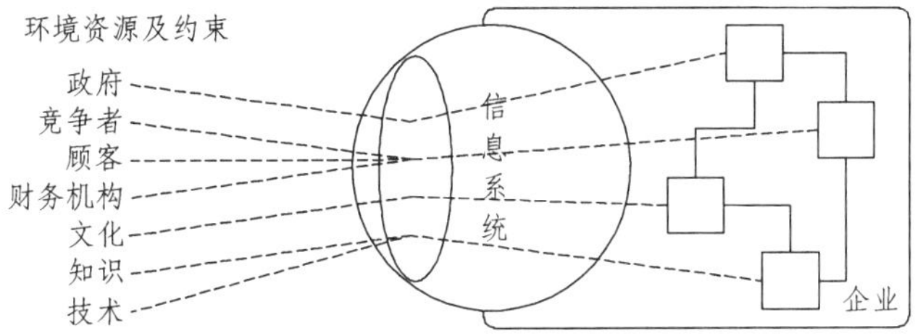

图 3-4　环境和组织的互动关系

环境的变化往往快于组织，而技术对组织的影响特别值得关注，因为它已经成为一种破坏性的力量。有时一种新技术的来临有如海啸，可以摧毁沿途的任何东西。某些公司能创造“海啸”，并乘机盈利；另一些公司学得很快，能在现实运营中游刃有余；还有一些公司则面临倒闭，因为它们的产品、服务和企业模式已经过时，故而 1919 年的《财富》500 强现在只剩下 10%也就毫不奇怪了。历史上这种破坏性技术的例子屡见不鲜，如表 3-1 所示。

表 3-1　破坏性技术：赢家和输家

技术	描述	赢家和输家	
微处理器芯片（1971）	一个硅芯片上有成千上万甚至上亿个晶体管	微处理器公式（英特尔） 晶体管公司（通用电气）	赢 输
PC 字处理软件（1979）	PC 上花费不高，可以进行文本编辑并具有一定排版能力的软件	PC 和软件制造商（微软） 打字机行业消失	赢 输
互联网音乐服务（1998）	具有可接受保真度的网上下载的音乐库	在线音乐拥有者（iTunes） 唱片制造商和零售商	赢 输
PageRank 算法	一种网页排序方法，主要是网页的关键词搜索	百度 传统关键字搜索（Alta Vista）	赢 输

破坏性技术是微妙的。作为“第一步先行者”发明破坏性技术的公司，如果缺乏资源来实施这项技术或者未看到机会，则未必会获利。百度不是搜索引擎的创建者，而是一个创新的跟随者，当大多数其他搜索引擎的市场份额极度收缩时，它就有可能成为领导者。

MIS 项目开发是费时、费钱、费力的艰巨复杂的社会系统工程。

所谓费时，是几乎没有一个 MIS 项目按时完成；所谓费钱，是几乎每一个 MIS 项目都要追加投入；所谓费力，是几乎每一个开发者都感筋疲力尽；所谓艰巨复杂，是总体清晰、细节朦胧，一般都要反反复复地探索前进；所谓社会系统，是包含了太多的非技术因素，尤其是人为的因素。

二、什么是战略规划

1. 战略规划的特点

战略（strategy）是组织长远的计划，一般是 3～5 年，主要是描述企业领导者关于企业发展的一些概念的集合。其内容包括：组织的方向、组织的环境、组织的目标和达到目标的策略。战略规划是确定长期组织目标、策略和资源的过程，通常要抛开日常的活动，而把注意力集中在未来 3 年、5 年甚至 10 年的层次上，其具体含义如图 3-5 所示。

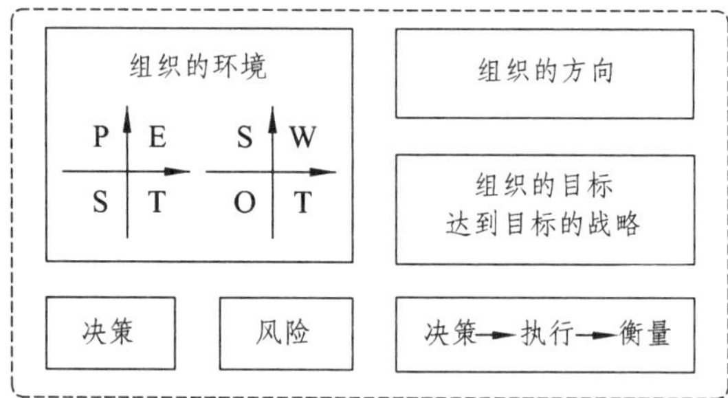

图 3-5　战略规划的含义

（1）组织的环境。

包括政治、经济、社会、技术环境（PEST）；竞争对手和自身环境可以用 SWOT（优势、劣势、机会、威胁）分析。

（2）组织的方向。

包括组织的使命、愿景和目的。使命是组织成立的依据、是组织的根本大任；愿景是对未来向往的憧憬；目的是行动方向的相对位置的描述。例如我校的使命是培养人才、多出科研成果；愿景是美丽的校园、丰富的图书、先进的设备、优秀的教师队伍和浓厚的学术氛围；目的则是把学校建成以工为主、特色鲜明、优势突出、国内知名的多学科协调发展的教学研究型大学。

（3）组织的目标。

相对方向而言，组织目标则是可以量化的，例如学生的数量、发表论文的数量、科研经费的额度、教学投入的经费、办学条件的改善等。

（4）达到目标的策略。

要达到目标的战略则是一种途径的描述，是政策、策略和决策的集合，例如为实现我校的目标需要建设优秀的教师队伍、塑造学校高水平的无形资产、吸引优秀的应届高考学生等。

战略规划的有效性包括两个方面：一方面是战略正确与否，正确的战略应当做到组织资源和环境的良好匹配；另一方面是战略是否适合于该组织的管理过程，也就是和组织活动匹配与否。一个有效的战略一般具备目标明确、可执行性良好、组织人事落实和灵活性好等特点。

（5）正确理解。

对于战略规划我们需要做出正确的理解：首先，战略规划是为未来做现在的决策，而不是做未来的决策，决策只存在于现在；其次，战略规划不是预测，而是一种思考的工具，是一个过程，即为了取得未来的成就，现在该做什么；最后，规划不是消除风险，而是明确所要承担的风险，明确战略规划的代价与投资，其结果是提高对风险的承担能力。“决策→执行→衡量”这是一个的循环往复的过程，高层人员应及时回顾总结、及时将总结的结果转化为日常行动、形成人人理解的方向和目标。

2. 战略规划的内容

战略规划的内容由三个要素组成：方向和目标、约束和政策、计划和指标，每个要素又包含了企业的三个层次。战略规划内容的制定处处体现了平衡与折中，要经常回答如：“我们要求做什么？可以做什么？能做什么？应当做什么？”这样的问题。

（1）方向和目标。

方向和目标是战略规划的第一重要工作，方向的导出来自管理者对企业的使命和环境的分析。高层管理者在设立方向和目标时有自己的价值观和抱负，但又不得不考虑外部的环境和自身的长处，因而最后确定的目标总是折中的产品，且不是一个人的愿望。

（2）约束和政策。

就是要找到环境和机会与组织资源之间的平衡，这里所考虑的机会应包括现在还未出现的机会，所考虑的资源应是正在寻找的资源。要找到一些好的活动集合，使它们能最好地发挥组织的长处，并最快地达到组织的目标。

（3）计划和指标。

计划和指标是企业近期的任务，计划的责任在于进行机会和资源的匹配，主要考虑现在的情况，由于是短期，有时可以做出最优的计划以达到最好的指标。例如运输线路选择。

（4）框架结构。

战略规划是分层次的，即公司级、业务级、执行级，每一级均有三个要素，这 9 个因素就构成了战略规划矩阵，如图 3-6 所示。

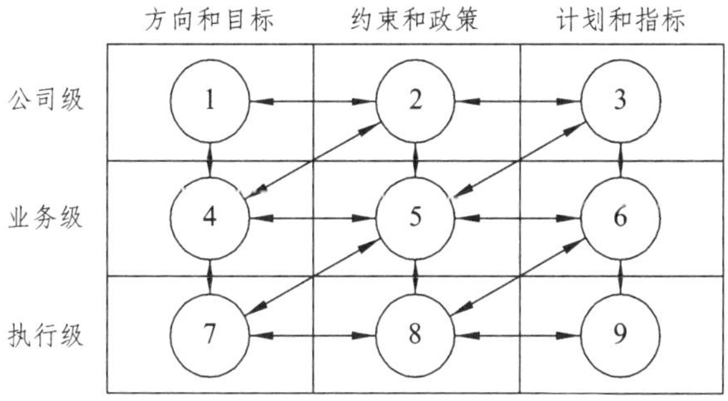

图 3-6　战略规划的框架结构

从总体上看：首先，①比较独立，基本不受图内其他元素的影响，但仍受图外其他环境的影响，和④也有关系，因为考虑总目标时不能不考虑各种业务目标的完成情况；

• 其次，其他元素相互关联，业务经理确定目标④，要考虑上级的目标①，要考虑公司的约束和政策②（上有政策、下有对策）；

• 执行级的目标⑦不仅受到上级目标④的影响，而且受到上级的约束和政策⑤的影响；

总的结构是上下左右关联，左下右上相关，上下之间是集成关系。这点在计划和指标列最为明显，因为这列是由最为实在的东西组成，上级的计划实际上也是下级计划的汇总。左右之间是引导关系，约束和政策由目标引出，计划和指标则是由约束和政策引出。

三、管理信息系统的战略规划

管理信息系统的战略规划是关于管理信息系统的长远发展的计划，是企业战略规划的一个重要组成部分，这不仅由于管理信息系统的建设是一项耗资巨大、历时很长、技术复杂且又内外交叉的工程，更因为信息目前已经成为企业的生命线。管理信息系统的战略规划的内容包含甚广，由企业的总目标到各职能部门的目标，以及他们的政策和计划，直到企业信息部门的活动与发展，绝不只是拿点钱买点机器的规划。

1. 规划的作用

（1）一个有效的战略规划可以使信息系统和用户有较好的关系，可以做到信息资源的合理分配和使用，从而可以节省信息系统的投资；

（2）一个有效的规划还可以促进企业信息系统应用的深化，例如铁道部《铁路信息化总体规划》提出：实现调度指挥智能化、客货营销社会化、经营管理现代化；

（3）一个好的规划还可以作为一个绩效标准，可以考核信息系统人员的工作，明确他们的方向，调动他们的积极性；

（4）进行一个规划的过程本身就迫使企业领导回顾过去的工作，发现可以改进的地方，只有进行信息系统规划才能保证系统中信息的一致性。

2. 规划的内容

根据 B.Bowman 和 G.B.Davis 等人的研究，将信息系统规划分为四个部分的工作：

（1）制定信息系统的发展战略。其发展战略必须与企业的战略目标一致。主要任务包括：调查分析企业的目标和发展战略；评价现行信息系统的功能、环境和应用状况；确定信息系统的使命；制定信息系统的战略目标及相关政策。

（2）制定信息系统的总体方案。在调查分析企业信息需求的基础上，提出信息系统的总体方案；根据发展战略和总体结构方案，确定系统和应用项目的开发次序及时间安排。

（3）制定信息系统建设的资源分配计划。针对应用项目的开发顺序，对有限的开发资源给予合理分配。主要是对规划中的每个项目所需要的软硬件资源、数据通信设备、人员、资金等进行估计，提出整个系统的概算，并对将要开发的项目做出具体的工作安排。

（4）可行性研究。系统规划的后期是进行可行性研究，分析系统建设的可行性，整体目标尤其是近期目标是否恰当，估计系统实现后的效果。

第三节　信息系统规划的主要方法

用于管理信息系统规划的方法很多，其中主要有关键成功因素法（Critical Success Factors，CSF）、战略目标集转化法（Strategy Set Transformation，SST）和企业系统规划法（Business System Planning，BSP）。其他还有战略数据规划法、产出/方法分析、投资回收法、零线预算法等。用得最多的是前面三种。

一、战略目标集转化法（SSF）

1. 基本思想

William King 于 1978 年提出的战略目标集转化法（SST）就是把一个组织的发展战略看成是一个“信息集合”，该信息集合由组织的使命、目标、策略和其他战略属性（如管理水平、发展趋势、环境约束等）组成，如图 3-7 所示。MIS 的战略规划过程就是把组织的战略目标转变为 MIS 战略目标的过程。因此，MIS 的战略集合由 MIS 的系统目标、环境约束和战略规划构成。

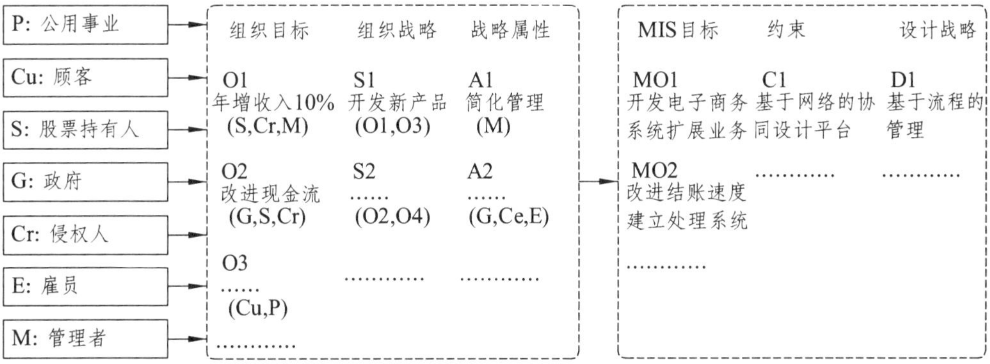

图 3-7　战略目标集转化法

2. 适用范围

SST 方法反映了企业各种人员的要求，是一种结构化的方法，能够保证目标比较全面，疏漏较少，但重点不突出。需要说明的是，在使用 SST 方法确定 MIS 的战略和目标时，把两个战略集之间的关系完全表达出来是非常困难的。

3. 规划步骤

第一步：识别和阐明组织的战略集合。先考查一下该组织是否有成文的战略长期计划，如果没有，就要去构造这种战略集合。构造战略集合首先描绘出组织涉及的各类人员结构，如管理者、顾客、政府代理人、雇员、股票持有人、债权人等，然后识别出每类人员的目标、使命及战略，最后将这些目标、战略汇总形成战略集合矩阵。

第二步：将组织战略集合转化成 MIS 战略。MIS 战略应包括系统目标、约束以及设计原则等。这个转化的过程包括对应组织战略集的每个元素识别对应的 MIS 战略约束，然后提出整个 MIS 的结构，最后，选出一个方案送总经理审批。

由图 3-7 可以看出，组织目标是由不同群体引出的。例如：组织目标 O1 由股票持有者、债权人、管理者引出；组织目标 O_2 由政府、股票持有人、债权人引出；组织战略 S1 由目标 O1 和 O3 引出；战略属性（管理水平）A_1 由管理者引出。

二、关键成功因素法（CSF）

关键成功因素即那些对组织能否成功实现其目标起决定作用的因素。CSF 方法主张组织的信息需求由高层决策者所认为的少数关键成功因素确定。CSF 能够使高层经理和决策者能够明确企业的战略优先级，针对关键的信息需求来确定信息系统的建设和实施目标，并避免陷入因脱离企业目标而进行建设的困境。关键成功因素法工作过程如图 3-8 所示。

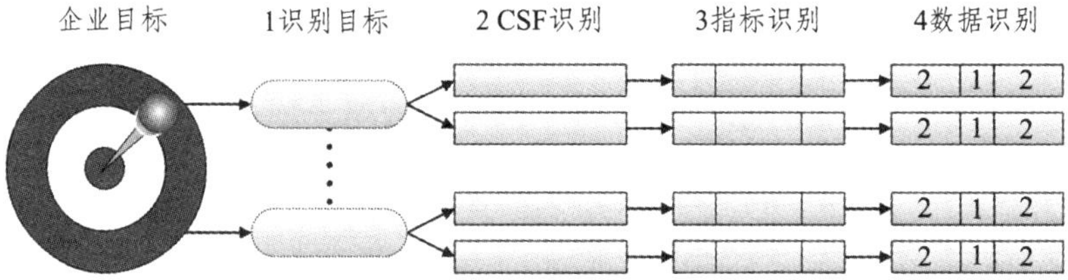

图 3-8　关键成功因素法工作过程

通常，不同的企业、不同的部门、不同的业务活动中的关键成功因素都是不同的；即使是同一组织，在不同的时期，关键成功因素也有所不同。例如，在铁路机车车辆制造业中，成本控制和质量是非常重要的关键成功因素；而对于铁路运输业来说，安全、高效、优质的客户服务则是重要的关键成功因素。

1. 方法起源

1970 年哈佛教授 William Zani 在 MIS 模型中用了关键成功变量，这些变量是确定 MIS 成败的因素。1980 年 MIT 教授 John Rockart 将 CSF 用于 MIS 的战略，提出高级管理人员的信息需求可由关键成功因素导出。

2. 基本思想

在现行系统中，总存在着多个变量或因素影响系统目标的实现，其中若干个因素是关键的和主要的（即关键成功因素），通过对关键成功因素的识别，找出实现目标所需的关键信息集合，从而确定系统开发的优先次序。

当管理者按 CSF 所指明的方向实施管理与调控时，还需要有一个相应的评价指标体系以衡量行为的效果，这些指标就叫关键性能指标（Key Performance Indicators，KPI）。KPI 对于硬数据呈数字形态，而对于软数据则采用模糊量化描述。硬数据指的是能直接用数字表示的反应内部生产、经营和管理状况的加工数据，如产品数量、销售收入等；软数据指的是反映人际关系、精神状态、满意度等一些不能直接用数字表示的各种信息。

3. 一般步骤

CSF 源自企业目标，通过目标分解和识别、关键成功因素识别、关键性能指标识别、测量性能数据识别、一直到产生数据字典；CSF 就是要识别与企业目标联系的主要数据类及其关系。

4. 应用工具

因果图（鱼刺图、树枝图）。

5. 适用范围

优点是能够抓住主要矛盾，使目标的识别突出重点，与传统的方法衔接较好。

缺点是只在确定管理目标上有效，在后续目标细化和实现上作用甚小。

适用范围在高层应用效果较好，特别适合企业对 DSS 和 ESS 的开发，因为每一个高层领导日常总是在考虑什么是关键因素。对中层领导来说一般不大合适，因为中层领导所面临的问题大多数是结构化的，自由度较小。

实例 3-1　某大型商场的关键成功因素及关键性能指标识别

表 3-2　某大型商场的关键成功因素及关键性能指标

关键成功因素 CSF	关键性能指标 KPI
定价	各种产品系列的库存更新率
季节性商品返销	今年与去年同期产品的库存分析
广告效力	各种产品系列占有的市场份额

所有这些 KPI 都可以用来确定信息系统的需求，当这些需求被建立起来后，可以通过分析现有的信息系统以确定提供所需信息的报表是否已经存在或者是否能够由现有的数据库生成。如果现有的信息系统不能提供这些必要的报表，管理者就可以明确这一新的信息需求，并通过用户开发的系统或整体系统开发计划来满足。图 3-8 显示了一个企业应用关键成功因素法进行信息系统战略分析的过程。

三、企业系统规划法（BSP）

企业系统规划法是一种对企业信息系统进行规划和设计的结构化方法，由 IBM 公司于 20 世纪 70 年代提出，其过程如图 3-9 所示。

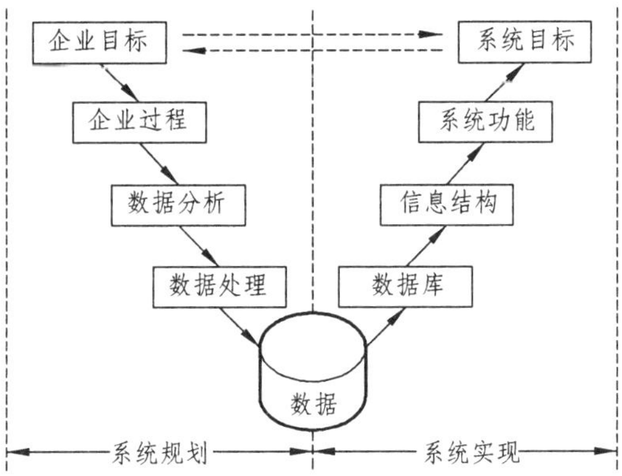

图 3-9　企业系统规划法

1. 基本思想

企业系统规划法在总的思想上与前述的方法有许多类似之处，主要是基于用信息支持企业运行的思想，但它特别强调从系统角度的思考。通过自上而下地识别企业目标、企业过程和数据，然后对数据进行分析，自下向上地设计信息系统。这样就能够摆脱信息系统对原组织结构的依从性，能够从企业最基本的活动出发，进行数据分析，然后自下而上地设计系统，以支持企业目标的实现。

2. 规划目标

• 为管理者提供一个形式化的、客观的方法，明确建立信息系统的优先顺序；
• 为具有较长生命周期的系统建设、保护系统的投资做准备；
• 提供数据处理资源的管理，以最高效率有效地支持企业目标；
• 改善信息系统管理部门和用户之间的关系；
• 将数据作为一种企业资源加以确定。

3. 规划作用

能够确定未来信息系统总体结构，明确子系统组成和开发子系统的先后顺序。对数据进行统一规划、管理和控制，明确各子系统之间的数据交换关系，保证信息的一致性。优点在于能保证信息系统独立于企业的组织结构，支持企业目标的实现，表达所有管理层次的要求，向企业提供一致性信息，使信息系统具有对环境变更的适应性。

4. 基本原则

① 必须支持企业的战略目标：

• 因为信息系统是一个企业的有机组成部分，并对企业的总体有效性起到关键性的作用，它一定要支持组织的管理需要并直接影响其目标，因而可以将 BSP 看作一个转化过程，即将企业的战略转化为信息系统的战略。

• 重要的是，一个企业要愿意并且能够表达出它的长期目标，对于某些组织，可以从计划中找到原则性回答，而对于另外一些组织可能目前还没有企业计划，则了解企业战略就成了方法的一部分。

② 应当表达出企业各个管理层次的需求：

• 对不同层次的管理活动有着不同特点的信息需求，要构造一个适应所有这些层次上的活动和管理是不太实际的，因此，有必要建立一个合理的框架，并据此来定义管理信息系统。

• 信息系统强调对管理决策的支持，这一点使信息系统有别于传统的业务处理。企业决策有不同的目的，但最多的还是计划和控制。计划就是制定各种任务、目标和策略，一个好的计划取决于优良的信息服务。而控制决策则是指导具体活动的进行，以达到潜在的或由计划规定的目标。而信息系统能够向决策者提供对目前实际情况的度量，从而构成及计划、度量和控制这样一个活动周期。因为计划和控制是决策活动的关键，可以以这些活动为基础来构成管理信息系统的框架。

③ 应该向整个企业提供一致信息：

• 信息的不一致性，源于“自下而上”的数据处理系统开发方法，是历史原因的影响。在企业的各部门中信息基于其形式、定义和时间的不同而存在差异，这是一种现实存在。形式差异是指信息可以是未经整理的原始数据、详细的数据处理报告、企业文件等，任意给定的数据可以有多种不同的定义形式，它随数据的使用者而异，由此导致不一致性；在可比数据之间也可能存在时间的不一致性，这是由于数据在获取、处理活动和实际使用之间的时间偏差造成的。

• 为了强调信息的一致性，有必要把信息作为一种资源来统一管理，它不应由某个局部的组织来控制，而应由一个中央部门来协调，从而使信息对企业有全面性的价值，并能为各单位所共享。而管理部门则负责制定数据一致性的定义、技术实现、使用和数据安全性的策略和规程。

④ 应该经得起组织机构和管理体制变化：

• 管理信息系统应该有一定的适应性和应变能力，应当能在企业的长期组织机构和管理体制的变化中发展和健全自己，而不受大的冲击。因此，要有适当的关于信息系统的技术，这种技术要独立于组织机构的各种因素。

• BSP 采用了企业过程的概念，它是企业的一个基本活动和决策区域，同任何组织的体系和具体的管理职责无关。对同一类型的企业可以从逻辑上定义出一组流程，只要企业的产品和服务基本不变，则流程改变会极小。

• 因此，管理信息系统建设中首先要识别关系到企业目标与战略实现的主要企业流程，应用信息技术和现代管理思想与方法，对其中不适合企业发展的内容进行改革与创新。

1. BSP 的工作步骤

进行 BSP 工作是一项系统工程性工作，要很好地准备。思想上要明确做什么（What）、为什么做（Why）、如何做（How）以及希望达到的目标，要准备的必要条件：工作控制室、工作计划、采访交谈计划、最终报告的提纲以及必要的经费。准备工作未作好，不要仓促上马。

（1）基本步骤（见图 3-10）。

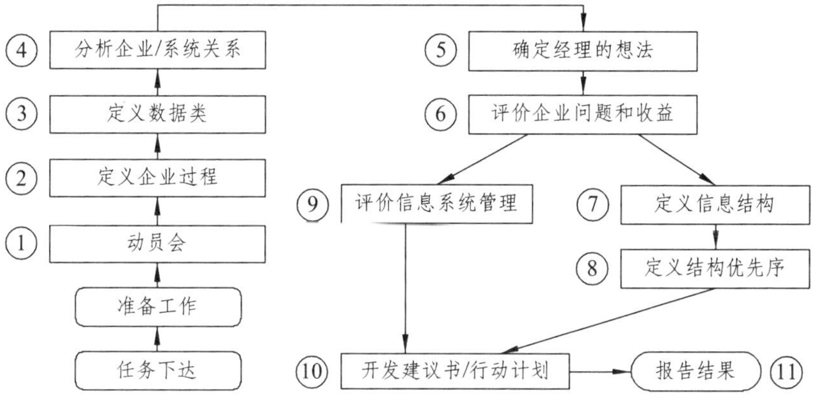

图 3-10　BSP 的详细步骤

① 通过介绍让人们对企业和对信息支持的要求有个全面的了解；

② 是 BSP 的核心，企业过程将作为信息总体结构、现行系统分析、识别数据类以及随后许多工作的基础；

③ 识别和定义由过程产生、控制和使用的数据；

④ 对目前存在的企业过程、数据处理和数据文件进行分析，发现缺欠和冗余部分，进而对将来的行动提出建议；

⑤ 考虑管理人员对系统的要求，特别是对长远规划的看法，通过与高层管理者的对话来

明确目标、问题、信息需求和它们的价值；

⑥ 使用问题/过程矩阵等方法将数据和企业过程关联起来，通过关联分析，不仅为安排项目的优先顺序提供帮助，也有助于解决信息系统的改进问题；

⑦ 是由对现行情况的研究转向对未来计划综合的主要步骤，信息总体结构刻画出未来的信息系统框架和相应的数据类，核心是子系统划分；

⑧ 对信息总体结构中的子系统按先后顺序排出开发计划；

⑨ 对信息系统相关的信息资源管理加以评价和优化，并使其能不断随企业战略的变化而改变，目的在于使信息系统能有效地和高效率地开发、实施和运行；

⑩ 建议书用来帮助管理部门对所建议的项目做出决策，开发计划则要确定具体的资源、日程、估计工作规模等；

⑪ 最后，向最高决策层提交完整和规范的信息系统规划报告。

（2）BSP 的缺点。

没有明显的目标引出过程，对过程的识别缺乏足够严密的原则和方法，识别出的过程随意性很大。过程分解不够彻底，过程分解结果往往只有一个层次，缺乏更详细的分解。

2. 定义企业过程

企业过程是为企业各类管理资源所需要的，逻辑上相关的一组决策和活动的集合，如产品预测。企业过程构成整个企业的管理活动，且相对独立于企业的组织结构。定义企业过程是 BSP 方法核心，应全力以赴去识别它们、描述它们，对它们要有透彻的了解，只有这样 BSP 才能成功。

（1）目的。

使管理信息系统相对独立于组织结构，理解企业如何完成其使命和目标。

（2）作用。

• 为定义关键的数据需求奠定基础；

• 为从操作控制中分离出战略规划和管理控制过程提供依据；

• 为管理信息系统结构的定义、范围的划分、模块的分解以及开发的优先次序提供依据；

• 可以帮助理解企业如何完成其目标，可以有效地支持开发的信息系统结构相对独立于组织结构。

（3）方法。

对企业过程的识别要依靠占有材料和分析研究，但更重要的是要和有经验的管理人员讨论商议，因为只有他们对企业的活动了解得最为深刻。

图 3-11 给出了企业过程识别的基本概貌，任何企业的活动均由三方面组成：一方面是计划和控制、另一方面是产品和服务、再一方面是支持资源，任何活动均由这三个源泉导出。通过对后两类资源的生命周期分析，能够给出它们相应的企业过程定义，因为战略规划和一些管理控制不是面向孤立的产品或资源，所以它们必须作为一个独立的资源来考虑。

（4）生命周期。

生命周期是指企业的任何一种产品均有生老病死，或者说由要求、获得、服务、退出四阶段组成的生命周期，对于每一阶段，适用一些特定的资源，并用一些特定的过程进行管理。

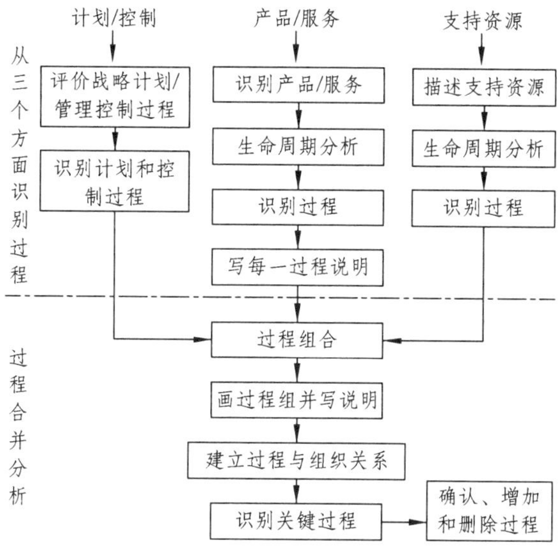

图 3-11　定义企业过程

其中，第一阶段：需求、计划、度量和控制，即决定需要多少产品和资源，获取他们的计划，以及确定计划要求的度量和控制；第二阶段：获取和实现，去开发一种产品或服务，或者是获得在开发过程中所需的资源；第三阶段：经营管理，组织、加工、修改或维护那些支持性资源，对产品/服务进行存储或服务；第四阶段：回收或分配，意味着一些企业对产品/服务的职责，且标志着资源使用的结束。

（5）计划和控制。

在准备阶段收集到的有关组织计划、统计数据、各类管理报告以及关键成功因素和它们的度量标准等信息，从中可识别出相关的企业过程，一般被组合成为战略计划和管理控制两大类。战略计划是长远计划或发展计划，而管理控制则表现为具体的工作计划，如表 3-3 所示的操作计划、管理计划、资源计划。

表 3-3　计划和控制过程

战略规划	管理控制
经济预测	市场计划
组织计划	产品计划
策略制定	操作计划
产品设计	预算

（6）产品和服务。

按产品和服务的生命周期各阶段识别流程，任一产品都有其生命周期（要求、获得、服务、退出），在生命周期的每一个阶段都需要一些过程对其进行管理。识别产品和服务流程的一般方法是从需求各阶段开始，然后逐个阶段进行，如表 3-4 所示。要仔细分析以保证在各阶段上所识别的流程在层次上的一致性。

表 3-4　产品和服务过程（以某制造企业为例）

产生阶段	获得阶段	服务阶段	退出阶段
市场计划	产品设计	订单处理	订货服务
能力计划	材料采购	接收存储	销售
材料需求	生产调度	检验包装	运输
定价	生产操作	库存控制	售后服务

（7）支持资源。

支持资源是企业为实现其目标的消耗和使用物，基本资源有四类：材料、资金、人员、设备；也包含一些辅助性资源，如市场、厂商、各类文字材料等，对分析人员来说可以获得比对流程说明更容易的理解。对每一种支持性资源，可以按生命周期的各个阶段进行流程识别，如表 3-5 所示。

表 3-5　支持资源过程

支持资源	要求阶段	获得阶段	服务阶段	退出阶段
资金	财务计划 成本控制	资金获得 应收账款	银行总账 会计总账	会计支付
支持资源	要求阶段	获得阶段	服务阶段	退出阶段
人事	人事计划 工资管理	招聘 培训	报酬福利 职业发展	合同终止 退休
材料	需求生产	采购 接收	库存控制	订货控制 运输
设备	设备计划	设备购买 建设管理	机器维修 办公设备	设备报损

（8）过程分组。

对于前面从计划和控制、产品和服务、支持资源这三个来源中识别出的企业过程，研究人员应按照一定的原则进行组合，即合并同类过程并减少过程在层次上的不一致。

（9）注意事项。

分组过程中要确保在各阶段所识别的过程在层次上的一致性，例如财务计划与产品开发应属于不同的层次。大多数企业可定义过程的数量通常在 20 ~ 60 之间，这一数字同导出它们的资源相关；一般通常倾向于尽量识别出多一些的过程，然后再对其进行必要的组合。过程识别中出现的不一致的现象会在组合阶段得到修正。

（10）过程文档。

定义企业过程应产生如下文档：

• 一个过程组及过程表；

• 每一过程的简单说明；

• 一个关键过程的表，即识别满足目标的关键过程；

• 产品/服务过程的流程图。

（11）过程表（见表 3-6）。

表 3-6　最终过程表

市场	产品	日常管理	高层管理	销售管理
市场计划	安排生产	会计业务	企业计划	区域管理
市场研究	能力计划	成本控制	组织分析	销售操作
市场预测	物料需求	预算记账	审查控制	订货服务
	操作控制		风险管理	
材料管理	财务	工程	设备管理	人力资源
采购	财务计划	产品设计	工程流程	人事计划
接收	资本获取	产品开发	设备性能	招聘培训
运输	经费管理	产品规格	设备维护	报酬福利
库存控制		质量控制		

（12）过程说明。

生产计划：为生产出满足预测需求的最后产品这一目的，面对材料、人员和生产设备所做的计划活动。

• 资金和生产能力计划：生产需要和生产能力的协调过程；

• 日程安排：满足生产和运输需要的劳动力和材料安排，要依据订单处理的结果；

• 物料需求：在考虑到最优库存和节省订购量等有关信息下，对原材料进行合理计算，以满足生产进度安排。

采购：按时以最好的价格获取材料、机器和指定质量的供应品的活动。

• 供货者的评价和选择：寻找、评价和选择满足材料需求、包装需求和送货需求，而在价格上又具有竞争力的供货商；

• 订货及有关活动：从选定的供货商处签订订单，购买由生产计划数量的原材料或管理部门批准的要求；

• 接收和检查：检查数量和质量，接收或退回所购材料和设备，并记录这些活动。

（13）流程图（见图 3-12）。

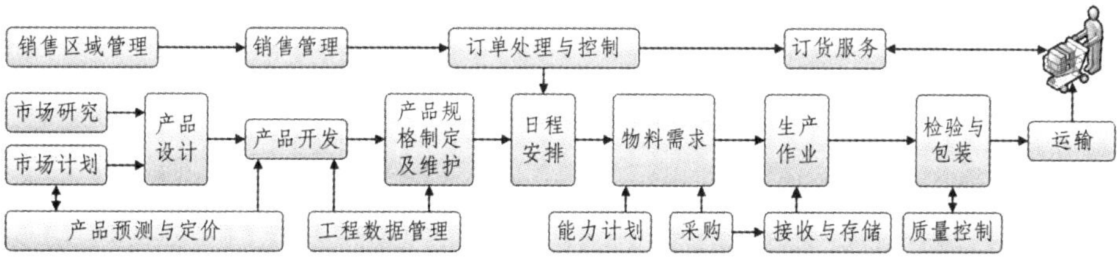

图 3-12　产品/服务过程的流程

3. 定义数据类

数据类是指支持企业过程所必需的逻辑上相关的一组数据，是满足一个或多个企业过程信息需求的一大类数据。定义数据类第一步是识别数据类，目的是识别在建立信息系统总体结构中要使用的数据类，发现每个过程产生、使用和缺少的数据。识别企业数据的方法有两种，一种是企业实体法，另一种是企业过程法。

（1）企业实体法。

首先，找到企业实体，一般来说要列出 7～15 个实体；其次，通过生命周期每个阶段相关数据的类型去识别数据类，如图 3-13 所示，并列出矩阵，企业实体位于水平方向，在垂直方向列出数据类，如表 3-7 所示。具体数据类型描述如下：

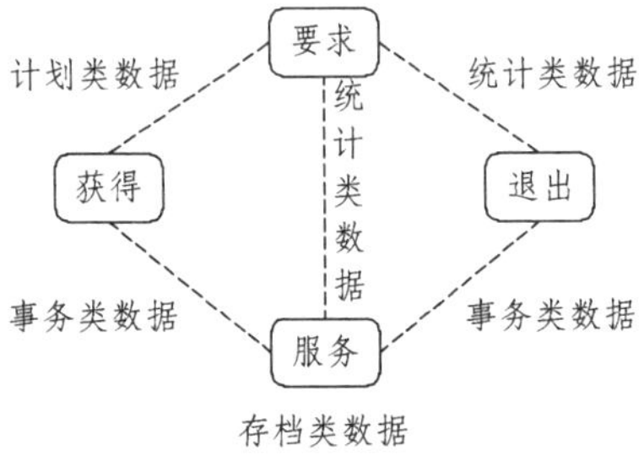

图 3-13　生命周期每个阶段相关的数据类型

表 3-7　企业实体和数据类矩阵

企业实体	产品	顾客	设备	材料	…	资金	人事
计划类数据	产品计划	市场计划	能力计划	生产调度	…	预算	人员计划
统计类数据	产品需求	销售历史	设备利用	开列需求	…	财务统计	生产效益
事务类数据	产品数量	订单	机器负荷	材料成本	…	收款付款	考核
存档类数据	产品订货	客户资料	工艺规程	付款单	…	会计明细	职工工资

- 存档类数据：记录资源的状况，支持经营管理活动，仅与服务阶段相关；
- 事务类数据：反映由于获取和退出活动引起的存档类数据的变化；
- 计划类数据：包括战略计划、预测、操作日程、预算和模型，可以是数据和文本；
- 统计类数据：历史的和综合的数据，用作对企业的度量和控制。

（2）企业过程法。

该方法利用以前识别的企业过程，分析每一个过程利用什么数据，产生什么数据，或者说每一过程的输入和输出数据是什么。可以通过构造输入—处理（过程）—输出图来形象地表达，如图 3-14 所示。

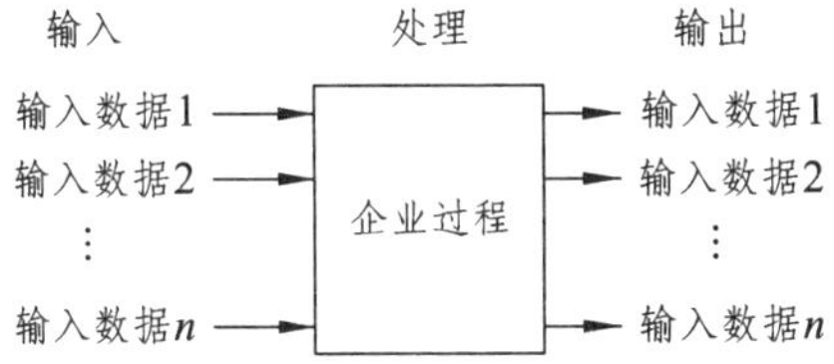

图 3-14　企业过程法（输入-处理-输出）

4. 定义信息结构

信息系统的总体结构取决于企业过程运作所需要和产生的信息/数据类。对信息系统总体结构的定义是对系统长期目标的一个叙述，一般总体结构所采取的形式是一群相互关联的功能模块组成的子系统，由企业过程和数据类的关系可以识别出每一功能模块和相关的子系统。实际上是根据信息的产生和使用来划分子系统，原则是尽量把信息产生的企业过程和使用的企业过程划分在一个子系统中，以减少子系统之间的信息交换。

U/C 矩阵

采用的工具是 U/C 矩阵：U（use）表示过程使用数据、C（create）表示过程产生数据。具体方法是：如果过程产生数据在矩阵单元中写 C，如果过程使用数据在矩阵单元中写 U；尽量使 C 集中到对角线上排列；将集中的 UC 用粗线框起（必须将 C 框在内），形成子系统。

四、三种方法比较

1. CSF 方法

CSF 方法能抓住主要矛盾，使目标的识别突出重点。用这种方法所确定的目标和传统的方法衔接得比较好，但是一般只是在确定管理目标上最为有利。

数据类 过程	计划	财务	产品	零件规格	材料清单	材料库存	成品库存	任务清单	机器负荷	物资供应	工艺流程
经营计划	C	U									
财务计划	经营计划 U	C									
资产规模		U									
产品预测			U	产品工艺							
产品设计开发	U		C	C	U						
产品工艺			C	U	C	U					
库存控制						C	C	U		U	
生产调度			U				U	C	U		U
生产能力计划								生产制造	C	U	U
材料需求			U		U	U				C	
操作顺序								U	U	U	C

图 3-15　U/C 矩阵

2. SST 方法

SST 方法从另一个角度识别管理目标，它反映了各类人的要求，而且给出了按这种要求的分层，然后转化为信息系统目标的结构化方法。它能保证目标比较全面，疏漏较少，但它在突出重点方面不如前者。

3. BSP 方法

BSP 方法虽然也强调目标，但没有明显的目标引出过程。它通过管理人员酝酿“过程”

引出了系统目标，企业目标到系统目标的转换是通过组织 / 系统、组织 / 过程以及系统 / 过程矩阵的分析得到的。这样可以定义出新的系统以支持企业过程，也就把企业的目标转化为系统的目标，所以说识别企业过程是 BSP 战略规划的中心，绝不能把 BSP 方法的中心内容当成 U/C 矩阵。

4. CSB 方法

20 世纪 80 年代，有学者把这三种方法结合起来使用，称为 CSB 方法（即 CSF，SST 和 BSP 的结合）。这种方法先用 CSF 方法确定企业目标，然后用 SST 方法补充完善企业目标，并将这些目标转化为信息系统目标，用 BSP 方法校核两个目标，并确定信息系统结构，这样就补充了单个方法的不足。当然这也使得整个方法过于复杂，而削弱了单个方法的灵活性。

可以说迄今为止信息系统战略规划没有一种十全十美的方法。由于战略规划本身的非结构化特性，可能永远也找不到一个最好的唯一解。进行任何一个企业的规划均不应照搬以上方法，而应当具体情况具体分析，选择以上方法的可取的思想，灵活加以运用。

第四节　MIS 开发的项目管理

一、项目管理的重要性

信息系统项目的失败率很高，几乎每一个组织在信息系统项目中都投入了比最初预期更多的时间和资金来实施信息系统，否则完工的系统运行总不理想。如果信息系统不能正常运行或者开发成本太高不值得开发，企业就不能从信息系统投资中获利，系统则可能无法解决企业需要解决的问题。因此，开发一个新系统必须仔细管理、精心策划，而项目实施方法则可能是影响结果的最重要因素。这就是为什么有一些管理信息系统项目管理的知识是必要的，同时这也是信息系统项目成功或失败的原因之一。

1. 项目失控

项目管理能差到什么程度？美国 Standish Group 顾问公司监视 IT 项目成功率，发现所有技术投资仅有 29%按时、按预算完成，并具有了原先指定的所有特性和功能。而所有软件项目的 30%～40%偏离项目目标，远远超出了原先的日程和预计的预算，也未能达到原来指定的性能。

如果没有合适的项目管理，一个系统开发项目可能会造成以下结果：

- 成本大幅度超支；
- 无法预料的工期拖延；
- 技术性能低于预期；
- 未能获得预期的收益等。

2. 系统失败

失败的开发项目产生的系统通常不能按照最初的设想运行，或者根本不能运行。为了使其工作，用户通常还要开发一套并行的手工系统。失败的系统开发项目通常具有以下特征：

• 开发的系统未能捕获本质的业务需求或者未能提升组织绩效，信息无法提供业务支持和使用，产生的信息不合理或错误的数据片段。

• 系统的用户界面可能很糟（用户界面是系统的一部分，通过它与终端用户交互）。例如在线输入的表格或数据录入界面混乱或不符合用户习惯的理解方式，导致没有人想提交数据或者查询信息，系统的输出也可能令人迷惑不解。（如 Dos 向 Windows 的转换）

• 网页混乱且排版不合理，用户不能方便地查询到想要的信息，用户的电脑长时间无法访问和显示网页，导致用户缺乏进一步使用的兴趣。

• 在系统中的数据也许高度不准确或不一致。在特定领域的信息也许是错的或模糊的，或者信息没有遵循业务目的进行合理安排，针对特殊功能的信息需求也许可能由于数据不完整而无法获取。

二、项目管理的目标

1. 项　目

项目是为了完成特定企业目标而规划的一系列相关活动，是具有明确规定的开始和结束日期、特定的工作范围、预期要达到特定目标的一次性的、多任务的工作。信息系统项目通常包括开发新的信息系统、加强现有的信息系统、升级或者更新公司的信息技术基础构架。

2. 项目管理

项目管理是指对那些为达到项目目标必须执行的活动和涉及的要素，即在一定的预算和时间限制下，运用知识、技能、工具和技术进行计划、调度和控制，进而实现特定的目标。项目管理活动包括制定工作计划、评估风险、估计完成项目所需的资源、组织工作、获取人力和物质资源、分配任务、指导活动、控制项目实施、进度报告和结果分析。也就是说，信息系统项目必须处理五个主要变量：规模、时间、成本、数量和风险。

（1）规模定义了项目包括哪些工作，没有包括哪些工作。例如，对于一个新的货运订单处理系统，规模也许包括订单输入、处理、分发和财务等模块。项目管理定义了成功完成项目的所有工作，并确保项目规模不超出最初的规划。

（2）时间是指完成项目所需的时间。项目管理通常制定完成项目主要部分所需要的时间，这些主要功能要进一步分解成若干部分和任务，项目管理要确定完成每个任务的时间，并且制定时间进度表。

（3）成本基于完成项目所需的时间和完成项目的人力成本得出。信息系统项目的成本还包括硬件成本、软件成本和工作场所成本。项目管理制定项目的预算，并且监管项目实施中的花费情况。

（4）质量用以说明项目的最终结果满足管理层设定目标的程度。信息系统项目的质量通常是为了提高组织的绩效和决策。同时新系统产生信息的准确性、时效性和系统的易用性也是质量考虑的方面。

（5）风险是指影响项目成功的潜在因素。潜在因素可能以增加成本和时间，降低项目输出质量，或者阻碍项目完成等方式影响项目实现其目标。

三、项目选择

在系统规划的过程中，我们已经识别出满足企业目标、支持企业过程和信息需求的潜在的信息系统框架。一般来讲，对于信息系统项目，公司的想法多于资源。然而，每个企业都是在有限的资源条件下经营的，所以不可能全部做到想做的或需要做的每一件事情。因此，为了解决问题和提升绩效，企业需要在这些项目中选取一个效益最大化的项目。

1. 目标优先权

在信息系统规划中经常用到评价，评价目标的重要性，从而确定关键目标；评价项目的重要性和可行性，从而确定项目开发的优先顺序，然后根据项目的优先序制定实施进度计划。目标优先权的设置如图 3-16 所示。

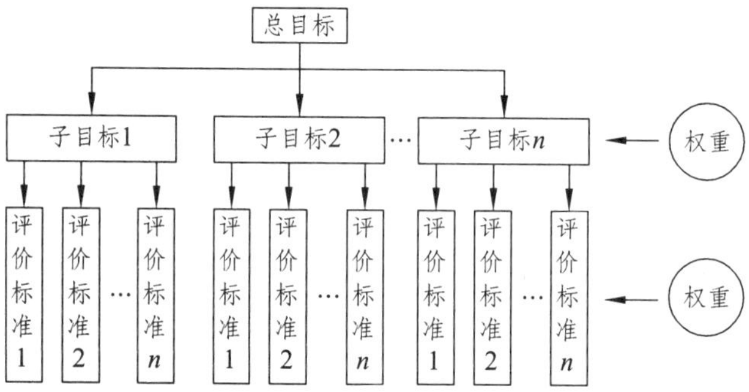

图 3-16　目标优先权的设置

（1）目标选择。

目标一般采用目标树的形式表达，目标树本身是分层次的。因此，通常可以采用层次分析法（AHP）或计分模型来处理。通常，处理多目标决策问题时，如果要找出最佳目标，计分模型是一种相对快捷而简便的方法。

（2）计分模型。

步骤 1：列出需要考虑的标准，标准就是决策者在估量每个方案时需要考虑的相关因素。

步骤 2：给每个标准设一个权重，表示标准的相对重要性，设为 W_i。

步骤 3：对各项标准进行排序，表示每个决策方案满足标准的程度，设为 R_{ij}。

步骤 4：计算每个决策方案的分值，设为 $S_j = \sum_i W_i R_{ij}$。

步骤 5：将决策方案从最高分到最低分的顺序排列，得出排序等级。

2. 管理项目风险

所有信息系统的开发都会包含一定程度的风险，信息系统失败的原因来自很多方面，不能简单地把它归结于技术原因。信息系统风险是指系统将不能获得预期效益的可能性，一般可以将这种风险表示为成功或失败的概率。了解信息系统项目风险的目的不是让人们停步不前，而是要树立良好的风险意识，管理好项目开发。

通常，系统风险采用定性的描述，用高风险表示一个可能难以获得预期效益的系统。对风险影响最大的是项目的规模、结构的稳定性和技术，如图 3-17 所示。

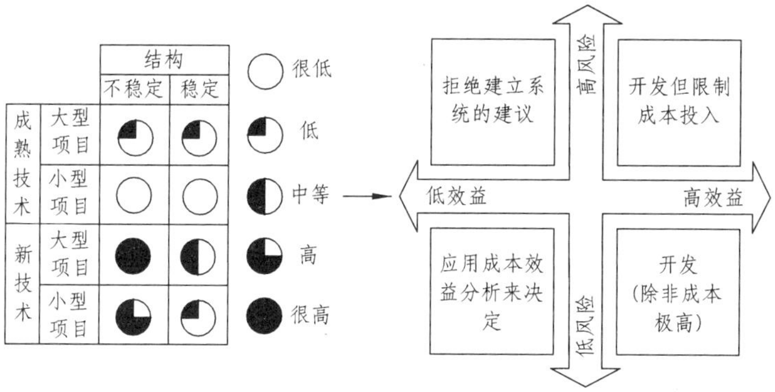

图 3-17　信息系统开发风险分析

（1）项目规模。

项目的规模由项目花费的资金、参与的员工数、工期、所涉及的组织单位数和影响多少企业过程等决定。一般来说，项目的规模越大风险也就越大。大规模系统项目的失败率一般在 50%～70%，比其他项目高，因为这样的项目复杂而且难以控制。

（2）项目结构。

项目的结构包括用户的态度、高层管理的态度以及用户变化的程度和数量。某些项目比其他项目结构稳定，意思是这样的项目要求是清楚的、直接的，所以其输出和处理可以容易定义，用户准确地知道自身需要什么，系统应当做什么，而且用户几乎很少改变主意。通常如果信息系统服务的具体内容、最终产品要求、数据处理计算的过程和用户类型等都比较确定，项目开发的风险就会减少。

（3）技术经验。

技术风险包括用户不熟悉硬件的程度、系统队伍不熟悉软件的程度、用户和开发人员新知识了解的程度等。如果项目团队和系统人员缺少所要求的技术知识，项目的风险上升；如果用户不熟悉项目建议的硬件、系统软件、应用软件或者数据库管理系统，很可能项目会经历技术问题或者要花更多的时间来完成，因为需要掌握新技术。此外，决定采用前沿技术的企业必须有更强的风险承受能力，因为新技术的风险往往比成熟技术的风险要大，一些专家甚至直截了当地建议“切忌用最新的技术”。

MIS 项目开发的三个难关：

（1）开头——管理过程的不确定性：在需求分析时发现，企业的例外处理比重太大，处理方式因人而异；几乎没有一个企业能完整的以书面形式描述企业现行的业务过程；几乎没有一个企业能较完整地提出要建系统的信息和功能需求。

（2）中间——管理过程的不稳定性：国家政策变化、组织结构变化、统计标准变化等都将引起企业管理方式和过程的变化；通常是还未开发好，系统环境已变；即使系统已投入运行，仍要常改。

（3）结尾——管理工具的难切换性：新老 MIS 的切换大都采用并行策略，这将耗用企业管理人员两倍以上的时间；而做规划时，企业一般也不考虑切换的工作量；往往几上几下，让人干着急，甚至前功尽弃。

福克斯·梅亚公司曾经是美国最大的分销商之一，年营业收入超过 50 亿美元。为了提高竞争地位、保持快速的增长，公司决定采用国际上非常流行的企业资源规划系统（ERP），目的是将公司内外原本没有联系的职能部门用信息系统整合在一起，以便使产品的装配和运输更加高效。由于坚信 ERP 系统的潜在利益，在一家享有广泛声誉的系统集成厂商帮助下，公司成了早期的 ERP 系统使用者。然而在投入了两年半的时间和 1 亿美元之后，公司所达到的效果却并不理想，仅仅能够处理 2.4%的当天订单，而这一目标即使用最早期的方法也能够达到。而且，即便是这项业务也经常遇到系统信息处理上的问题。最终，梅亚公司宣告破产，仅以 8000 万美元被收购，托管方将公司破产的原因归结为采用了 ERP 系统。

梅亚公司的例子告诉我们，企业应用信息技术实际上也蕴含着巨大的风险。特别是随着 IT 应用的日益广泛和深入，系统日趋复杂，实施周期更长，还涉及企业组织变革等方面，这就使整个过程充满不确定性。

四、项目管理工具

虽然系统开发的步骤看起来一目了然，但大型项目却可能变得很复杂，要求通过成百上千个独立的活动来实现。对于这些系统开发活动，正规的系统管理方法和工具十分重要。项目管理涉及规划、日程安排、指导、人力和财力及技术资源的控制，项目管理的最终目的是实现特定的目标。项目实施进度计划可以使用图形辅助工具：Gantt 图、PERT 图。

1. 甘特图

（1）定义。

甘特图（Gantt chart）作为一种生产控制技术在多年前由 Henry L.Gantt 发明，是一种用于计划、监控、协调项目的图形工具，用来报告项目进程，代表一个项目的总体状态，实际上是一种列出了各种活动和最后期限的方格表。如图 3-18 所示，图中横轴代表时间，纵轴代表任务，用水平横条标识活动何时开始与结束，从高到低，按起始日期排列。

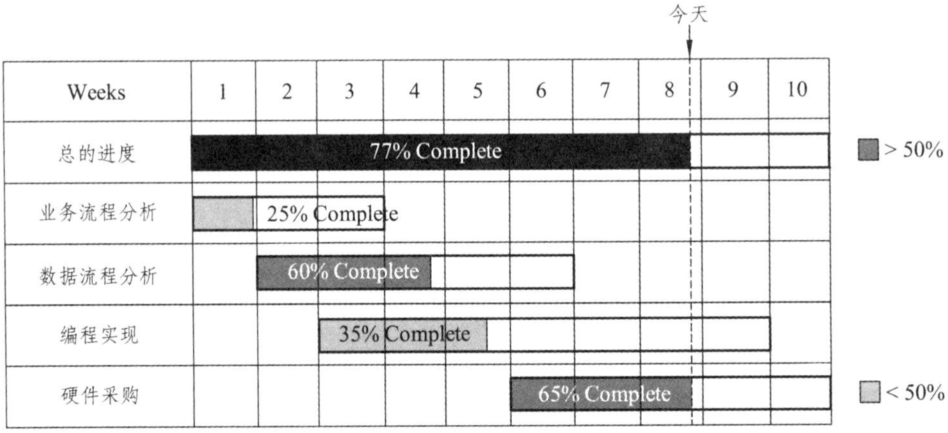

图 3-18　Gantt 图

（2）作用。

- 表示任务分解成子任务情况。
- 表示每个任务的开始时间和完成时间，线段的长度表示子任务完成所需要的时间。
- 表示子任务之间的并行和串行关系。

（3）优缺点。

优点是简单、明了、直观、易于编制。缺点是只能表示任务之间的并行与串行关系，难以反映多个任务之间存在的复杂依存关系，即表示多个任务之间相互依赖制约关系，以及哪些任务是关键子任务等信息，因此仅仅用 Gantt 图作为进度的安排是不够的。

（4）适用范围。

既是小型项目中常用的工具，也是大型复杂的工程项目中，高层管理者了解全局、安排子项目工作进度时使用的工具。

2. 项目计划评审技术

（1）定义。

程序评估或评审技术（PERT，Program Evaluation and Review Technique）是 20 世纪 50 年代美国海军为管理北极星潜射导弹项目而发明的。PERT 图列出了组成项目的具体活动，以及在一个具体的活动开始之前必须完成的活动，是对一个活动的三个时间可能的最短时间、最可能的时间、可能的最长时间进行估计，分别通过最早开始时间、最早完成时间、最晚开始时间、最晚完成时间来计算得出，如图 3-19 所示。

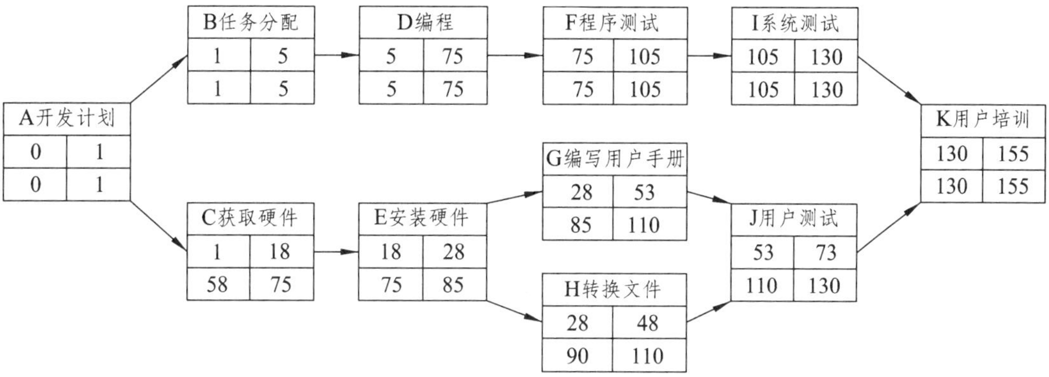

图 3-19　PERT 图

（2）使用方法。

PERT 被称为自底向上的技术，将一个大的、复杂的项目分解为一系列的单个任务，需要明确所有的任务、估计每项任务所花费的时间及任务间的逻辑顺序。

- 项目任务表示为矩形框成为任务框，按执行的顺序排列。
- 任务框包括最早开始时间、最早完成时间、最晚开始时间、最晚完成时间。
- 将所有的单个任务及其关联都表示出来，显示了整体项目的路径及需要的任务松弛时间，对确定最高优先权问题有帮助。

商业项目管理软件工具使项目管理工作的许多方面自动化，使项目管理过程变得便利，它通常具有以下能力：定义并布置任务、为任务分配资源、制定任务的开始和结束时间、过程跟踪、方便地进行任务和资源变更等。许多软件可以自动生成甘特图和 PERT 图。目前最广泛使用的项目管理软件是微软的 Office Project 2010，它基于 PC，可以生成 PERT 图和甘特图，支持关键路径分析、资源分配、项目跟踪和状态报告。对于希望采用基于网络项目管理工具的公司，可以选用 EasyProject.Networt 或 Vertabase 等软件产品。

（3）适用范围。

PERT 图难以诠释复杂的项目，项目经理通常将甘特图和 PERT 图结合起来使用。

第五节　企业过程再工程（BPR）

前面介绍的 BSP 方法是由过程的观点出发来看待企业。但是，BSP 更多的是承认企业的现有的过程，主观上首先认为现行的是合理的，更多考虑的是在现行系统工作过程的基础上通过应用现代管理技术，借助于计算机技术来分析和设计系统。虽然 BSP 也涉及一些企业过程的改进，但力度不大。

建设一个信息系统是一种有计划的组织变革。引进信息系统所包含的内容远远不只是硬件和软件，它同时还包括职业岗位、技能、企业过程、管理和组织的变化。当我们设计一个新的信息系统时，还需要重新设计组织。因此，系统的建设者必须懂得信息系统在整体上如何影响组织和企业过程。

一、系统开发和组织变化

信息技术可以促进组织发生各种程度的变化，从小的增量变化到长远的根本性的变化。图 3-20 显示了信息技术导致的四种组织结构的变化，每一种都有不同的风险和回报。

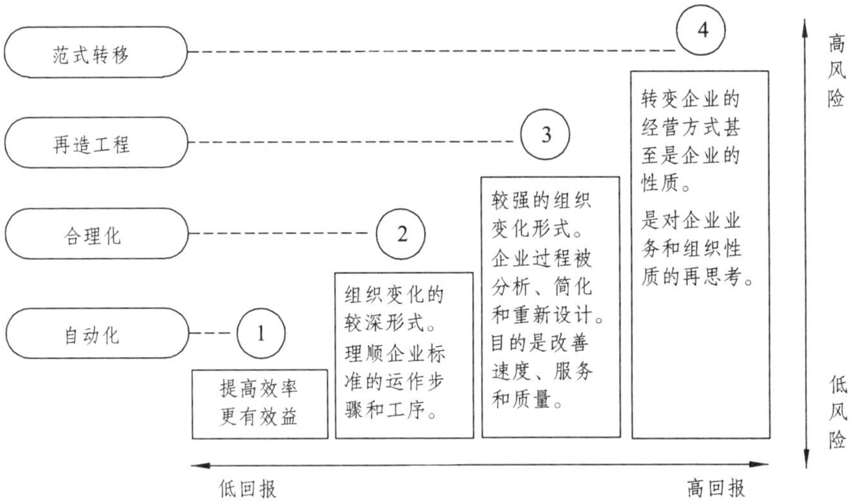

图 3-20　组织变化带来的风险和回报

1. 自动化

MIS 使组织变化的最普通的形式是自动化。信息系统最开始的应用就是帮助员工更有效率和更有效益地完成工作任务。例如，早期的银行存取款系统（ATM）、航空公司的订票系统和铁路货运站的货票处理系统等。

2. 合理化

组织变化的一个较深的形式是作业步序合理化。自动化经常会带来生产中的瓶颈，使现存的步骤和顺序安排出现问题，合理化就是理顺标准的运作步序。例如，铁路网上订票系统之所以有效，不仅是因为它运用了当代复杂的网络服务软件，而且也因为铁路企业重新设计了企业过程、工作流和用户接口，使软件得以实现。如果没有过程的合理化，新的系统和相关技术就不会起到预期的作用。

3. 再造工程

一个较强的组织变化是企业过程再工程（Business Process Reengineering，BPR），企业过程被分析、简化和重新设计。使用信息技术，组织可以再思考和理顺企业过程，从而提高速度、服务和质量。BPR 识别工作流，合并步骤，减少浪费，省去重复的任务，有时也精简一些岗位。它比步序合理化更为深化，需要有一个组织新愿景的过程。BPR 在 20 世纪 90 年代成了西方管理界与企业界的热门话题，被认为是现代管理的一场革命。一些大企业如福特汽车、通用汽车、IBM 等均从 BPR 获得了巨大成功。

4. 范式转移

合理化步序和 BPR 均限于企业的一个特殊部分，而新的信息系统能从根本上影响整个企业的设计，转变企业的经营方式甚至是企业的性质。例如，原来的运输公司只是负责为企业提供运输服务，而随着第三方物流的发展，很多运输公司转变了企业的经营方式，能够提供为其他企业的后勤管理服务。这种较为彻底的企业转变形式称为范式转移（paradigm shift），它包含对企业业务和组织性质的思考。

企业再造工程和范式转移风险高，往往会失败，但为什么许多公司还企图做出这些彻底的变化呢？原因在于回报相应也很高。在许多情况下，追求范式转移和 BPR 策略的企业达到了投资回报的巨量增长。

二、企业过程再工程

20 世纪 80 年代以来，企业界兴起了管理改革的热潮。首先兴起的是业务流程改善（Business Process Improvement，BPI），寻求对企业流程连续、渐进地改善。这时候企业的基本管理思想始终是从企业内部寻找提高效率的突破口，然而许多企业发现，渐进的改善不能从根本上解决企业面临的挑战。

1990 年，美国的 Michael Hammer 博士把“重新设计或再工程”（Reengineering）的思想引入管理领域，突出了业务流程再造 BPR（Business Process Reengineering）的概念。哈默认为，BPR 是对企业流程进行根本性的再思考和彻底的再设计，从而使企业的关键绩效指标 KPI（Key Performance Indicator）如成本、质量、服务、效率等获得巨大的提高，主张“推倒重来”，倡导“在一张白纸上重新开始”。企业再造是站在企业外部，先看企业运作的过程是否合适，如果不合理，就重新设计工作流程；然后看企业是否以流程作为企业运作的核心，如果不是，就将企业再造成围绕流程的新型企业，所以企业再造是新的管理革命。

20世纪80年代，有两个美国人，一个是被美国《商业周刊》誉为90年代管理学四大宗师之一的迈克尔·汉默（Michael Hammer），另一个是实施商业再造活动的权威、CSC Index顾问公司执行董事长詹姆斯·钱皮（James Champy），他们在广泛深入的企业调研中发现，一些公司由于较大幅度地改变了它们的工作方法而在一个或多个领域取得了惊人的成就。这些公司并没有改变它们所从事的业务，而只是改变了在那些业务中所遵循的业务过程或者取消了某些陈旧的业务过程。

美国的汉默教授在1990年第718期的《哈佛商业评论》发表了一篇题为“再造：不是自动化，而是重新开始”的文章；几乎同时，达文波特等人在麻省理工学院的《斯隆管理评论》也发表了一篇题为“新工业工程：信息技术和企业流程再设计”，由此揭开了流程再造研究的序幕。1993年，迈克尔·汉默与咨询专家詹姆斯（James Champy）合著并出版了《企业重构——经营管理革命的宣言书》。此书一问世，连续8周被美国《时代》杂志评为全美最畅销书，几十万册书很快就告罄，位列美国当年商业类畅销书榜首。该书不但引起了管理学界的重视和企业界的震动，而且引发了世界范围的“企业流程再造”的热潮。从此，“企业流程再造”成为企业管理创新的主要方向之一。

麻省理工斯隆管理学院的莱斯特·瑟罗教授曾经指出：“在21世纪，企业持续的竞争优势将更多地出自新流程技术，而不是新产品技术。”许多成功的大型跨国公司的共同之处在于，他们坚信追求卓越流程和在现有的流程中做得最好是赢得持久竞争优势的关键，并且通过不断发展完善优秀的业务流程来保持企业的竞争优势。致力于卓越流程的企业比其他企业会更明确怎样组织和管理企业流程，他们的竞争哲学不仅基于优质的产品，而且基于卓越的流程。

1. 企业流程的概念

（1）企业流程。

流程是一系列任务的集合，这一集合接受各种投入要素，包括：信息、资金、人员、技术、文档等，最后通过流程产生所期望的结果，包括产品、服务、某种决策结果或达到某个行动的目标，简单地说流程就是做事情的顺序。如图3-21所示接发列车基本工作流程。

其中，任务是指作业上不可分割的最小单位，如输入一张表、复制一份文件、发布一个调度命令等，一个流程由许多任务组成。企业流程是指企业为了实现特定结果所执行的逻辑相关任务的集合。达文波特对企业流程更进一步定义为：企业流程是跨越时间和空间的有序的工作活动，它有起点也有终点，并有明确的输入和输出。

（2）流程特点。

① 流程是为某些顾客服务的：一项流程有其特定的产出，而且在组织内或组织外有特定的顾客要来使用这些产出，总之，执行一个流程的目的在于为特定的顾客提供服务。

② 流程会跨越许多组织的界线：在企业中，一个流程通常会跨越好几个不同的部门，甚至会跨越到不同的企业体，因此，流程的执行不受组织结构的限制。如图3-21所示，接发列车工作流程涉及铁路局集团公司调度所和车站两个部门。

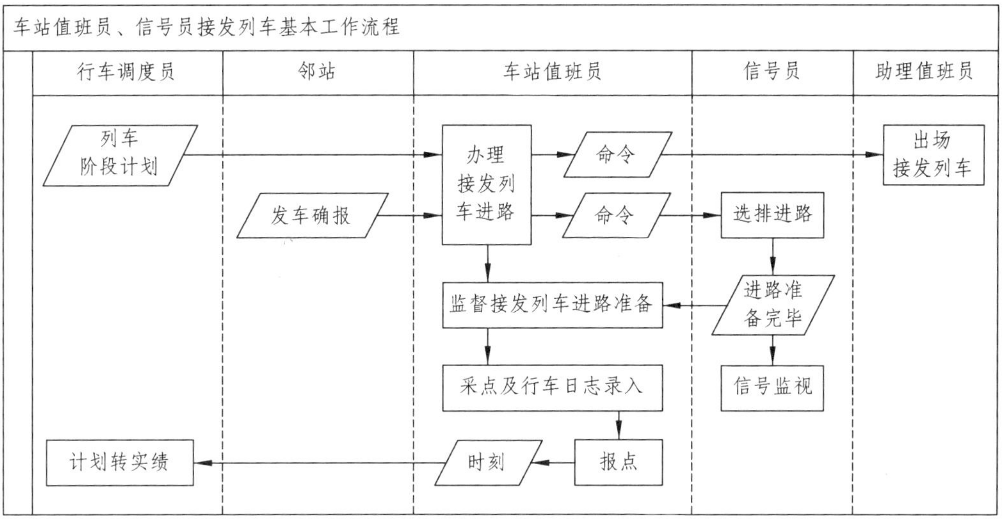

图 3-21　车站值班员/信号员接发列车基本工作流程

2. BPR 的定义

（1）BPR 定义。

根据 Hammer 与 Champy 的定义："BPR 就是对企业的业务流程（Process）进行根本性（Fundamental）的再思考和彻底性（Radical）的再设计，从而获得在成本、质量、服务和速度等方面业绩的戏剧性的（Dramatic）提高"。简单地说：再造就是推倒重来。

（2）关键因素。

① 根本性：表明 BPR 所关注的是企业核心问题，如"为什么要做现在的工作？""为什么要用现在的方式做这份工作？""为什么必须是由我们而不是别人来做这份工作？"等问题。通过对这些根本性的问题的仔细思考，企业可能发现自己赖以存在或运转的商业假设可能是过时的甚至错误的。

② 彻底性：再设计意味着对事物追根溯源，对既定的现存事物不是进行肤浅的改变或调整修补，而是抛弃所有的陈规陋习及忽视一切规定的结构与过程，创造发明全新的完成工作的方法，它是对企业进行重新构造，而不是对企业进行改良、增强或调整。

③ 戏剧性：意味着 BPR 追求的不是一般意义上的业绩提升或略有改善、稍有好转等，进行重组就要使企业业绩有显著的增长、极大的飞跃。因此，业绩的显著增长是 BPR 的标志与特点。

（3）核心思想。

流程再造的核心是面向顾客满意度的业务流程，而核心思想是要打破企业按职能设置部门的管理方式，代之以业务流程为中心，重新设计企业管理过程，从整体上分析企业的作业流程，追求全局最优，而不是个别最优。最终，将企业由以职能为中心的传统形态转变为以流程为中心的新型流程导向型企业，实现企业经营方式和管理方式的根本变化。

3. BPR 的运作过程

业务流程再造就是重新设计和安排企业的整个生产、服务和经营过程，使之合理化。具体是指通过对组织原来生产经营过程的各个方面、每个环节进行全面的调查研究和细致分析，对其中不合理、不必要的环节进行彻底的变革。对于 BPR 运作过程的研究成果主要包括：国外的迈克尔·哈默的四阶段模式、乔·佩帕德和菲利普·罗兰的五阶段模式、威廉姆·凯丁格的六阶段模式；国内的芮明杰和袁安照的七阶段模式、潘国友的四阶段模式等。

简单来说，在具体实施 BPR 的过程中，可以按如图 3-22 的运作过程来进行。

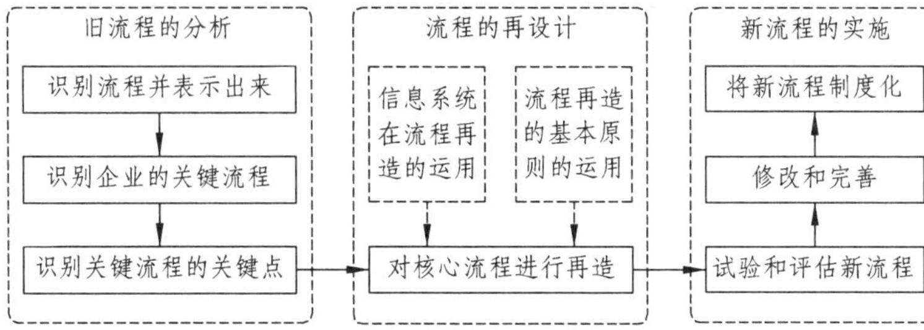

图 3-22　BPR 的运作过程

（1）旧流程分析。

对原有流程进行全面的功能和效率分析，发现其存在问题。根据企业现行的业务流程，绘制细致、明晰的业务流程图，并从以下方面分析现行业务流程：

• 寻找现有流程中增加管理成本的主要原因，组织结构设计不合理的环节，分析现存业务流程的功能、制约因素以及表现的关键问题。

• 根据市场、技术变化的特点及企业的现实情况，分清问题的轻重缓急，找出业务流程再造的切入点也就是关键点（所谓流程的关键点就是指在构成流程的诸要素里面，对流程的运作具有决定性作用的要素）。

（2）流程再设计。

在设计新的流程改进方案时，要对流程进行简化和优化，可以考虑以下两个方面：一是依据流程再造的基本原则进行流程再设计；二是考虑信息系统在流程再造中的运用。

（3）新流程实施。

制定与业务流程改进方案相配套的企业组织结构、人力资源配置和业务规范等方面的改进规划，形成系统的业务流程重组方案。

4. BPR 的设计原则

业务流程的再设计及优化是最关键的内容，在具体实施过程中很多学者也提出了一些基本原则，如迈克尔·哈默在书中提出的八条原则、阿什利·布拉甘扎的十条原则、乔·佩帕德和菲利普·罗兰的十五项原则等。归结起来看，BPR 设计的基本原则可以概括为 ESIA：

• E（Eliminate）清除：流程中所有的非增值活动都应该彻底清除，如过渡控制、重叠环节、等待时间、检验/监视/控制/协调等。

• S（Simplify）简化：在尽可能清除了非必要性任务后，简化余下的活动，如表格、程序、沟通渠道、处理过程。

• I（Integrate）集成：对简化的任务进行整合，使其流畅、连贯，以满足顾客需求，实现服务目标，如职责、部门、供应商。

• A（Automate）自动化：在做好对流程任务的清除、简化和集成基础上应用自动化，运用先进的信息技术加速流程运转、提高流程运行质量，如数据收集、数据传输、数据分析。

将这些基本原则转变为更为具体、有针对性的实施指导原则就是：

（1）“纵向压缩，横向集成”。可以使企业成为面向客户、流程导向的灵活组织，减少流程环节中不创造价值的活动，同时消除跨部门间的协作沟通障碍，以整体流程全局最优（而不是局部最优）的目标，设计和优化流程中的各项活动，实现集约化经营（技术上的功能集成、管理上的职能集成）。其中：

• 纵向压缩：压缩层次，缩短管理条线，建立扁平化组织，缩短管理者、员工和顾客的距离；权力下放，向员工授权，充分发挥每个员工在整个业务流程中的作用。例如铁路“318”改革。

• 横向集成：跨部门按流程的压缩，组织结构以产出为中心而不是以任务为中心，打破传统职能界限的划分，尽可能将流程中跨越职能部门由不同专业人员完成的工作集成起来，合并成单一任务，由单人或团队工作方式完成，实现从职能管理到面向业务流程管理的转变。

（2）“减少检查、校对和控制，消除不增值的流程”。把一些增值不大的流程或者流程上的中间环节如协调、监控、检查等加以消除，减少信息传递带来的成本和风险，降低人为因素的影响。人们往往习惯于旧有的工作方式，却很少去考虑该工作方式是否具备内在的合理性，而流程再造以价值链等理论为指导，分析传统流程及流程中各环节的价值，对于低价值或无价值的环节应该进行坚决的消除。

（3）“以顾客为中心，建立顾客-企业的单点联系”。BPR 要求企业在一个地方为顾客提供全面的服务，而不是让顾客为了一项业务在不同的部门之间穿梭。例如，一个顾客要想查询发票信息，就必须与企业的财务部门联系，而与之打交道的销售部门只知道有关销售方面的信息。事实上，由于企业部门边界限制，很多工作只是为了满足内部管理的需要，从而存在很多无效的工作。以顾客为中心的流程再造，可以消除原有各部门间的摩擦推诿，降低管理费用和成本，减少无效劳动，提高对顾客的反应速度。

（4）“单库提供信息，信息资源的一次性获取与共享使用”。在传统的业务流程中，相同的信息往往在不同的部门都要进行存储、加工和管理，因而存在着很多重复性劳动甚至是无效的劳动。流程再造要求建立全面、高效、集约化管理且可共享的信息库，使流程作业所需的信息能完整地一次性获取，把相互的沟通交流变成对数据库的数据传输。

（5）“并行工程”。当串行不能再压缩的时候，可以考虑把串行变为并行，将并行工序连接起来而不是集成其结果。通常，各独立单位从事不同的工作，而这些工作最终必须组合到一起，典型的如新产品研发。并行的好处在于，将研发工作分割成一个个单独的任务，同时进行，这样可以缩短产品研发的时间。传统的并行流程由于缺乏各部门间的协作，导致在组装和测试阶段往往会暴露出各种问题，从而延误了新产品的上市。现在，配合各项信息技术，如通信网络、共享数据库和远程会议，企业可以协调并行的各独立团队的活动，而不是在最后才进行简单的组合，这样就可以减少浪费。

IBM 银行的信贷流程再造

IBM 公司下属的 IBM 银行是一个大规模的融资公司，排在全美前 100 家银行之列。它的业务很简单，就是为购买 IBM 计算机设备的顾客提供信贷服务，以促进 IBM 产品的销售。以往当一个销售人员同一个潜在的顾客谈购买 IBM 设备时，由顾客填写贷款申请表并出具相应的支持文件，然后由这名销售人员代替顾客向银行提出信贷申请。由银行各部门的专家轮流处理该申请，最后将批准或驳回的结果交还给销售人员，这个过程通常是一周的时间。但是，当前面临的问题：计算机市场竞争激烈是人所共知的，一周的时间往往会导致潜在的顾客被其他计算机公司抢走，所以有必要缩短从申请到审批的时间。

（1）最初的解决办法：

银行的经理认为可能是申请的材料在各部门之间的传递耽误了时间，但通过加强这方面的硬件设施（如计算机联网）并没有节省多少时间，向各部门专家询问，他们都回答没有故意拖延时间，时间似乎是花费在了专家对材料的评估上了，也就是说没有浪费时间。

（2）解决的过程：

两个 IBM 银行的执行董事决定从外部找出症结，他们模拟自己就是两个准备申请贷款的顾客，分别填写了贷款申请，与真正顾客不同的是，他们自己拿着材料分别到各个部门，并要求专家立即办理，结果整个手续只用了 90 分钟，问题找到了，原来是每个部门的延办耽误了时间。

（3）解决的办法：

显然指望专家自己加快速度，来一件就马上办一件是不现实的，加强内部监督也只能是使成本大幅度增加（例如安装监控），而且会使员工产生不满情绪。因此，最后解决的办法是在办理贷款审批的流程上做文章，不再由销售人员转交申请文件，而是像那两个董事一样，自己拿着材料分别到各个部门进行审批。这里产生了一个新的岗位——专案经理（Case Manager），经理对从接收申请到核准申请过程负有全部责任，也具有全部权利，同时建立了共享数据库和计算机网络辅助系统。其结果不仅缩短了审批的时间，而且削减了近 100 个原有职位。

总结：这里使用的原则就是横向集成、跨部门按流程地压缩，以过程管理代替职能管理。

5. 信息技术在流程再造中的应用

现在的企业流程，如果说它与几十年前的企业流程有什么根本区别的话，就在于信息系统和计算机技术在流程中的应用。它使得原有流程的设计基础发生了根本性的变化，事实上，这也是我们进行流程再造的原因之一。

• 电子数据处理系统使我们得以采用规范化、自动化的措施加强大部分的处理过程，帮助精简业务处理步骤、缩短响应时间，提高了流程的运作效率和效果；

• 互联网和 EDI 的出现，使得事务处理的效率大为提高，减少了数据输入，从而降低了业务处理的成本和时间；

• 计算机协同处理系统（CSCW）使得跨职能的流程得以更加紧密地结合在一起；

• DSS 和专家系统的出现，使得复杂的流程得以在计算机的帮助下更容易地完成，一般的工作人员也能从事复杂的高难度工作等。

那么，有没有不需要 IT 的 BPR 项目呢？理论上应该是可以的，但从目前看：

（1）在全球范围内，随着互联网和电子商务的飞速发展，信息技术正广泛而深入地介入我们的生活，改变着我们的生活方式、工作方式和思维模式，在这种情形下，想脱离 IT 完成 BPR 几乎是不可能的；

（2）若把 BPR 比作一种化学反应，那么 IT 就是催化剂，离开了它，反应虽可进行，但却难以达到理想的结果。

正因为此，合理运用信息技术成为 BPR 的难点和要点所在。BPR 之所以能达到巨大的绩效就在于充分发挥了信息技术的潜能。信息技术在流程再造中的典型应用如表 3-8 所示。

表 3-8　信息技术在 BPR 中的潜能

典型过程	典型的再造需求	IT 的潜能
运营过程	消除企业过程中的某些活动或任务	能降低处理时间和成本、提高输出品质的信息技术，如：EDI 和电子商务的去中间化。
管理过程	与过程相关的复杂分析方法帮助解决问题	有助于提高分析决策能力和员工参与程度的决策支持系统，如：专家系统和经理支持系统。
生产过程	降低过程执行中人的干预或劳力	能提高过程输出柔性、增强过程控制能力的电脑辅助制造系统和机器人
典型过程	典型的再造需求	IT 的潜能
信息过程	为过程的执行提供大量的信息	能够提供分结构化信息、辅助决策的人工智能、多媒体技术、WWW 技术
组织过程	把非结构化的过程转变为常规性业务	能够降低交易成本、消除中间处理环节的 EDI；共享数据库技术
串行过程	降低活动间的依赖程度	支持并行工程的技术

在 BPR 实施过程中还与以下的技术有一定的联系，包括：准时制生产（Just-In-Time，JIT）；时间压缩管理（Time-Compress-Management，TCM）；快速反应周期（Fast-Cycle-Response，FCR）；并行工程（Concurrent Engineering，CE）；价值工程（Value Engineering，VE）。

三、BPR 应用案例

1. 福特公司预付款流程再造

福特北美公司预付款部门雇佣员工 500 余人，冗员严重，效率低下。公司最初制定的改革方案是：运用信息技术，减少信息传递，以达到裁员 20%的目标。但是，在参观了 Mazda 公司之后发现，其应付款部门仅有 5 人，就算按公司计划进行数据调整之后，福特公司也仍然多了 5 倍的员工，于是公司推翻了第一种方案，决定彻底重建其流程。

（1）旧流程分析。

福特公司付款的传统流程如图 3-23（a）所示。

① 采购部门向供货商发出订单，并将订单的复印件送往应付款部门。

② 供货商发货，福特的验收部门收检，并将验收报告送到应付款部门（验收部门本身无权处理验收信息）。

③ 同时，供货商将产品发票送至应付款部门。

④ 当且仅当“订单”“验收报告”以及“发票”三者一致时，应付款部门才能付款。

（2）流程关键点。

通常，该部门的大部分时间都花费在处理这三者的不吻合上，从而造成了人员、资金和时间的浪费。

（3）流程再造。

福特公司付款流程重新设计结果如图 3-23（b）所示。

① 采购部门发出订单，同时将订单内容输入联机数据库。

② 供货商发货，验收部门核查来货是否与数据库中的内容相吻合，如果吻合就收货，并通知数据库，计算机会自动按时付款。

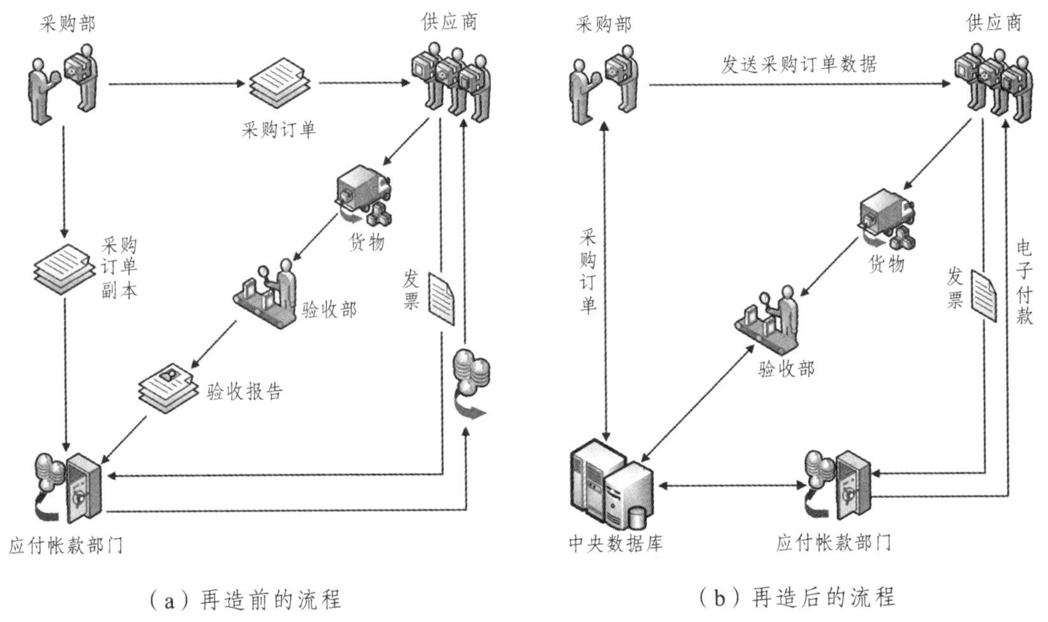

图 3-23　福特公司付款流程再造

（4）再造效果。

福特公司的新流程采用的是“无发票”制度，设计面向流程而不是单一的部门，如采购、验收和付款部门，应用信息技术，大大地简化了工作环节，最终的效果如下：

① 以往应付款部门需在订单、验收报告和发票中核查 14 项内容，再造后只需 3 项，即零件名称、数量和供货商代码。

② 实现裁员 75%，而非原计划的 20%。

③ 由于订单和验收单的自然吻合，使得付款也必然及时而准确，从而简化了物料管理工作，并且使财务信息更加准确。

2. BPR 应用案例——铁路车站货运业务流程再造

我国的铁路行业在信息化大潮中一直认真研究企业再造理论，并与中国国情相结合，做了许多有益的工作。例如，铁路兴建的铁路运输管理信息系统（TMIS）是铁路信息化建设的第一个大型工程项目，其中不乏企业再造的成功范例。下面以 TMIS 系统中的重要子系统——车站货运管理信息系统（SMIS）在某大型货运站的实施应用为对象，研究 BPR 对货运业务流程的影响。如图 3-24 所示，铁路货运站货运作业流程可分为三类，即发送货物作业、到达货物作业、中转货物作业。

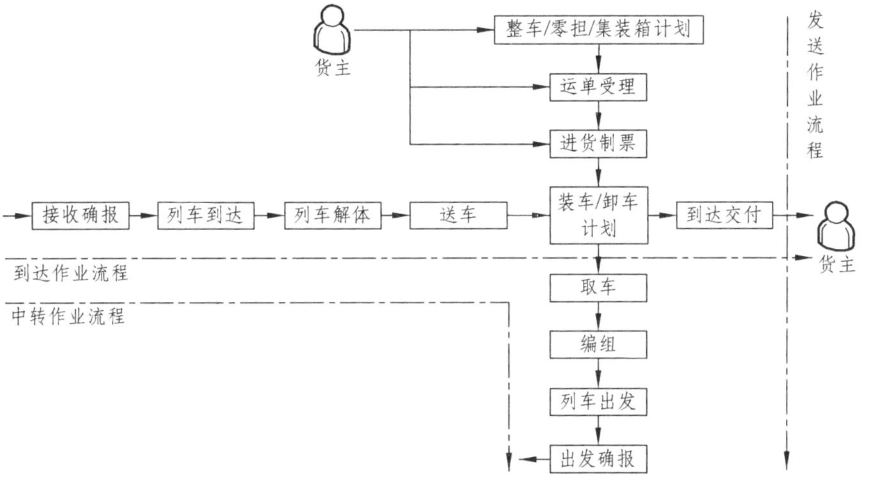

图 3-24　铁路车站货运业务流程

（1）基本流程。

①发送作业：货主提报运单→货物运单受理→运货请求/批准→编制装车计划→货调配线→实施装车→取车形成代发车流→列车出发→发出确报。

② 到达作业：到达列车确报接收→货调配线→列车解体→编制卸车计划→到达交付。

③ 中转作业：到达列车确报接收→货调配线→列车解体→编制配装计划→实施装卸作业→取车形成代发车流→列车出发→发出确报。

（2）关键点分析。

从上述货运流程可以看出，铁路货运中货车周转是极其重要的关键因素，其关键性能指标 KPI 就是货车周转时间。货车周转时间是铁路运营工作的综合指标之一，从全路范围看，其定义为：运用货车从第一次装车完了时起，到下一次装车完了时止，所平均消耗的时间，即每完成一个工作量平均消耗的货车日数。货车周转时间通常包括五个部分：途中各区段运转总时间、途中中间站停留总时间、途中中转站有调中转总时间、途中中转站无调中转总时间、货物作业站停留总时间。

从货运站的角度出发，可以看出影响货车周转时间的主要因素是货车有调中转一次的平均停留时间和每次货物作业停留时间，因此，关键点为装卸车生产作业流程。

（3）旧流程分析。

在运用 SMIS 之前，装卸车作业流程涉及两个部门：运转车间和货运车间；5 个主要生产岗位：调车组、区长、货调、货运员、装卸队。

整个作业需要 12 个步骤才能完成，作业流程如图 3-25 所示。

① 货调依据日装卸车计划制定装卸车阶段计划。

② 货调将装卸车阶段计划信息通知区长。

③ 区长根据装卸车阶段计划需求制定取送车钩计划。

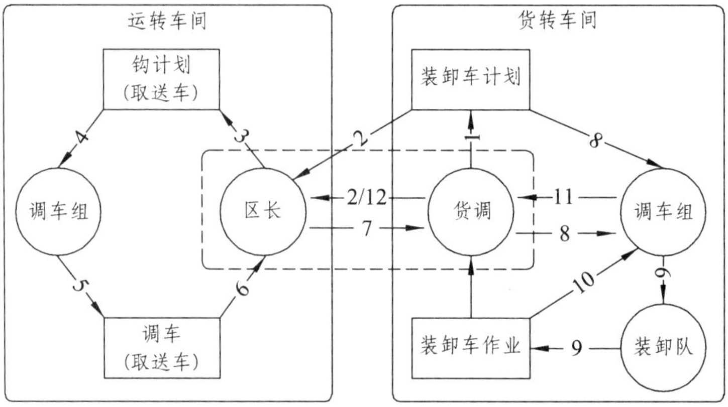

图 3-25　铁路车站原货运组织结构及作业流程描述

④ 区长将取送车钩计划下达给调车组。

⑤ 调车组根据钩计划进行调车作业（取送车）。

⑥ 调车组将调车执行结果和变化情况通知区长。

⑦ 区长将作业车送到信息通知货调。

⑧ 货调通知货运员装卸车。

⑨ 货运员组织装卸车。

⑩ 装卸人员向货运员报告装卸完成。

⑪ 货运员将装卸完成报告给货调。

⑫ 货调将装卸车完成情况和装卸车阶段计划报告区长，从而完成一次作业。

（4）再造原则。

“横向集成”，即跨部门按流程地压缩。作业部门将运转和货运两个车间整合；生产岗位压缩为调车组、值班员、货运员，用值班员代替区长和货调的工作。

“并行工程”。原作业过程只能当调车作业完成后才能进行装卸作业，可以考虑将调车作业和装卸车作业同时进行。

“应用信息技术，减少检查、校对和控制，消除不增值的环节”。在虚线框内区长岗位有 5 个信息交换、货调岗位有 6 个信息交换，所以这两个岗位是最需要进行整合的环节。如果将虚线框内的岗位和活动作为一个整体考虑，则这个整体与外部只有 4 个信息交换。为此开发了 SMIS 的货调及外勤装卸车子系统，取消不必要的信息处理环节。

（5）再造后流程。

经过业务流程再造，将运转和货运两个车间整合，主要生产岗位压缩为 3 个，整个作业流程简化为 6 步，再造后的作业流程如图 3-26 所示。

① 值班员根据现场情况制定钩计划和装卸车阶段计划。

② 向调车组下达钩计划，同时向货运员下达装卸车计划。

③ 调车组取送车作业。

④ 货运员组织装卸车作业。

⑤ 钩计划执行情况报告。

⑥ 装卸车完成情况报告。

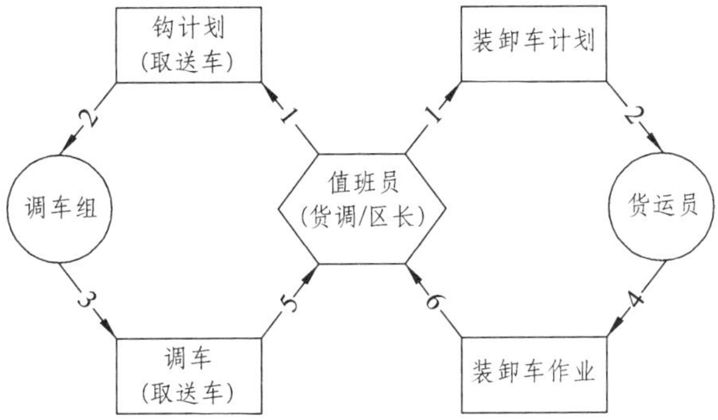

图 3-26　铁路车站重组后的组织结构及作业流程

（6）再造效果。

应用 SMIS 重组业务流程后，改进了作业工序、简化了过程、减少了工作人员、压缩了有效作业时间，为大幅度提高车站的货运能力提供了可能，以理想状态下一个货运站的作业为例进行比较如下：

① 从人员上看，大型货运站在 SMIS 系统实施后现车管理减员 9 人、到达统计减员 3 人、抄票减员 4 人、货运统计减员 2 人、现车统计减员 6 人、装卸工人减员 10 人。

② 对比前后的持续时间，原来需要 485 分钟，现在需要 410 分钟，减少了 75 分钟，效率提高了 15.5%。

（7）总结。

企业信息化的过程，不能忽视引入计算机所应伴随的企业再造工程，单纯地让计算机来模仿人、代替人过去的工作是达不到信息化的真正目的。SMIS 的开发，不是简单地模拟旧的管理模式和处理过程，而是根据实际情况和科学管理的需要从优化与创新的思路出发重组货运作业。

四、基于 BPR 的信息系统规划

业务流程重组与信息系统规划是相互作用、相辅相成的。一方面，信息系统规划要以流程再造为前提，并且在系统规划的整个规程中以业务流程为主线，随着业务流程再造的深入，要求业务信息系统不断提高其集成化、智能化以及网络化的程度；另一方面，面向流程的信息系统规划驱动企业的业务流程再造。

信息系统的科学规划，使得信息的收集、存储、整理、利用和共享更为方便快捷，使得同一产品的市场调查、产品构想、工程设计、生产制造、销售服务等环节的并行成为可能，从而打破了企业传统的专业化分工，为业务战略的实现设计新的业务流程或改造已有流程，借助信息系统的规划与信息系统的最终实施来实现企业业务流程的重建。基于流程再造的信息系统规划能够适应企业当前或未来的发展需要，使信息系统的建设更具有效性与灵活性。

（1）战略规划。

主要是明确企业的战略目标，认清企业的发展方向，进行业务流程调查，确定成功实施企业战略的成功因素，并在此基础上定义业务流程远景和信息系统战略规划。

（2）流程规划。

面向流程进行信息系统规划，是数据规划与功能规划的基础。主要任务是选择核心业务流程，并进行流程分析，识别出关键流程以及需要再造的流程，并勾画重构后的业务流程图，直至流程再造完毕，形成系统的流程规划方案。

（3）数据规划。

在流程重构的基础上识别和分类由这些流程所产生、控制和使用的数据。

（4）功能规划。

在对数据类和业务流程了解的基础上，下一步就是建立数据类与过程的关系矩阵（U/C 矩阵）对它们的关系进行综合，并通过 U/C 矩阵识别子系统，进一步进行系统总体逻辑结构规划，即功能规划，识别功能模块。

（5）资源分配。

进行系统的总体网络布局，针对这些应用项目的优先顺序给予资源上的合理分配，并根据项目优先顺序来进行具体实施。

【学习指导】

• 在本讲学习从整体上了解系统规划阶段的主要工作任务，掌握各种规划方法的基本思想、规划过程、侧重点和工具，分析用户为什么要开发管理信息系统，其想法是否可行，对于系统规划的作用需要深刻理解，注意处理好管理信息系统建设与组织发展战略目标之间的关系。

• 掌握 BPR 的基本思想、实质、适用范围，需要明确的是，BPR 是一种管理思想，没有信息技术也可以进行业务流程重组，但是信息技术会使得 BPR 实现更加容易。与前面所讲系统规划相比较，应用 BPR 可以根据组织的现状，脱离其具体的业务流程现实，按照科学的、合理的、以信息技术手段为基础的业务流程，并辅之以组织员工思想观念转变的教育，实现对现有组织的彻底的、根本的变革。

第四章 MIS 开发方法

教学目的	通过本讲内容的学习，深刻认识开发方法对管理信息系统开发设计与应用的重要性，对开发方法的体系结构有初步的认识和理解。
教学重点	掌握结构化系统开发方法、原型法、面向对象方法的基本思想、开发过程、特点、优缺点和适用范围。
教学难点	在实际管理信息系统开发过程中对开发方法的选择，各种开发方法之间的关系。
难点解决	类比隐喻+实例讲解+互动讨论
知识汇总	1. 理解生命周期法（瀑布模型）、生命周期模型，理解系统开发生命周期的基本原理，了解结构化开发模型；理解螺旋模型；理解原型方法和面向对象方法； 2. 掌握结构化系统开发方法的基本思想、开发步骤，并了解其优缺点； 3. 掌握原型法的开发方法，理解原型法工作流程、特点； 4. 掌握面向对象的开发方法；理解面向对象方法的基本思想、优缺点、使用范围； 5. 理解电子商务的基本框架、基本类型，了解电子商务的现状及发展。
课程导入	有的同学认为，只要能编写好程序，就能开发管理信息系统，对不对？同学们知道哪些开发方法？“软件危机”是怎么回事？ 通过上述问题的讨论，引导学生重视开发方法的学习，认识到开发方法在进行MIS系统开发过程中的重要性，对目前各种开发方法从总体上加以了解。

第一节　开发方法综述

信息系统的开发是一个庞大的系统工程，它涉及组织的内部结构、管理模式、生产加工、经营管理、数据的收集与处理、计算机硬件系统的管理与应用、软件系统的开发等各个方面。因此，这就增大了开发一个信息系统的规模和难度，需要研究出科学的方法和过程化的开发步骤，以确保整个开发过程能够顺利进行，这就是信息系统开发方法要研究的内容。

系统开发是一个问与答的过程，在前面所讲的系统规划阶段，我们能够回答需要开发哪些系统以及什么时候开发的问题，现在，我们将主要着眼于“应由谁开发系统？”和“我们应该怎样着手进行系统开发？”的问题。

开发方法学研究的主要对象是信息系统开发的规律、开发过程的认知体系、分析设计的一般理论以及具体的开发工具和技术等。本讲主要从方法论的角度，介绍创建 MIS 所需的开发方法，重点是：结构化开发和设计方法、面向对象的开发方法、原型方法和计算机辅助软件工程（CASE）方法。

一、系统开发的一般原则

面对一个大型、复杂的组织机构和管理信息系统项目，我们应该如何去着手认识对象和开发系统呢？如果初次接触信息系统开发，往往会觉得十分复杂，各种名词、概念、术语和解决方案名目繁多，让人无所适从。

1. 一般规律

开发过程从原理上讲非常简单，就如同我们在生活中做任何事情的规律一样：首先要明确为什么要做这件事情（目的是什么），其次是要了解对象（明确要干什么），然后再考虑怎样干，后才会实际动手去做。

2. 开发过程

如图 1-1 所示，左边所展示的是人们从事任何一项工程时所必须遵循的一般规律，信息系统的开发也不例外，只不过是在特定的领域，引入了一些特定的做法和特定的专业术语而已。图中中部的四个步骤分别被称为信息系统开发过程的四个阶段，各阶段的主要工作如下：

（1）系统规划阶段：主要是弄清楚这一工作的目的和可行性；

（2）需求调查和系统分析阶段：主要是弄清楚目标对象是什么、未来将要干什么？

（3）系统设计阶段：主要是根据需求调查和系统分析的结果，具体设计将要开发系统的结构、选配的设备、处理的模型和处理过程等；

（4）系统实现阶段：主要是根据系统设计方案组织实施系统。

3. 开发重心

如图 4-1 右侧所示，在早期的信息系统开发过程中，由于受到计算机硬件设备条件的限制，系统开发方法的重心向下，即重点在于研究如何才能充分地利用现有计算机设备，有效地设计、编程并实现一个系统。进入 20 世纪 90 年代后，上述观点有了重大变化，原因在于计算机速度越来越快，容量越来越大，软件开发工具的功能也越来越强大，编程变得越来越容易，从而使得在原来开发方法中强调的一些技巧和手段已经没有必要。在这种背景之下，系统开发方法的重心开始往上移，人们逐步发现需求调查和系统分析才是系统开发过程中最费时、费力，工作量最大的一个环节，而且这些工作是目前各类软件工具都无法支持和替代的一环。

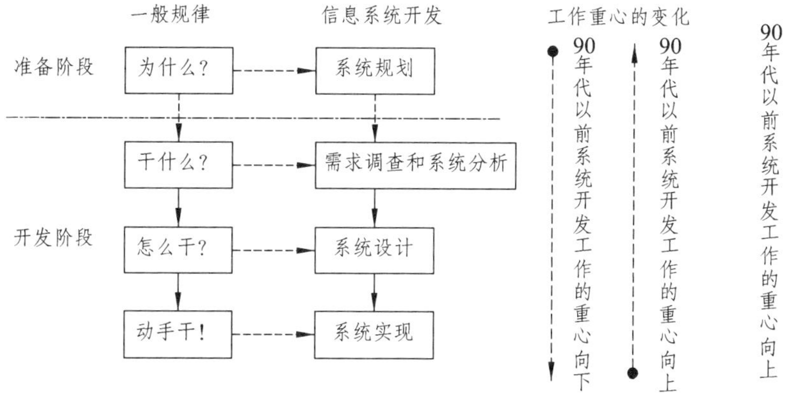

图 4-1　系统开发的一般规律

4. 工作量比重

计算机技术是信息系统的工具，工具技术的特点和发展趋势是：越高级、越先进的东西就越简单、越好用。目前，计算机技术和数据处理技术的发展日新月异，为建立 DBS、辅助工程设计、绘制各类图形、生成各种程序模块和管理应用系统提供了很大的便利，极大地缩短了信息系统的开发周期。但是，目前这些工具技术的发展主要支持的都是在信息系统开发的后几个环节，例如：系统设计中各种图形的绘制、程序设计和调试用的各种集成化开发环境等，从而导致系统开发工作中工作量重心的偏移。从国外最新的统计数据来看，在信息系统开发过程中各阶段工作量所占的比重见表 4-1。

表 4-1　系统开发过程各阶段工作量比重

阶段	需求调查	系统分析	系统设计	系统实现
工作量	>30%	>40%	<20%	<10%

可以看出，需求调查和系统分析两个环节占到开发总工作量的 70%以上，而系统设计和实现两个环节只占开发总工作量的不到 30%。尤其是原来在开发工作中占工作量最大的编程与调试工作，而今只占不到 10%的工作量，这一切都要归功于 4GLs、RDBS 以及各种集成化开发工具的出现。

二、开发方式

1. 开发方式

信息系统的开发方式是指企业获得应用系统服务的方式，主要解决由谁来承担系统开发任务、创建企业所需信息系统的问题，具体包括由谁投资、由谁设计、由谁实施、由谁负责运营维护和管理等。从信息系统用户的角度看，所需系统的开发方式有很多，按照用户自身承担开发任务比重的大小排列，可以形成如图 4-2 所示的几种主要开发方式。

自己研发为主 ←——→ 市场购买为主

开发方式	独立开发	合作开发	委托开发	购买现成软件
分析、设计力量的要求	非常需要	逐步培养	不太需要	少量培养
编程力量的要求	非常需要	需要	不需要	少量需要
系统维护	容易	较容易	较困难	困难
系统开发费用	少	较多	多	较少

图 4-2　管理信息系统开发方式

2. 独立开发

意味着信息系统的整个开发过程均由企业自己完成。适合于有较强的信息系统分析与设计队伍、程序设计人员，以及信息系统运行与维护人员的企业，如计算机软件公司、高新技术企业、高等院校和科研院所等单位。优点是开发费用少、便于日后维护使用、系统功能更适应本单位的需求，满意度较高。缺点是由于不是专业的开发人员，容易受计算机业务水平的限制，导致专业化程度和系统优化程度不高。（例如大连车务段绩效考核系统和安全预警平台）

3. 合作开发

是由用户与其他专业性的、有实力的技术开发单位合作，共同完成开发任务。适用于使用单位具有一定的系统分析、设计和实施的系统软件开发人员，但开发力量较弱，希望通过对系统的开发提高队伍的技术水平，便于维护、修改工作的企业。优点是较委托开发方式节约资金，可以培养和增强本单位的开发和维护能力。缺点是双方在合作沟通中易出现问题，容易产生互相推诿扯皮的现象，开发过程中双方的协调和检查工作难度较高。（例如沈阳局集团有限公司大数据平台）

4. 委托开发

是将开发项目完全交给专业软件公司或系统集成商，按照用户的需求进行开发，系统建成后再交付给企业使用。适用于无管理信息系统分析、设计及软件开发人员或开发队伍力量较弱、但资金比较充足的企业。优点是使用单位省时省事，由于开发队伍是专业人员，能够保证系统的技术水平。缺点是由于开发单位很难对企业各个方面都有深入的了解，所开发出的软件往往由于对用户的需求理解不足而不能满足企业的要求。此外，委托开发还存在费用高、维护和扩展均需要依靠开发单位、不利于企业人才培养等缺点。（例如铁路站段协同办公系统）

5. 购买软件

随着软件产业的迅速发展，购买商品化软件成为一种常用的方式。采用购买商品化软件的方式对于功能单一、结构简单、具有较强行业规范的小型系统很适合。例如：财务管理软件、图书管理软件、超市收银系统等。优点是软件可靠性好，节省时间，能够快速提高企业技术水平，避免重复劳动。缺点是对规模较大、功能复杂、需求不确定性程度比较高的企业，所购买的软件有时难以满足实际的需求，存在二次开发的问题。因此，如果企业本身不具备二次开发的能力，就不宜采用该方式。

总之，不同的开发方式有不同的优缺点，需要根据使用企业的实际情况进行选择，也可以综合采用各种开发方式。根据前面所述四种开发方式的特点，通常对规模较小、商业逻辑较简单的企业可选择购买软件或独立开发；对规模较大、经营模式较复杂的企业，要优先选择通用软件，如 ERP 系统，可以为企业节省时间、降低风险；如果找不到合适的通用软件，可根据本单位的开发能力采用委托、合作或独立开发的方式。

三、系统开发方法回顾

系统开发方法（Systems Development Methodology）是指在组织中执行分析、设计、实现和维护信息系统必需的所有步骤时遵循的标准过程。

1. 系统开发方法的发展

开发（developing）也称为构建（construction），就像是建筑工人在建造一栋房屋、一个工厂乃至一座摩天大楼时所做的工作一样，是指建设的过程。在开发或建设过程可能包含有计划、设计、实施、检查工作的一些方面，但在多数时候，开发就是指创建事务过程中动手的那些部分。

用隐喻来更充分的理解软件开发

重要的研发成果常常出自类比，通过把不太理解的东西和一些容易理解且十分类似的东西做比较，就可以对这些不太理解的东西产生更深刻的理解，有时也把这种使用隐喻的方法称为“建模”。科学史中到处都可以看到借助隐喻的力量而产生的新发现，例如：化学家凯库勒曾梦见一条蛇咬着自己的尾巴，醒来后他意识到类似的环状分子结构正好能够解释苯的各种特性，后来的进一步实验证实了这一假说。

对于信息系统的开发，人们通常会比喻成“建造”，这一说法事实上暗示了软件开发中存在着诸多阶段，如计划、准备及执行等。例如：要盖一个简单的建筑物（个人工作或小型项目）——比如一个狗屋，只需要一些木板和钉子，一下午的时间就足够了，如果忘了装门，那也没什么大不了的，修改一下或者干脆从头再来就是了，损失最多也就是一个下午的时间。但是，如果要建一栋房屋，那么这个建筑的过程就会复杂很多。首先，要决定建一个什么类型的房子（系统规划）；其次，要确定房子的用处，是商用还是家用（需求分析和系统分析）；再次，要设计相应的框架和户型，并且画出一份蓝图（系统设计）；最后，才开始打地基、砌墙、盖房顶，通好水、电、煤气等（系统实施）。

用建造房屋比喻系统开发，有助于理解为什么不同的软件项目能从不同的开发方法中受益。在建筑业中，盖一间仓库、一座图书馆、一栋摩天大楼甚至一座核电站，在分析、设计和实施方面所需达到的程度和要求是不同的。与之相似的是，编制一个辅助日常工作的小程序，开发一个课程教学用的网站，开发一个铁路车站调度辅助决策支持系统，或者是开发一个铁路企业用的管理信息系统如 TMIS，所用的方法也不会相同。有时只需要用灵活的、轻量级的方法，如快速原型法；但有时就必须得用严格的、重量级的开发方法，如结构化的开发方法或面向对象方法，以达到所需的安全性目标或其他什么目标。

开发方法概念的形成和研究始于 20 世纪 60 ~ 70 年代。50 ~ 60 年代是信息系统概念形成并蓬勃发展的时期，当时由于计算机在数据处理领域的突破，使得以计算机为主体的电子数据处理系统迅速地在工商、行政管理等各个领域广泛推广。然而，随着信息系统在企业应用程度的不断深入和规模的不断扩大，一些系统取得了成功，但是相当一部分信息系统失败了，在进行经验教训的总结过程中，人们发现了许多原来未曾预料到的问题，例如：

- 为什么手工处理信息的过程和方法原封不动地“翻译”成软件程序后，常常失败？
- 如何使所开发的信息系统既基于现行系统又优于现行系统？
- 如何在大型的信息系统开发过程中合理地组织和协调人力、物力、财力等资源？
- 如何着手对一个组织进行调查分析？
- 一个大型系统的开发应该如何进行系统化的划分？
- 如何才能合理地协调数据和利用信息资源？等等

这时候，人们才逐步认识到管理信息系统的开发必须遵循一定的方法和规律。研究开发方法的基本目的就是要提高管理信息系统的开发效率、提高所开发信息系统的质量。开发方法的发展过程如图 4-3 所示。

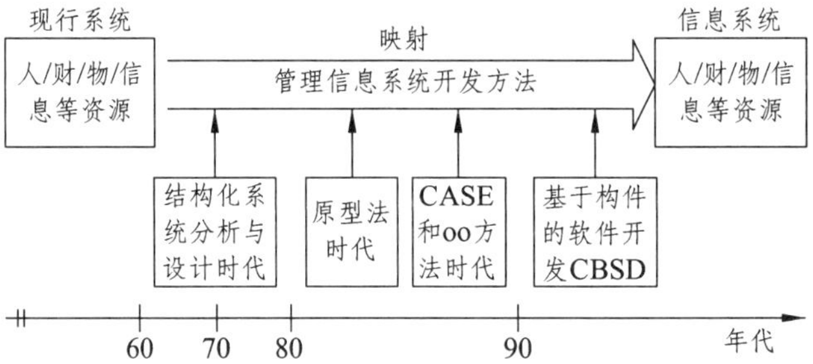

图 4-3　系统开发方法回顾

（1）60-70 年代结构化系统分析与设计时代。结构化的意思是使信息系统的开发工作标准化，其目标是有序、高效、高可靠性和少错误。在这个时期，强调开发工作结构化、标准化，将开发过程划分为需求分析、设计、实现、测试等几个阶段，先后出现了瀑布模型、蛛网模型和强调“初期阶段”重要性的概念。

（2）80 年代初原型方法时代。在 4GLs 环境中开发，就是首先抓住关键的局部设计并实现，然后不断修改，直到全面满足要求，先后经历了增量模型、螺旋模型等几个阶段。

编程语言概述

1GL 或第一代语言是机器语言或者机器能够直接执行的语言，也就是 0 和 1 组成的字符串。

2GL 或第二代语言是汇编语言，是一类低级语言，每一条语句对应着一条机器指令，典型的如：Add 12 指令，汇编程序会将汇编语言转换成机器语言，大多数程序员会避免使用汇编，除非是为了冲破某种“执行速度”或“代码大小”的限制。

3GL 或第三代语言是一种“高级”的编程语言，例如 C、Fortran 语言，其特性表现在结构化的数据、结构化的控制流程、机器无关性以及一套丰富的运算符和函数，编译器会将语句转换为机器语言。

4GL 或第四代语言是比 3GL 更为接近自然语言的语言，出现在 20 世纪 80 年代初期。使用 3GL 除了告诉计算机“该做什么”之外，尚需告诉计算机“如何做”的详细步骤。如果可以只告诉计算机“做什么”，而由计算机自行决定“如何做”，就能节省很多编写程序的工夫，4GL 就具有这样的功能。使用 4GL 仅需告知要完成的工作，计算机会自行决定如何完成工作。访问数据库的语言通常称为 4GL，例如 VB、VC、C#、Delphi、PB 等，其他的如报表生成器、屏幕格式生成器等。

4GL 以数据库管理系统所提供的功能为核心，进一步构造了开发高层软件系统的环境，如多窗口表格设计、报表生成、菜单生成、图形图像处理等，为用户提供了一个良好的集成应用开发环境。4GL 提供了功能强大的非过程化问题定义手段，用户只需告知系统做什么，而不需要说明怎么做，因此可大大提高软件生产率。

举例：从全校学生数据库表中找出所有交通运输专业的学生，查看学生姓名和年级，并按年级降序排列。

SELECT 姓名，年级 FROM 学生 WHERE（学生.专业=“交通运输”）ORDER BY 年级 DESC

（3）80 年代末 OO（面向对象）方法和 CASE（计算机辅助软件工程）方法出现。

（4）90 年代基于构件的软件开发（Component-Based Software Development，CBSD）。其基本思想是：从第三方市场购买、定制构件或者从成熟的构件库中提取已有构件来解决软件的开发问题。其中，构件是系统中实际存在的可更换部分，它实现特定的功能，符合一套接口标准并实现一组接口。构件代表系统中的一部分物理实施，包括软件代码、脚本或命令文件。与传统的软件开发方法不同，它从“面向代码”转向“面向集成”，从更高的角度定义了软件开发过程。

2. 系统开发生命周期基本概念

（1）生命周期。

同任何事物一样，一个软件产品或信息系统也要经历孕育、诞生、成长、成熟、衰亡等阶段，一般称为软件生命周期。系统开发生命周期（Systems Development Life Cycle，SDLC）是软件开发的全部过程、活动和任务的结构框架，是用于划分信息系统开发阶段的一系列步骤。有人将 SDLC 解释为一组步骤或者里程标（Milestone），SDLC 的一般步骤包括：需求调查和可行性分析→新系统的开发→新系统的安装和配置→新老系统的转换→新系统的运行，这个周期叫作信息系统的生命周期。

（2）时间维度。

沿着生命周期的时间顺序，可以把开发的全过程分解成若干阶段，每个阶段再划分为若干步骤，从而使开发有计划、有步骤、有组织地进行，如图 4-4 所示。

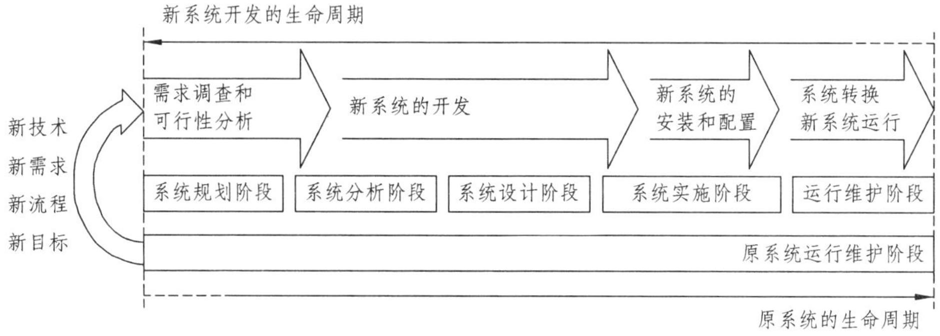

图 4-4　系统开发生命周期

（3）闭环结构。

那么是否一个信息系统开发完成之后就完事大吉了呢？事实上，随着企业自身的发展和变化，随着计算机技术及网络技术的迅猛发展，一个信息系统在使用了几年以后，都可能出现新情况、新问题，从而提出新需求、新目标，这时就需要更新旧系统或建立新的管理信息系统。因此，信息系统的生命周期是一个闭环的结构，是一个从开发→运行→再开发的循环往复的过程。

软件开发工作本身需要一个周期来完成的，而且在开发周期内则包含了很多因素。开发过程中的一个因素不稳定，在周期推进的过程中都很可能会造成类似生物学领域的蝴蝶效应——非洲的一只蝴蝶扇动翅膀可能会造成美洲大陆的一场龙卷风，即开发过程中的每一件事情都可能会对其他的事情产生连锁反应。因此，任何软件开发项目都必须进行适当的组织和管理，然后才能按预期计划成功地执行项目。也就是说，规划良好的软件开发生命周期将能够实现在更短的开发周期内构建软件的愿景。

3. 开发方法体系结构

系统开发方法提供完成系统开发生命周期每一步的详细指导，包括具体的模型、工具和技术。模型是现实世界某些重要方面的表示，一些模型的外形类似于真实产品，一些模型是重要细节的图形表示，一些模型则是抽象的数学符号，每一种模型强调一种不同类型的信息。信息系统开发中使用的模型包括输入、输出、过程、数据、对象、对象间的相互作用、网络和设备以及其他相关事物的表示，而且大多数模型是图形模型，例如使用公认的符号和惯例画一张业务流程图或网络架构图。在后面学习如何对信息系统进行分析和设计时，大部分是在学习如何识别和创建描绘信息系统的各种模型。

开发方法传统上可以分为两大类：生命周期方法和任务驱动方法。如图 4-5 所示。

（1）生命周期法。

建设信息系统最古老的方法，是依据系统开发的生命周期，对开发过程进行组织、管理和控制的一种基本框架。属于系统开发生命周期范畴的开发方法包括：

① 结构化方法：遵循生命周期法的开发要求，自顶而下识别分解，再自底向上按工作阶段顺序开发系统；

② 原型方法：首先建立一个能反映用户重要需求的原型，然后通过与用户反复地交流，不断地对系统进行修改，直到建立一个完全符合用户要求的新系统。

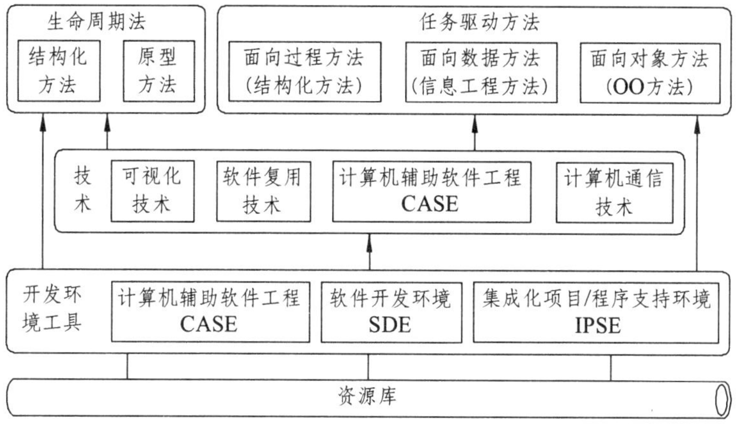

图 4-5　开发方法体系结构

（2）任务驱动法。

是从方法论的角度出发，把具体的方法和所用技术包装在一起而形成的一种思想体系，强调开发方法的驱动对象，属于任务驱动范畴的开发方法包括：

① 结构化方法（面向过程 PO 方法）：强调系统的功能属性，即跨越企业职能，由企业运营流程出发，划分成一些过程进行处理；

② 数据建模方法（面向数据 DO 方法或信息工程方法）：强调系统的数据属性，即分析企业的信息需求，建立企业的信息模型，然后建立全企业共享的数据库；

③ 面向对象 OO 方法：强调系统的行为属性，即分析企业的对象，把描述对象的数据和对象的操作放在一起。

（3）技术。

技术是指运用一些特殊的工具、规则和方法来完成信息系统开发生命周期的一个或几个阶段，技术只是支持某一种方法学或开发过程中的一部分，例如数据建模技术、软件测试技术、可视化技术、软件复用技术、用户访谈技术等。

（4）开发环境。

系统开发中的工具是帮助生成项目中所需模型或其他组件的软件支持，工具可以是创建图表的绘图程序，也可以是生成文档的字处理程序。系统开发需要在一定的开发环境下运用开发工具来完成，属于系统开发环境/工具研究的范畴，是用于支持系统生命周期、方法学以及技术的应用系统。实际开发中，通常将以上几种方法和技术结合使用，如面向数据方法和原型法相结合，面向处理和面向数据相结合，面向对象和面向处理相结合等，而且经常借助于一些系统开发环境/工具。

第二节　常用的信息系统开发方法

据不完全统计，迄今为止，从各种资料、文献上能够查到的信息系统开发方法有 70 ~ 80 种之多，各种方法所依据的认知体系、使用的工具和开发过程都不尽相同。当作为系统开发人员开始工作时，可能感到困惑不解，因为每一个公司看起来都有自己的开发方法，而且即使同一个公司，不同的项目小组甚至于每个人也都可能有自己的开发方法。但仔细研究就会发现，在开发中有许多通用的概念，几乎所有的系统开发都在使用系统开发生命周期的一些变体，这些变体同样包括计划、分析、设计、实施和支持阶段。另外，几乎每一种方法都使用模型、工具和技术。因此，在所有众多的开发方法中，绝大多数从认知体系上来看都不是独立的，都是从三种常用系统开发方法中派生出来的，因为它们构成了几乎所有方法的基础。而这三种方法就是：结构化开发方法、原型法和面型对象方法。

一、结构化系统开发方法

1. 基本概念

（1）定义。

结构化方法源于 20 世纪 70 年代，基于文件化的分析和设计系统。当时，在信息系统开发过程中普遍存在着需求不清、步骤混乱和成功率低等问题，通过总结经验教训，人们认识到 MIS 的开发是一项投入大、历时长、涉及面广、影响因素众多的系统工程，必须用系统理论来指导信息系统的开发过程。在这样的背景下，结构化开发方法应运而生。

结构化系统开发方法（Structured System Development Methodology）又称为结构化生命周期法，是系统分析员、软件工程师、程序员以及最终用户按照用户至上的原则，自顶向下分析与设计，然后再自底向上逐步实施的，建立信息系统的一个过程，是组织、管理和控制系统开发过程的一种基本框架。

（2）基本思想。

“结构化”一词出自程序设计，也就是常说的结构化程序设计，其含义是指用一组规范的步骤、标准的准则与工具从事某项工作。结构化开发方法是在生命周期概念的基础上发展起来的，其基本思想是：

① 用系统工程的思想和工程化的方法，按用户至上的原则，结构化、模块化，“自顶向下”地对系统进行分析与设计，再“自底向上”地实施；

② 依据生命周期的原理，把 MIS 的开发分为五个阶段：系统规划（确定范围）、系统分析、系统设计、系统实施、系统运行与维护；

③ 对其每一阶段规定它的任务、工作流程、管理目标及要编制的文档，使开发工作易于管理和控制，形成一个可操作的规范，一个阶段一个阶段地实现。

（3）瀑布模型。

由 Winston Royce 在 1970 年提出，是最早的系统开发模型，1988 年我国就依据这个开发模型制定并公布了“软件开发规范”的国家标准。如图 4-6 所示，其基本思想是将软件生命周期各活动规定为依照线形顺序连接的若干个阶段的模型，规定了由前至后、相互衔接的固定次序，如同瀑布流水，逐级下落。

（4）规划阶段。

范围是整个业务系统，要进行初步调查，进行可行性研究与分析，明确问题，确定系统目标和总体结构，确定分阶段实施进度。

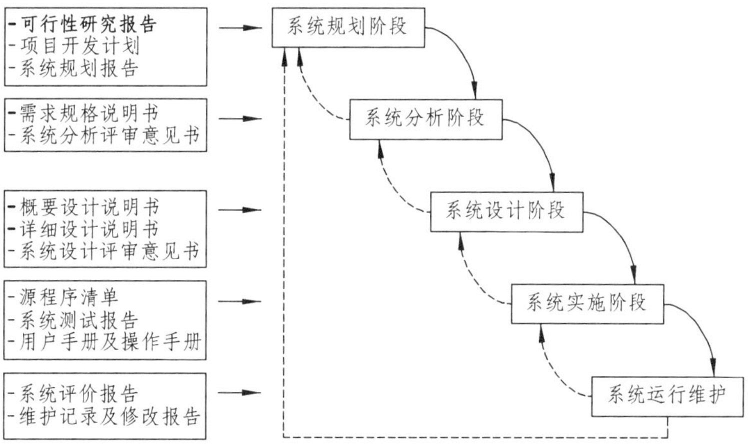

图 4-6　瀑布模型

（5）分析阶段。

任务是根据系统规划阶段所确定的范围，对现行系统进行详细调查，描述现行系统的业务流程，指出现行系统的局限性和不足之处，确定新系统的基本目标和逻辑功能，即提出新系统的逻辑模型，又称为逻辑设计阶段，是整个系统建设的关键阶段。该阶段的工作成果体现在系统需求规格说明书中，既是给用户使用，又是下一阶段的工作依据，也是将来验收系统的依据，用户可以根据说明书了解未来系统的功能，判断是不是其所要求的信息系统。该阶段由系统分析人员和用户共同讨论决定。

（6）设计阶段。

是系统的技术核心阶段，任务是根据需求规格说明书中规定的功能要求，考虑企业的实际条件，具体设计实现逻辑模型的技术方案，即设计新系统的物理模型（将已确定的各项需求转换成一个相应的体系结构），又称为物理设计阶段。可分为：

① 概要设计：构造软件的总体结构，结构中每一成分都是意义明确的模块，每个模块都同某些需求相对应；

② 详细设计：对每个模块要完成的工作进行具体的描述，包括人机界面设计、数据库设计、代码设计、模块功能与处理过程设计，为源程序的编写打下基础。

（7）实施阶段。

是将设计的系统付诸实施，任务包括计算机设备的购置、安装和调试、程序的编写和测试、人员培训、数据文件的转换、系统调试与转换等。目的是组装系统技术部件，并最终使信息系统投入运行。

（8）运行维护。

目的是对系统进行维护，使之能正常地运作。

2. 基本原理

（1）用户积极参与。

强调用户是整个信息系统开发的起源和最终归宿，用户积极参与信息系统开发的全过程是信息系统开发能否成功的一个关键的、绝对必要的因素，通常采用问卷调查、面谈等方式。如图 4-7（a）所示，用户与系统开发人员的交流分为三个阶段：用户向系统开发人员提出需求、系统开发人员将理解后的需求返还给用户、用户与系统开发人员讨论最后确定需求。

（2）严格划分工作阶段。

如图 4-7（b）所示，运用系统工程思想和处理方法，将系统开发的全过程采取“分而治之”的策略。首先，将整个系统开发过程分为一系列“阶段”（Phases），一般将系统的开发过程分为：系统规划、系统分析、系统设计、系统实施和运行管理等五个阶段；其次，将每个阶段分为一系列“活动”（Activities），如系统规划阶段可划分为：组织战略目标转化为信息系统战略目标、识别企业过程、识别数据类、定义信息系统结构、确定项目优先序、制定项目进度计划等活动；最后，将活动划分为更小的、更易于管理和控制的“作业项”（Task），如召开座谈会、画产品服务流程图、建立 U/C 矩阵等。

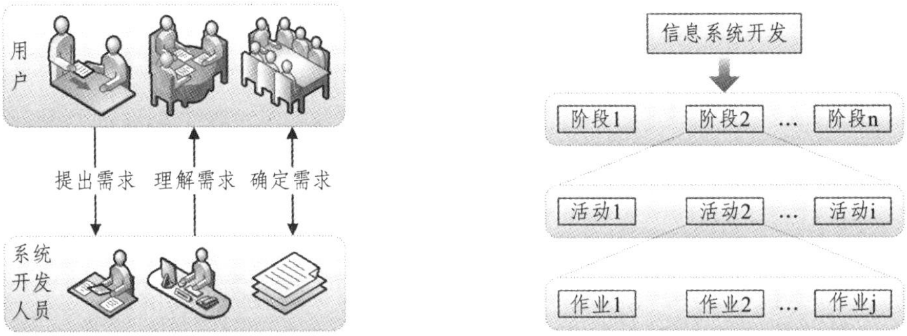

（a）用户积极参与　　（b）严格划分工作阶段

图 4-7　结构化开发方法基本原则

（3）设立检查点。

在系统开发的每一个阶段均设立“检查点”（Check point），从功能、预算、进度和质量等四个方面来评估，避免由于阶段开发的失败造成更大的损失。

（4）文档的标准化。

在系统研制的每一阶段、每一步骤都要有详细的文字资料记载，需要记载的信息包括系统分析过程中的调研材料、同用户交流情况。设计的每一步方案（甚至包括经分析后淘汰掉的信息和资料）要有专人保管，要建立一整套管理、查询制度。文档标准化是进行良好通信的基础，是提高软件可重用性的有效的手段，也是现代软件产品的一个重要组成部分，同时对系统开发过程有重要的控制作用。

3. 结构化方法的优缺点

结构化系统开发方法是在对传统自发的系统开发方法批判的基础上，通过许多学者的不断探索和努力，而建立起来的一种系统化的方法。虽然随着时间的推移，结构化系统开发方法暴露出很多问题，例如，由于结构化开发方法是面向过程的，关注于过程建模，因此这个方法将数据和过程分开。但结构化系统开发方法仍然是迄今为止开发方法中应用最普遍、最成熟的一种主流方法。

（1）优点。

该方法的优点在于强调系统开发过程的整体性和全局性，强调在整体优化的前提下来考虑具体的分析和设计问题，即自顶向下的观点。具体表现在：

① 严格地区分开发阶段。强调一步一步严格地进行系统分析和设计，每一步工作都及时总结，发现问题及时地反馈和纠正。

② 阶段的顺序性和依赖性。前一个阶段的完成是后一个阶段工作的前提和依据，而后一阶段的完成往往又使前一阶段的成果在实现过程中具体了一个层次。

③ 从抽象到具体，逐步求精。从时间进程来看，整个系统开发过程是一个从抽象到具体的逐层实现过程，每一阶段的工作，都体现出自顶向下、逐步求精的结构化技术特点。

④ 逻辑设计与物理设计分开。即首先进行系统分析，然后进行系统设计，从而大大提高了系统的正确性、可靠性和可维护性。

⑤ 质量保证措施完备。每一个阶段的工作任务完成情况进行审查，对于出现的错误或问题及时加以解决，不允许转入下一工作阶段，也就是对本阶段工作成果进行评定，使错误较难传递到下一阶段。错误纠正得越早，所造成的损失就越少。

（2）缺点。

首先，该方法是一种预先定义需求的方法，基本前提是必须能够在早期就冻结用户的需求，适应于在早期阶段就完全确定用户需求的项目，然而在实际中要做到这一点往往是不现实的，因为用户很难准确地陈述其需求。其次，未能很好地解决系统分析到系统设计之间的过渡，即如何使物理模型如实反映出逻辑模型的要求。最后，该方法文档的编写工作量极大，随着开发工作的进行，这些文档需要及时更新。

（3）适用范围。

该方法适用于一些组织相对稳定、业务处理过程规范、需求明确且在一定时期内不会发生大的变化的大型复杂系统的开发。不适合于许多小的桌面应用系统的开发。

用结构化方法开发的软件，其稳定性、可修改性和可重用性都比较差，这是因为结构化方法的本质是功能分解，从代表目标系统整体功能的单个处理着手，自顶向下不断把复杂的处理分解为子处理，这样一层一层地分解下去，直到仅剩下若干个容易实现的处理功能为止，然后用相应的工具来描述各个最底层的处理。因此，结构化方法是围绕实现处理功能的“过程”来构造系统的。然而，用户需求的变化大部分是针对功能的，而这种变化对于基于过程的设计来说是灾难性的。用这种方法设计出来的系统结构常常是不稳定的，因为用户需求的变化往往造成系统结构的较大变化，而要实现这种变化需要花费很大代价。

二、原型方法

产生原型化方法的原因很多，主要是随着系统开发经验的增多，人们发现并非所有的需求都能够预先定义，而且反复修改是不可避免的。当然，能够采用原型化方法是因为开发工具的快速发展，比如用 VB、C#甚至是 PPT 等工具可以迅速地开发出一个可以让用户看得见、摸得着的系统框架。这样，对于计算机技术不是很熟悉的用户就可以根据这个样板提出自己的需求。事实上，原型方法是 80 年代末期随着计算机软件技术的发展，特别是在关系数据库系统（RDBS）、第 4 代程序编程语言（4GLs）和各种系统开发环境产生的基础之上，提出的一种从设计思想到工具、手段都全新的系统开发方法。

1. 基本概念

与结构化方法相比，原型方法扬弃了那种一步一步周密细致的调查分析，然后逐步整理出文字材料，最后才能让用户看到结果的烦琐做法。相反，它是在系统开发的初期，凭借系统开发人员对用户需求的简单了解和系统主要功能的要求，在强有力的软件环境支持下，迅速构造出系统的初始原型，然后与用户一起不断对原型进行修改、完善，直到满足用户需求最终形成实际系统。

原型（prototype）的本意是试验品、模型的意思。在信息系统开发过程中，原型是指一个管理信息系统的工作模型，这个模型不是表示在书面上的系统，而是一个实实在在的可以在计算机上运行、操作的工作模型。

原型法是指系统开发人员在初步了解用户需求的基础上，借助功能强大的系统辅助开发工具，快速开发一个原型，并将其演示给用户，开发人员根据用户的意见和评价对这个原型进行修改，如此反复，逐步完善，直到用户满意为止。

与结构化开发方法不同，原型法不区分系统开发的各个阶段，而是同时完成各个阶段的活动，并快速反馈给用户，通过反复迭代，完成系统的开发过程。它是随着信息技术的发展和开发软件的不断强大，在人们希望克服结构化开发方法不足的背景下产生的。原型法将试验机制引入系统的开发过程，从本质上避开了结构化方法的需求定义阶段，使得用户的需求在反复迭代的开发过程中不断地明晰。

2. 基本模型及工作流程

（1）螺旋模型。

原型方法的理论模型称为螺旋模型，由 B.Boehm 于 1988 年提出，是一种基于风险驱动的模型。该模型将瀑布模型和增量模型结合起来，加入了风险分析。系统的开发过程沿着螺线旋转，每转一圈，表示开发出一个更完善的新的软件版本。（有人将之比喻为“培育”或“生长”，就像牡蛎孕育珍珠一样，逐渐地增加微量的碳酸钙。）

（2）基本思想。

原型法凭借着系统分析人员对用户要求的理解，在强有力的软件环境支持下，快速地给出一个实实在在的模型（或称原型），然后与用户反复协商修改，最终形成实际系统。这个模型大致体现了系统分析人员对用户当前要求的理解和用户想要希望实现后的形式。

（3）工作流程。

如图 4-8 所示，首先，用户提出开发要求；开发人员识别和归纳用户要求；根据识别归纳的结果，利用快速生成软件工具，构造出一个初始的原型；然后，与用户一道评价这个原型；如果根本不行，则回到第 3 步重新构造原型；如果不满意，则修改原型，直到用户满意为止。

从上述工作的过程上看，原型方法无论从原理到步骤都十分简单，并无任何高深的理论和方法，但是原型法的推广必须要有一个强有力的软件支持环境作为背景。一般所需要的软件支撑环境主要有：关系数据库系统（RDBS）、数据字典、条件查询语言（SQL）、高级软件开发工具（如.net）等。

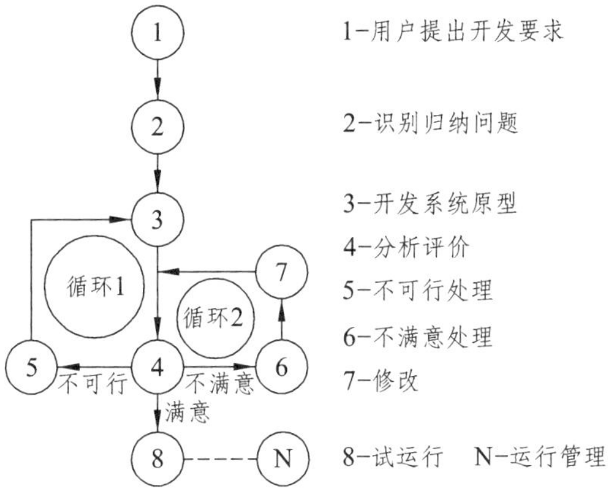

图 4-8　原型方法的工作过程

3. 原型构造的修改控制

原型方法的开发过程是一个不断地对系统原型进行使用、评价、修改的循环迭代过程。一般说来，修改和迭代的次数越多，原型的质量就越高，但由于人力、物力、资金和时间的限制，这种修改绝不可能无限地进行下去，必须用科学的方法加以控制和限制。控制原型修改次数的方法很多，在管理信息系统的开发中，通常可采用下列方法：

（1）限制修改次数。

如图 4-9 横向所示，系统开发前，根据各原型或原型中各模块的重要性、复杂程度以及经费、时间限制情况等因素，分别约定各自的最大修改次数。如果修改次数达到该预定值时就停止修改，把原型固定下来。由于事先限制了修改的次数，因此采用该方法时可能还达不到要求用户的最高接受程度。

（2）限制接受程度。

如图 4-9 纵向所示，在系统开发过程中，由于对某些性能、指标的认识不容易统一，所以不可能期望用户百分之百的绝对满意。为了控制修改原型的次数，也可以可事先定下用户接受原型的百分数标准，例如定为 80%，那么当用户接受程度达到该值时就可停止原型修改。

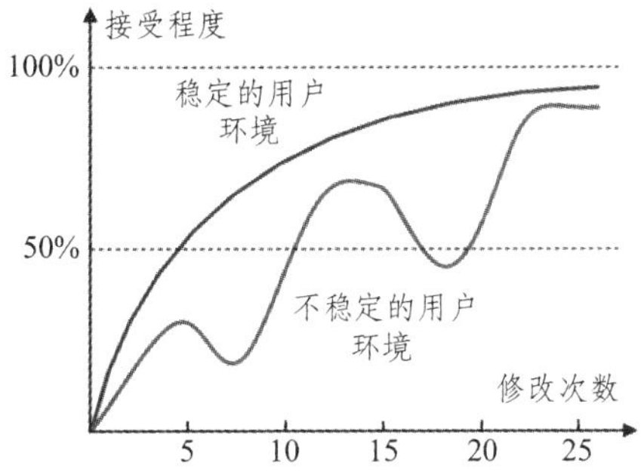

图 4-9　原型构造的修改控制

在一个不稳定的用户环境下，用户对原型某些问题的想法经常在变，修改一次原型可能增加用户的接受程度，也有可能降低用户的接受程度。因此，试图通过一再修改原型来提高用户接受的满意度有时也是行不通的。在实际开发时，也可将上述两种方法结合使用，即事先同时定下修改次数和用户接受百分数这两项指标的最大值，在原型修改过程中只要其中一个最大值达到，就停止修改。

4. 从原型向最终系统的转换

原型经过反复地使用、评价和修改以后，即可转入最终系统（或称正式系统）的开发，如图 4-10 所示，通常从原型向正式系统的转换方式有三种。

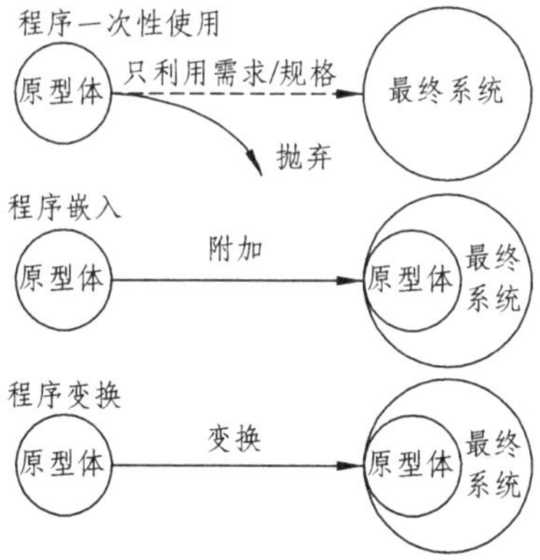

图 4-10　从原型向最终系统的转换

（1）程序一次性使用。

即只利用原型的需求和规格，该方法对原型研制限定在传统软件生命周期的需求定义阶段。该阶段工作结束后，原型随之作废，该方式可用于验证、完善系统需求和人机接口的原型开发。例如决策支持系统的人机交互界面设计。

（2）程序嵌入。

程序嵌入方式是将原型作为核心部分利用，即将完成的原型体作为正式系统的核心部分加以使用。事实上这是一种附加策略，把原型作为核心，逐步添加新功能，发展成为最终系统。在抛弃策略中，原型与最终系统的开发可以采用不同的高级语言，而在附加策略中，因原型将作为最终系统的一部分，所以必须采用与最终系统相同的开发语言。

（3）程序变换。

采用程序变换方式时，原型体用高级语言开发，并自动将原型体变换成比最终系统的语言更低的中间语言，使得嵌入在最终系统中的原型体的运行效率比变换前大大提高。程序自动变换法尚存在一些未解决的问题，例如不同语言之间自动变换的困难，程序的性能不能保障等。因此，该方法目前并未达到实用化程度。

5. 原型方法的优缺点

原型方法抛弃了结构化方法的某些烦琐的细节，继承了其合理的内核，是对结构化方法的发展和补充。这种相互补充、相互促进的系统开发方式将会是今后若干年信息系统或软件工程中所使用的主要方式。

（1）优点。

原型方法更多地遵循了人们认识事物的规律，因而也更容易为人们所普遍接受。原因在于：

• 人们认识任何事物都不可能一次就完全了解，并把工作做得尽善尽美，认识和学习的过程都是循序渐进的；

• 人们对事物的描述往往都是受环境的启发而不断完善的；

• 人们批评一个已有的事物，要比空洞地描述自己的设想容易得多，改进一些事物要比创造一些事物容易得多。

原型方法将模拟的手段引入系统分析的初期阶段，沟通了人们的思想，缩短了用户和系统分析人员之间的距离，解决了结构化方法中最难于解决的一环——需求的定义。

• 所有问题的讨论都围绕某一个确定的原型进行，彼此之间不存在误解和答非所问的可能性，为准确认识问题创造了条件；

• 有了原型后才能启发人们对原来想不起来、很难发觉或不易准确描述的问题有一个比较确切的描述，能够及早地暴露出系统实现后存在的一些问题，促使人们在系统实现之前就加以解决。

（2）缺点。

缺点在于：解决复杂系统和大型系统很困难，对于一个大型的系统，如果我们不经过系统分析来进行整体性的划分，想要直接用屏幕来一个一个地模拟是很困难的；开发过程管理困难；原型不断的修改完善，使用户容易缺乏信心和耐心，而且容易把某个阶段的原型当作新系统，开发人员也很容易潜意识地用原型取代系统分析。对于一个批处理系统，或者系统大部分是进行内部处理的过程，这时使用原型法有一定的困难，例如铁路运行图编制和调整系统等。

（3）适用范围。

当要求或设计方案不确定时，原型法最有用，尤其是在设计终端用户的接口（系统的一部分，用以和用户交互，如在线展示、数据输入屏幕、报告、网页等）时最有用。原型法的适用范围是比较有限的，一般适用于小型、简单、处理过程比较明确、没有大量运算和逻辑处理过程的系统。

三、面向对象的开发方法

面向对象的系统开发方法是从 80 年代各种面向对象的程序设计（如 C++）逐步发展而来的。OO 方法（Object Oriented）一反那种功能分解方法只能单纯反映管理功能的结构状态、数据流模型（DFD）只是侧重反映事物的信息特征和流程、信息模拟（原型方法）只能被动地迎合实际问题需要的做法，从面向对象的角度认识事物。

1. 基本思想

（1）定义。

面向对象方法把数据和过程包装成为对象，以对象为基础对系统进行分析与设计，为认识事物提供了一种全新的思路和办法，是一种综合性的开发方法。

（2）基本思想。

客观世界是由各种各样的对象所组成，每种对象都有各自的内部状态和运动规律，不同的对象之间的相互作用和联系就构成了各种不同的系统。面向对象开发方法的基本思想是将客观世界抽象地看作是若干相互联系的对象，然后根据对象的特性研制出一套软件工具，使之能够映射为计算机软件系统结构模型和进程，从而实现信息系统的开发。

这种方法的思路是所有开发工作都围绕着对象而展开，在分析中抽象地确定出对象以及其他相关属性，在设计中将对象严格规范化，在实现中严格按对象的需求研制软件工具，并且由这个工具按设计的内容，直接产生出应用软件系统。当设计和实现一个系统时，如能在满足需求的条件下，把系统设计成由一些不可变的部分组成的最小集合，这个设计就是最好的。

OO 方法把握了事物的本质，因而不会再被周围环境（物理环境和管理模式）的变化以及用户没完没了的需求变化所左右，这些不可变的部分就称为对象。面向对象的基本概念如图 4-11 所示。

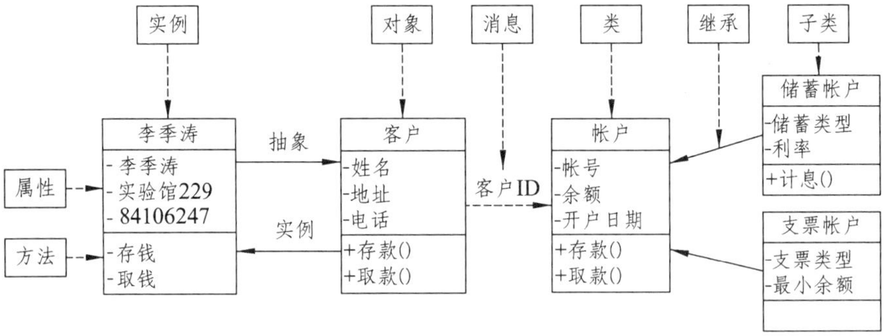

图 4-11　面向对象的开发方法

（3）基本概念。

客观事物都是由对象（Object）组成的，对象是在原事物基础上抽象的结果，任何复杂的事物都可以通过对象的某种组合构成。对象由属性和方法组成，属性（Attribute）反映了对象的信息特征，如特点、值、状态等，方法（Method）则是用来定义改变属性状态的各种操作。对象之间的联系主要是通过传递消息（Message）来实现的，传递的方式是通过消息模式（Message Pattern）和方法所定义的操作过程来完成的，称为动态连接性。具有相同或相似性质的对象的抽象就是类，对象可按其属性进行归类（Class），类有一定的结构，类上可以有超类（SuperClass）、类下可以有子类（SubClass），这种对象或类之间的层次结构是靠继承关系维系着的，子类自动继承父类的属性和方法。对象是一个被严格模块化了的实体，称之为封装（Encapsulation），它把程序和数据封装在一起，满足了软件工程的一切要求，而且可以直接被面向对象的程序设计语言所接受。

2. OO 方法的开发过程

面向对象的系统开发与常规的系统开发相似，也是由分析、设计、实施和维护各个阶段组成，如图 4-12 所示。具体分为 4 个阶段：系统调查和需求分析、分析问题的性质和求解问题、整理问题、程序实现。然而，面向对象的开发较之传统的结构化开发更具有交互性和增量性。

（1）需求分析。

对系统将要面临的具体管理问题以及用户对系统开发的需求进行调查研究，即先弄清要干什么的问题，与结构化方法没有什么区别。

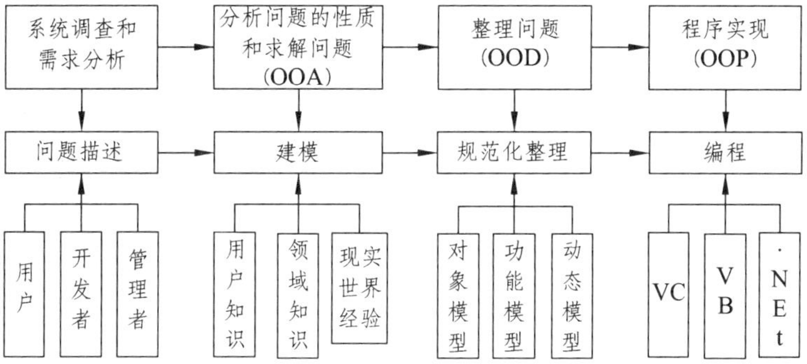

图 4-12　面向对象方法的开发过程

（2）OO 分析。

面向对象分析方法（Object-Oriented Analysis，OOA），是在系统的开发过程中进行了系统业务调查以后，按照面向对象的思想来分析问题。在繁杂的问题域中抽象地识别出对象以及其行为、结构、属性、方法等，并描述这些对象如何通过相互作用来完成任务。OOA 与结构化分析有较大的区别，OOA 所强调的是在系统调查资料的基础上，针对 OO 方法所需要的素材进行的归类分析和整理，而不是对管理业务现状和方法的分析。

（3）OO 设计。

面向对象设计方法（Object-Oriented Design，OOD）是 OO 方法一个中间过渡环节，其主要作用是对 OOA 分析的结果做进一步的抽象、归类、整理（规范化整理），以便可以用一种具体的语言或环境来实现这些对象。OOD 就是根据需求，决定所需的类、类的操作以及类之间关联的过程。OOD 的软件设计观念和结构化方法完全不同，结构化方法注重的是数据结构和处理数据的过程，而在 OOD 中，过程和数据结构都被对象隐藏起来，两者几乎是互不相关的。

（4）OO 实现。

用面向对象的程序设计语言将上一步整理的范式直接映射（即直接用程序设计语言来取代）为应用软件，一般称之为面向对象的编程，即 OOP。面向对象语言的集成开发环境有：C#、VC++、VB、Delphi、PB、Java 等。

3. OO 方法的优缺点

（1）优点。

能够以对象为基础，利用特定的软件工具直接完成从对象客体的描述到软件结构之间的转换，这是 OO 方法最主要的特点和成就。OO 方法的应用解决了传统结构化开发方法中客观世界描述工具与软件结构不一致问题，缩短了开发周期，解决了从分析和设计到软件模块结构之间多次转换的繁杂过程。此外，由于对象是可重复使用的，面向对象的开发能潜在地减少编程的时间和成本，因为可以应用其他系统已建成的模块。

（2）缺点。

同原型方法一样，OO 方法也需要有一定的软件基础支持才可以应用。另外，在大型的 MIS 开发中如果不经过自顶向下的整体划分，而是一开始就自底向上地采用 OO 方法开发系统，会造成系统结构不合理、各部分关系失调等问题。

（3）适用范围。

面向对象方法学把分析、设计和实现很自然地联系在一起，OO 方法和结构化方法目前仍是两种在系统开发领域相互依存、不可替代的方法，适用面很广。

面向对象方法是一种完全不同的信息系统开发方法，在面向对象方法中，既没有过程，也没有数据实体，系统只是由对象所组成。与结构化开发方法自顶向下的系统分解（如功能分解）相比，面向对象方法是一种基于问题对象的自底向上的开发方法。结构化方法的功能分解软件开发通常被描述为从“做什么”到“怎么做”，而面向对象方法则是从“用什么做”到“要做什么”。前者强调从系统外部功能去模拟现实世界，后者则强调从系统的内部结构去模拟现实世界。

四、CASE 方法（计算机辅助开发方法）

自计算机在工商管理领域应用以来，系统开发过程特别是分析、设计和实施过程，就一直是制约信息系统发展的一个“瓶颈”，这个“瓶颈”一直延续到 20 世纪 80 年代计算机图形处理技术和程序自动生成技术的出现才得以缓和。而缓和这一“瓶颈”的方法也来得极为自然，计算机既然是一种极为有效地解决人类在信息处理领域中重复劳动的工具，那么为什么不可以总结人类在系统开发过程中的经验，从而进一步让计算机来辅助信息系统开发和实现的过程呢？

缓和这一“瓶颈”问题的工具就是集图形处理技术、程序生成技术、关系数据库技术和各类开发工具于一身的 CASE 方法（Computer-Aided Software Engineering），全称为计算机辅助软件工程。20 世纪 80 年代后期产生的 CASE 技术完成了软件生产的第二次变革，实现了由“工程化”方式转向“自动化”方式的转变。CASE 方法提供软件工具，使对系统建模的过程自动化，从而减少开发所必须做的、重复的工作量，也使得创建清晰的文件和协调团队开发更加容易。

CASE 方法并不是一个真正意义上的开发方法，严格地说，CASE 只是一种开发环境而不是一种方法，它是对整个开发过程进行支持的一种技术。在实际开发系统的过程中，CASE 必须依赖具体的开发方法，例如结构化方法、原型方法、面向对象方法等，它为采用的具体开发方法提供环境，是一种支持开发的专门工具。

假如要求画一幅营销图表，能用铅笔橡皮完成吗？当然，这是一种手工制图。然而，大多数人都喜欢用电子表格软件，如 Excel。电子表格软件主要是通过自动化完成任务或执行一系列步骤，使人们有更高的工作效率。例如：通过对单元中的信息组织，能够快速利用这些单元为图形制定参数；如果发现图形中未包含正确的信息，那么不必改变图形，而只需改变信息，电子表格软件就会自动重新生成图形；点击几下鼠标，就能容易地改变图形的类型、外观和旋转；因为将信息保存在文件中，所以能够很容易地将其用于其他目的，如在一个预算提议中包含这些数据。

回头再看一下 SDLC 方法，整个过程只不过是一系列阶段，它以确定问题为开始，经过收集逻辑需求并将其转变为技术设计，将技术设计转变为软件（实施部分），最后到系统转换和运行。

UML 统一建模语言（Unified Modeling Language）是一种建模语言，是第三代用来为面向对象开发系统的产品进行说明可视化和编制文档的方法。UML 取代目前软件业众多的分析和设计方法而成为一种标准，这是软件界的第一次有了一个统一的建模语言，是面向对象分析与设计的一种标准表示。它不是一种可视化的程序设计语言，而是一种可视化的建模语言。不是工具或知识库的规格说明，而是一种建模语言规格说明，是一种表示的标准。UML既不是过程也不是方法，但允许任何一种过程和方法使用它。

例如，ROSE是美国Rational公司的面向对象建模工具，利用这个工具，我们可以建立用 UML 描述的软件系统的模型，而且可以自动生成和维护 C++、Java、VB、Oracle等语言和系统的代码。国外已经有大量的CASE工具，在不同层次上提供对UML的支持。国内的CASE工具比较有名的是青鸟系统。

支持UML的系统应该包括创建和管理UML图、各种语言的代码生成，以及将源代码通过反向工程加入UML中，等等。以下是一部分主要的CASE工具的列表：

表 4-2　一部分主要的 CASE 工具

产品	公司
Rational Rose 2000	Rational Software
UML Studio	Stingray （Rogue Wave）
SoftModeler	Softera
Visual UML	Visual Object Modelers
Software through Pictures/UML	Aonix

1. CASE方法的基本概念

CASE是80年代末期从计算机辅助编程工具、4GLs以及绘图工具发展而来的大型综合计算机辅助软件工程开发环境。早先的 CASE 是以工具和辅助开发环境的面貌出现的，它以自动化的编程环境来取代原有的那些结构简单、功能较弱的开发工具。随着技术的发展和认识的加深，CASE逐渐从可以进行各种需求分析、功能分析、生成各种结构化图表（如数据流程图、结构图、实体/关系图、层次化功能图、矩阵图）等演变为支持系统开发整个生命周期的大型综合系统，CASE的概念也从具体的工具发展成为一门方法学。

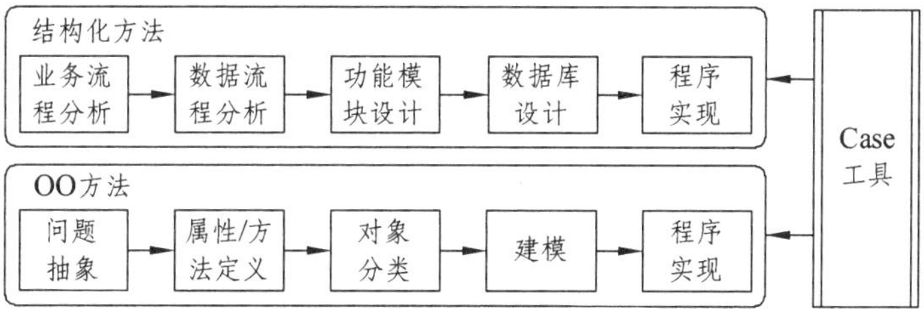

图 4-13　CASE 方法的基本思想

（1）基本思想。

自系统需求调查后，系统开发过程中的每一步都可以在一定程度上形成对应关系，如图4-13 所示。因此，完全可以借助于专门研制的软件工具来实现上述一个个的系统开发过程。另外，由于在实际开发过程中上述几个过程很可能只是在一定程度上的对应（不是绝对的一一对应），所以专门研制的软件工具暂时还不能一次“影射”出最终结果，因此还必须实现其中间过程。

（2）环境特点。

CASE 的基本思想决定了 CASE 环境的特点：

① 在实际开发一个系统中，CASE 环境的应用必须依赖于某一种或几种具体的开发方法，如结构化方法、原型方法、OO 方法等，一套大型完备的 CASE 产品，能为用户提供支持上述各种开发方法的步骤；

② CASE 只是一种辅助的开发方法，主要体现在它能帮助开发者方便、快捷地产生出系统开发过程中的各类图表、程序和说明文档；

③ CASE 工具的出现改变了开发系统的物质基础，因此在利用 CASE 开发一个系统时考虑问题的角度、开发过程的做法以及实现系统的措施等方面都与传统方法有所不同。

2. CASE 的结构

CASE 的结构是一个以 CASE 库为中心外加若干工具软件所构成的一个大型综合的计算机辅助软件开发环境，如图 4-14 所示。

（1）CASE 库。

CASE 库是一个分布式多用户的资料库，可以帮助开发人员收集、管理、存储系统开发过程中的信息，如定义数据结构、功能需求、分析、设计、决策处理和实现细节。CASE 在系统内部自动地产生统一的定义格式，并且在开发过程中综合各种资料的结果进行分析和验证，以确保系统开发工作的进行。

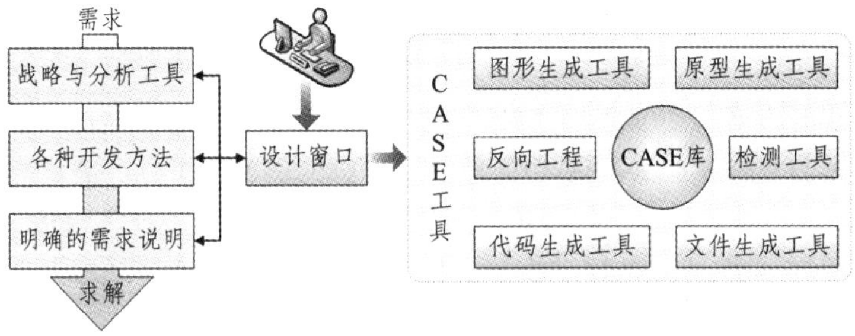

图 4-14　CASE 的结构

（2）CASE 工具。

CASE 工具是指 CASE 的最外层（即用户）使用 CASE 去开发一个应用系统所接触到的所有软件工具。包括：

• 图形生成工具：绘制结构图，生成系统专用图。
• 原型生成工具：可以支持生成一个原型。
• 代码生成工具：从原型系统的工具中自动产生可执行的代码。
• 文件生成工具：产生结构化方法和其他方法所需要的用户系统文档。
• 检测工具：用以测试错误或不一致的专用工具。
• 反向工程：用于系统维护和系统评价。

例如：用户可以在绘图屏幕上，方便自如地绘制实际问题的数据流程图、功能结构图等，一旦这些图形绘制完成，用户又认为满意后，CASE 立刻可以根据用户要求将其转换成任意一种可执行的程序，从而完成从客观对象到主观希望的软件系统间的自动转换。

（3）支持方法。

由于 CASE 工具对整个信息系统开发过程的全面支持，使得 CASE 方法变成了一种独特的、以自动化环境支持为基础的系统开发方法；CASE 既支持自定向下的结构化系统开发方法，又支持面向对象系统开发方法和原型法；传统系统开发方法研究的某些概念和界限在 CASE 方法中是模糊的、相容的，它全面支持各种开发方法的开发过程。

3. CASE 的优缺点

CASE 方法解决了从客观世界对象到软件系统的直接映射问题，强有力地支持了信息系统开发的全过程。其特点表现在：

（1）优点。

提高了软件开发速度和效率。例如，一旦建立了系统的设计文档，有些 CASE 工具就能自动生成软件，这样可以节省数千个小时的编程和检错时间；自动生成开发过程中的各种文档资料，并保存项目信息；解决了从客观对象到软件系统的映射问题，支持系统开发的全过程；支持跨平台的系统开发，CASE 工具能帮助开发在不同平台工作的系统。例如能够建立一个系统文档，然后用 CASE 工具既可生成基于 UNIX 操作环境的软件，又可生成基于 Windows 操作环境的软件。

（2）缺点。

作为系统开发者仍须具备坚实的分析和设计背景；CASE 工具不是为技术工作者准备的，因为使用起来相当复杂，而且学习起来难度也相当大；必须在前期处理投入更多的时间，CASE 工具无法从不完整的意义、不明确或不正确的说明书中生成软件。

（3）适用范围。

流行的开发方法，适用面很广。CASE 工具就像一个字处理器，如果你不知道如何写作，即使最丰富的功能也不会使你成为莎士比亚。如果你不了解基本的系统分析和系统设计基础，再好的 CASE 工具也不会使你成为一位真正的系统设计开发人员。

Visio 是一种图形化的管理软件，一个半 Case 化的工具。例如利用数据库模型图，可以设计数据库的表及表间的关系，然后导出到相应的数据库中，也可以从相应的数据库中运用反向工程将数据库中的表导入模型图中，进而进行修改。

今天，管理复杂的信息系统开发是一件很不容易的工作，而规划未来的系统更是难上加难，尤其在预期的一段时间内，既要集成现有的应用程序、计划初步的电子商务，又要使用新的技术（例如大数据、云计算），还要兼或节省有限的时间、开发项目，并实现跨组织的沟通……这些挑战，需要一个可以提供可视化系统及规划方案的解决工具。Visio 提供了强大的传递功能，以及自动化的设计和文件工具，帮助他们绘制清晰的系统图像、着手规划未来所需要的系统，并帮助每个人了解的可视化语言，为整个组织内的重要信息交流提供先进的管理策略。

Microsoft Visio 的专业版中的“网络图”解决方案功能，为信息管理人员提供了简化的网络工作设计、完成和管理工作有效手段。Visio 还可以借助所提供的目录服务集成功能，就现有的网络制作出详细的目录结构图。同时，专业版提供包括可视化显示、现有高级的 LAN/WAN 拓扑图以及制作目录服务的图表等工具。

随着管理活动可视化需求的不断增长，用图形说明管理活动的关系、流程、方位、仿真等，就成为日常办公活动的一个组成部分。通过 Visio 这一现代绘图工具，将大大简化上述图形化管理工作。Visio 在处理图形化管理的过程中，不但可以直观表现相应的管理状态，而且还可以充分体现其在计算方面的优势，将形象化管理与数据统计有机结合，进而提升了管理的状态。

第三节　各种开发方法的比较

在上述四种常用的开发方法中，迄今为止还很难绝对地从应用角度评价其优劣。虽然每种开发方法都是在前一种方法不足的基础上发展起来的，但就目前技术的发展来看，这种发展只是局部弥补了其不足，就整体而言很难完全替代。另外这种发展和弥补不足还必须建立在一定的技术基础上，没有技术基础一切都无从谈起。前面讨论的几种常用方法对系统开发过程中的几个主要环节的支持如下：

1. 结构化方法

结构化方法是软件工程开发的基础方法，具有严密的工作程序、规范的理论基础、完善的图表工具，其重要技术是结构化规划、分析和设计，为系统整体优化提供方法论。它是一种真正能较全面支持整个系统开发过程的方法，其他几种方法虽然有很多优点，但只能作为结构化方法在局部开发环节上的补充。

2. 原型方法

是一种基于 4GLs 的快速模拟方法，它通过模拟以及对模拟后原型的不断讨论和修改最终建立系统，其重要技术是模块设计、会话设计及模拟，主要优势是有助于提升用户对系统的满意度。但是，要想将这样一种方法应用于一个大型信息系统开发过程中的所有环节是根本不可能的，所以它多被用于小型局部系统或处理过程比较简单系统的从设计到实现环节。

3. OO 法

面向对象开发方法的出发点是基于对象概念分解系统，其重要技术是抽象、信息屏蔽和模块化，是一种围绕对象来进行系统分析和系统设计，然后用面向对象的工具建立系统的方法，主要优势是有助于提升系统模块的共享性和开发效率。这种方法可以普遍适用于各类信息系统开发，但是难以用于系统分析以前的开发环节。

4. CASE 方法

是一种除了系统调查外全面支持系统开发过程的方法，同时也是一种自动化（准确地说是半自动化）的系统开发方法。因此，从方法学的特点来看，它具有上述各种方法的各种特点，同时又具有其自身的独特之处——高度自动化的特点。但是值得注意的是在该方法的应用和 CASE 工具自身的设计中，自顶向下、模块化、结构化却都是贯穿始终的。

5. 比较分析

综上所述，只有结构化方法是真正能较全面支持整个系统开发过程的方法，其他几种方法尽管有很多优点，但都只能作为结构化系统开发方法在局部开发环节上的补充，暂时都还不能替代其在系统开发过程中的主导地位，尤其是在占目前系统开发工作量最大的系统调查和系统分析这两个重要环节。

总的来说，在实际开发中各种开发方法经常是混合应用的。教材中的讨论基本上是按照自顶向下的方式进行的，即从一般到特殊，从整体到局部。在后面关于如何开发一个信息系统的具体学习中，基本按照结构化系统开发方法展开，其间会穿插着原型法和面向对象方法的应用。（举例炖肉，“我们向来这么做”）需要强调的一点是，无论是在系统规划阶段还是系统开发阶段，我们都应专注于抓住问题的实质和解决问题的思路，不要被局部环节各种方法的交错应用所困扰。例如系统规划阶段我们的最终目的是要使信息系统的目标与企业的战略规划保持一致；而在系统开发阶段，我们专注的是如何快速有效的开发出高质量的信息系统。

【学习指导】

• 学习上注意开发方法的体系结构，了解各种开发方法的侧重点和各种开发方法之间的联系与区别，开发方法与开发技术之间的区别。

• 常用系统开发方法是管理信息系统的核心之一，对于每一种开发方法的基本思想、开发过程、特点、优缺点、适用范围结等需要牢固掌握，同时，对于各种开发方法之间的联系需要正确地理解，针对不同的管理系统，或者同一系统中的不同部分采用不同的开发方法进行有效的解决。

第五章 MIS 系统分析

教学目的	通过本章内容的学习，掌握组织结构与功能调查分析中常用图表描述方法；了解业务流程调查的任务和主要内容，掌握业务流程描述工具——业务流程图；了解数据汇总分析的主要内容，掌握数据流程图的表示方法、数据字典建立方法；理解功能/数据的目的，学会 U/C 矩阵的建立、校验、求解过程。
教学重点	业务流程图的绘制、分层数据流图的画法、U/C 矩阵的求解。
教学难点	数据流程的分层表示方法、U/C 矩阵的求解过程。
难点解决	通过大量实例讲解分层数据流图的绘制方法，通过自编 Flash 演示 U/C 矩阵的求解过程。
知识汇总	1. 理解系统分析的任务、内容和目的。 2. 掌握组织结构图的应用，掌握组织/业务关系图的绘制和应用。 3. 掌握业务流程分析的分析方法和分析工具，业务流程图的绘制方法。 4. 掌握调查数据的汇总分析方法，数据流程图的绘制和应用，数据流、数据存储、数据字典的定义方法。 5. 掌握 U/C 矩阵的建立、数据正确性分析、U/C 矩阵的求解，系统功能划分方法。 6. 理解新系统逻辑方案的建立的主要内容。
课程导入	在系统规划阶段我们确定了一些开发项目，根据系统的规模和类型，我们可以灵活地选择适当的开发方法。如果当我们确定用结构化开发方法来进行开发后，下一个步骤就是需求调查和系统分析。由需求调查和系统分析、系统设计、系统实施和系统运行维护组成了项目开发的生命周期。

第一节　需求调查

管理信息系统的开发一般都是从用户提出要求开始的，对于这种开发要求是否具有可行性，原有信息系统是否真到了必须推倒重来的地步等问题，都需要分析人员在系统开发之前认真考虑。需求调查就是要在整个系统开发工作展开之前，首先弄清楚企业生产、经营和管理过程的所有细节。需求调查也需要原则和方法，没有明确的原则指导，没有严格科学的实施方法，大规模的系统调查是很难进行的。当前的技术工具如 CASE 等，无法支持需求调查阶段的工作。因此，无论采用何种开发方法，需求调查都是基本相同的。

一、需求调查的步骤和原则

1. 需求调查的步骤

如图 5-1 所示，为了使需求调查更加有效的开展，往往将需求调查分为两步：

第一步是初步调查，即先投入少量的人力、物力对现行系统进行大致的了解，然后看有无开发的可行性；第二步是详细调查，即立项之后进行的全面业务调查。

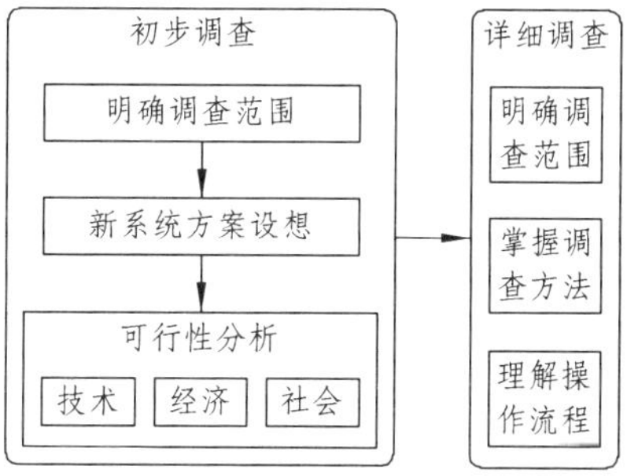

图 5-1　需求调查的步骤

2. 需求调查的原则

（1）自顶向下全面展开：首先从组织管理工作的最顶层开始，然后调查为保证最顶层工作的完成，下一层管理工作是如何支持的，以此类推、层层深入，直至摸清组织的全部管理工作，其目的是使调查者既不会被组织内部庞大的管理机构搞得不知所措、无从下手，又不会因调查工作量太大而顾此失彼、出现遗漏。

（2）存在就有道理：目的是搞清现存管理工作存在的原因、环境条件和工作过程，进而分析讨论其在新的信息系统支持下有无优化的可行性。

（3）工程化的工作方式：所谓工程化的方法就是将每一步工作事先都计划好，对以团队方式调查的工作，需要将工作方法、调查用表格、图例等都进行规范化处理，以使团队之间能够相互沟通、协调工作，并将规范化的调查结果（如表格、问题、图、收集的报表等）整理归档，以便下一步工作时使用。

（4）全面铺开与重点调查相结合：即自顶向下全面展开，但只侧重于重点问题相关的那些分支。例如铁路车站两违信息系统的开发，需要先了解站长的工作，然后再了解职能科室的分工，最后了解相关车间的责任，但重点放在两违的检查和处理业务上。

（5）主动沟通和友善的工作方法：好的人际关系可能导致调查工作事半功倍，反之则可能根本进行不下去，同学们需要锻炼与人沟通的能力。

二、初步调查与可行性研究

初步调查和可行性研究是系统开发工作展开的前期准备，它决定了该系统能否立项，以及立项后大致按什么规模进行开发。它与后面将要介绍的详细调查不同，初步调查主要是从支持可行性分析的目的出发进行调查。

1. 初步调查

如图 5-2 所示，初步调查的范围大致包括：

（1）用户需求分析。从用户提出新系统开发的原因和对新系统的要求入手，考察用户对新系统的需求，预期新系统要达到的目标。由于管理信息系统涉及管理工作的各个层次，所以用户的需求要包括组织中各级管理人员的需求。

（2）现有企业运行状况。是指企业管理的现状和现代化管理的趋势。企业的基本状况包括：企业的性质、组织结构、物流或生产过程、物理布局，企业近期预计发生变化的可能性等。

（3）管理方式和基础数据现状。目的是调查和研究企业基础数据管理工作对于支持将要开发的信息系统的可能性。数据管理状况的调查是初步调查工作的重点，主要是定性了解对今后系统开发能否支持即可。

（4）现有信息系统运行状况。调查现有技术条件及开发新系统在技术上的可行性等，是提出新系统开发设想方案以及论证方案在技术上是否可行的原始资料。

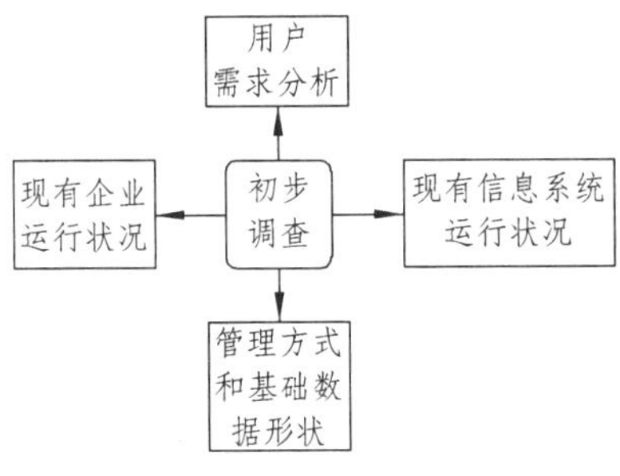

图 5-2　初步调查

2. 新系统方案设想

初步调查和可行性研究要解决的问题就是新系统是否有必要立项开发的问题，如果经初步调查认为有必要立项开发，则下一步是对新系统初步构想方案的可行性进行分析。如图 5-3 所示，新系统方案设想主要包括以下内容：

（1）新系统性质。根据用户要求，考虑新系统是以解决日常信息处理业务为主的业务处理系统，还是以解决日常办公文档信息处理为主办公自动化系统（OA），是为中层管理控制服务的管理报告系统，还是为高层战略服务的决策支持系统或经理支持系统，或是支持整个企业运作的企业资源规划（ERP）。

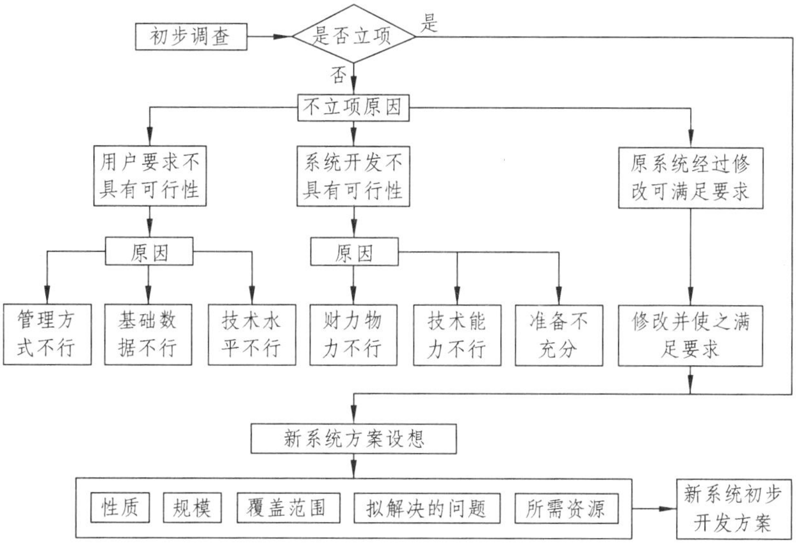

图 5-3　新系统方案设想

（2）新系统规模。确定系统大致可按什么规模来开发，是覆盖整个组织的信息系统，还是以某几个重点环节为主的局部信息支持系统。还要考虑有可能采用的计算机系统和网络系统、所需要的人力、物力和财力、可借用的设备以及子系统或模块有哪些。

（3）覆盖范围即新系统初步考虑可包括多少个子系统，所覆盖的面积和业务主要有哪些，为下一步系统详细调查确定重点业务范围。

（4）拟解决的问题。一般根据用户要求和初步分析后得出，如企业的数据标准不统一、基础设施不完备等。

（5）所需资源。新系统开发预计的投入和预期的效益，是系统立项能否通过的关键一环。

3. 可行性分析

在对系统的基本情况有所了解之后，就可以开始对项目进行可行性分析了，可行性研究的目的就是用最小的代价在尽可能短的时间内确定问题是否能够解决，是否值得解决。可行性分析如图 5-4 所示，主要包括三个方面的内容，最终的结果形式为可行性研究报告。

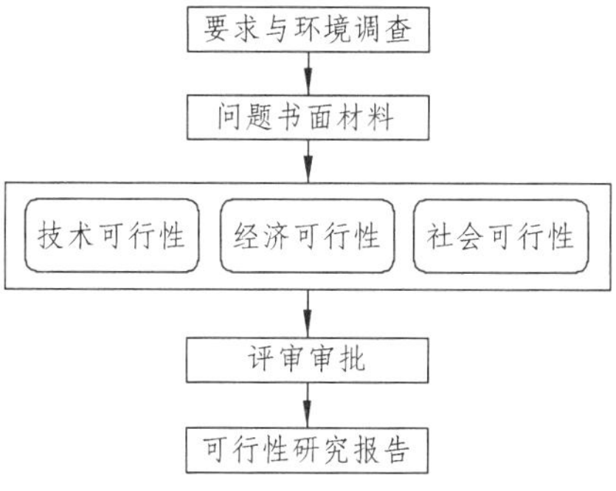

图 5-4　可行性分析

（1）技术可行性。分析用户所提出的要求在现有技术条件下能否实现，例如管理模型的使用、定量化分析处理、数据处理精度和处理速度、存储能力和存储方式、通讯能力和基础设施等。所有上述几个方面都需要根据现有技术条件认真进行考虑，现有技术是指社会上较普遍使用的成熟的技术，不应该把尚在实验室的新技术和尚不确定的新的管理方法作为依据。

（2）经济可行性。包括项目所需费用的预算（设备、人员、材料），项目效益的估算（经济效益和社会效益）。

（3）社会可行性。需要考察各种社会因素才能确定项目是否可行。因为 MIS 是一个人机和社会系统，是在社会环境中工作的，除了技术和经济因素之外，还有许多社会因素对于项目的发展起着制约的作用，例如管理人员的态度、企业员工的素质、相关行业的政策和法律法规等。

（4）可行性研究报告。可行性研究报告的内容包括：引言、可行性研究的前提、对现有系统的分析、所建议的系统及其技术条件方面的可行性、可选择的其他系统方案、投资及效益分析、社会因素方面的可行性、结论。在进行可行性研究报告的编制时，必须要有一个明确的研究结论。结论可以是：可以立即开始进行、需要推迟到某些条件（例如资金、人力、技术设备等）落实之后才能开始进行、需要对开发目标进行某些修改之后才能开始进行、不能进行或不必进行（例如因技术不成熟、经济上不合算、风险高等）。

三、详细调查

在经过系统规划阶段的可行性分析、系统开发正式立项之后，就应该立刻着手对组织的管理业务工作进行详细的调查。详细调查是系统开发工作中的一项十分重要的内容，它是开发人员弄清实际情况、制定合理方案、开发信息系统的基础，同时也是一项十分烦琐、工作量很大的工作，必须加以重视。

1. 详细调查的范围

详细调查的范围应该围绕组织内部信息流所涉及领域的各个方面。需要注意的是，信息流通过物流产生，物流和信息流又都是在组织中流动的，因此我们调查的范围就不能仅仅局限于信息和信息流，而应该包括企业的生产、经营、管理等各个方面。

（1）调查范围。组织机构和功能业务、组织目标和战略发展、工艺流程和产品构成、数据与数据流程、业务流程与工作形式、管理方式和具体业务的管理方法、决策方式和决策过程、可用资源和限制条件、现存问题和改进意见。

（2）调查目的。首先，弄清信息系统的工作模式、流程和环境；其次，发现问题存在的原因，研究改进、优化和重组方案实施的可能性；再次，为制定可行的实施方案和工程化的步骤做准备；最后，为后续设备、方案选型和本地化、客户化的二次开发奠定基础。详细调查的最终目的就是真正弄清处理对象现阶段工作的详细情况，为后面的分析设计工作做好准备。

2. 详细调查的方法

（1）问卷调查法。

问卷调查方法是详细调查常用的且行之有效的方法。如果调查问卷文件设计得当，并能及时对调查结果加以分析和整理的话，一般情况下，一次调查加上一到两次反复询问就可以将业务内容全部弄清楚。常用的问卷调查文件有：问卷调查表、业务数据调查表、业务流程调查表等。（注：问卷调查表通常会包括目的、步骤和使用说明。）

业务数据调查表							
图号:		业务过程名:			业务承担单位:		
填表人:		填表日期:			对应的业务流程调查表号:		
数据项说明							
序号	数据名称	字长描述	取值范围		数据来源	备注	
1 2 3 …							
后附报表说明							
序号	后附报表名	份数	传送部门	制表单位	用途	频率	其它
1 2 3 …							

图 5-5　业务数据调查表

（2）情景分析法。

情景分析与原型方法类似，但主要是从流程的角度进行描述，可以描述当前一项业务怎么做、也可以描述设想的系统中此项业务怎么做。利用情景分析法进行调查，能够及时发现系统分析员理解上的偏差或疏漏，能够诱导用户把他们的需求告知分析员。例如某企业原料采购流程的情景分析描述如图 5-6 所示，原有的理解可能是部门经理审批就可以进行采购，但是通过与用户交流发现，10 万元以下的原料经采购经部门经理审批即可，而 10 万元以上的原料采购必须经过总经理审批才能购买。

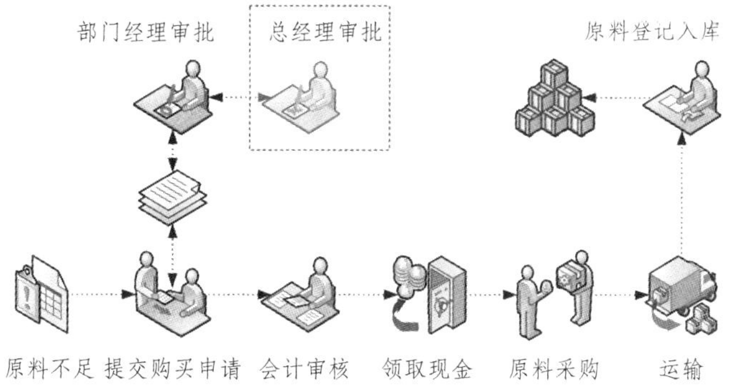

图 5-6　情景分析法

3. 详细调查的操作流程

详细调查是一项技术性很强、很体现功夫的工作，是系统开发的基础。关于详细调查，社会上存在着很多的误区。例如，有的分析人员在接手一个项目之初，直接就去问用户，你们的业务流程是什么？存在的问题是什么？但用户根本就讲不清楚。什么都不准备，直接就问的结果就是什么有用的内容都得不到。详细调查操作流程如图 5-7 所示。

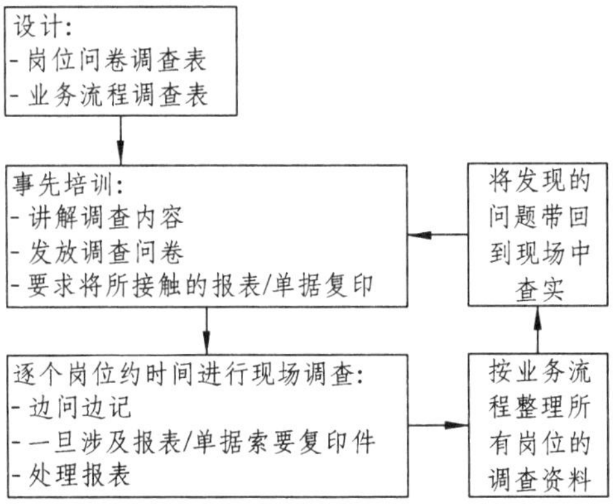

图 5-7 详细调查操作流程

（1）设计岗位调查问卷和业务流程调查表，如果对业务有一定了解的话也可以采用情景分析方法或直接采用原型方法，准备系统原型。

（2）事先培训，将要调查的内容进行说明，同时将调查问卷提前发放给所有被调查者，另外要求被调查者将所接触的报表和单据复印以备使用。

（3）逐个岗位预约时间，进行现场调查：在调查过程中，按岗位问卷内容边问边记，一旦涉及报表和单据则立即索要复印件，同时要做报表处理（如报表编号、确定来源和去向、计算方法等），直到问完所有问题。

（4）将调查的所有调查记录和处理过的报表归档，作为本岗位调查的原始资料进行保存。

（5）根据整理的所有岗位资料，如果发现错、漏或问题，再到现场去核实。

从实际经验来看，通常用半天时间的调查就能将该岗位工作的 80%～90%问出来，剩下 10%～20%的错、漏或问题，在通过一两次核实后，也基本都可以得到解决。

第二节　系统分析

系统分析是信息系统开发工作中最重要的一环，其内容主要包括对组织内部整体管理状况和信息处理过程（侧重于从具体业务全过程角度）进行分析。在系统分析中需要扎扎实实地了解实际工作部门的业务情况，只有在对业务了解得非常透彻的前提之下才有可能提出新的改进方案。

1. 主要任务

在系统分析阶段主要解决：“新系统必须做什么？确定新系统必须具备哪些功能？”等问题。通过系统分析充分认识系统目标、系统各个组成部分、各部分任务职责、业务范畴、工作流程、工作中使用的各种数据及数据结构、各部门的业务关系和数据流程等，为系统设计打下基础。系统分析各项内容之间的关系和所用的工具/方法如图 5-8 所示。

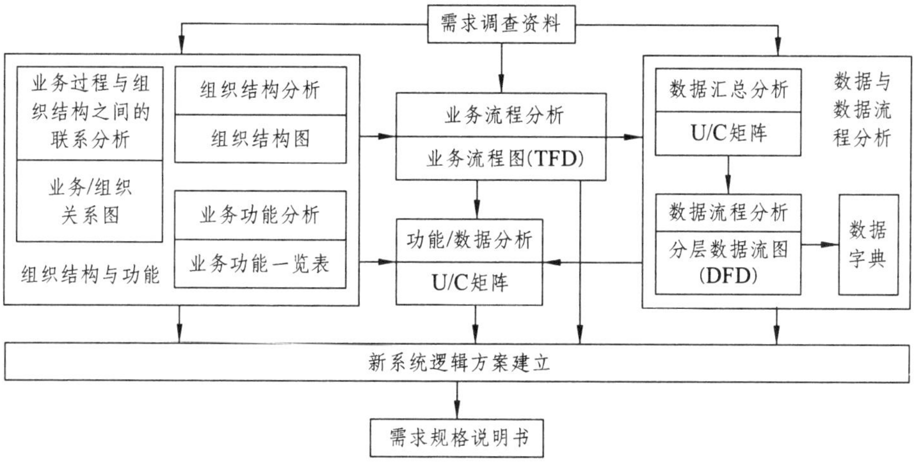

图 5-8 系统分析知识框架

系统分析一方面需要将在需求调查中得到的文档资料集中到一起，对组织内部整体管理状况和信息处理过程进行分析；另一方面侧重于从具体业务全过程的角度进行分析。

2. 主要内容

- 业务和数据的流程是否畅通、是否合理；
- 数据、业务过程和实现管理功能之间的关系；
- 旧系统管理模式的改革和新系统管理方法的实现是否具有可行性。

3. 主要目的

主要目的是将需求调查和系统分析的结果确定下来。需要确定的内容包括：开发者对现有组织管理状况的了解、用户对信息系统功能的需求、数据和业务流程、管理功能和管理数据指标体系、新系统拟改动和新增的管理模型等。

4. 主要步骤

自顶向下的结构化方法。首先将业务和数据流程弄清并理顺，然后再提出新系统拟采用的方案（保留原方法、局部修改原方法或采用全新的方法），即逻辑框架。

一、组织结构与功能分析

现行系统中的信息流动是以组织结构为基础的，因为各部门之间存在着各种信息和物质的交换关系。只有理顺了各种组织关系，才能使系统分析工作找到头绪和调查问题的突破口，才能使我们按照系统工程的方法自顶向下地进行分析。组织结构与功能分析是整个系统分析工作中最简单的一环，其内容包括：组织结构分析、业务过程和组织结构之间的联系分析、业务功能一览表。为了分析问题简便起见，如图 5-9 所示，常将组织结构图和组织/业务关系图绘制在同一张图上，而将业务功能一览表绘制于另一张图上对照用。

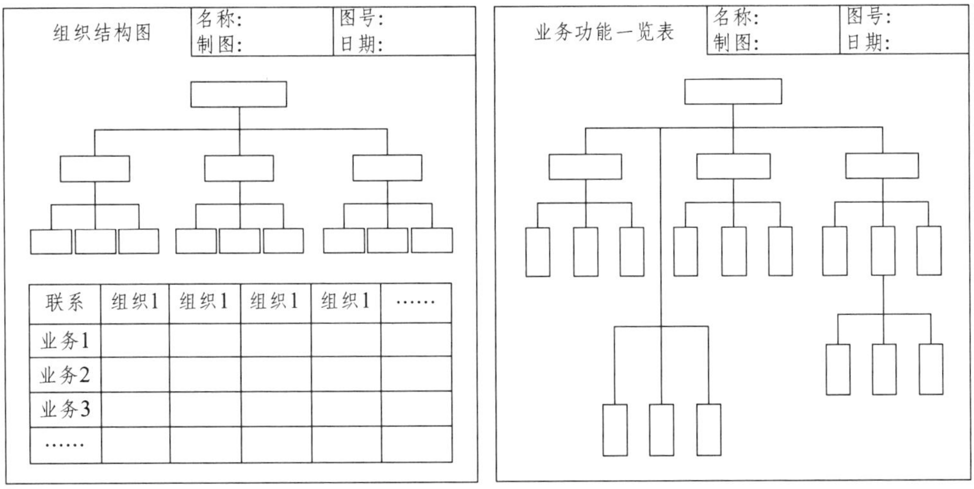

图 5-9　组织结构与功能分析

（1）组织结构分析。

通常通过组织结构图来实现，是将调查中所了解的组织结构的具体情况描绘在图上（如树形图），作为后续分析和设计的参考。常用工具：VISIO——组织结构图模板。

（2）业务联系分析。

通常通过业务与组织关系图来实现，是利用需求调查所掌握的资料着重反映管理业务过程与组织结构之间的关系，是后续分析和设计新系统的基础。

（3）业务功能一览表。

把组织内部各项管理功能都用一张表的方式罗列出来，是今后进行功能/数据分析、确定新系统拟实现的管理功能和分析建立管理数据指标体系的基础。

1. 组织结构分析

组织结构是一个组织内部部门的划分及其相互之间的关系，反映了组织内部结构和上下级关系。组织结构图是一张反映组织内部之间隶属关系的树状结构图。其要求是，除了与企业生产、经营、管理环节无直接关系的部门外，其他部门一定要反映全面准确。在绘制组织结构图时，不能只画组织中的从属关系、领导和被领导关系，因为它们不是全部信息流。实际情况往往较复杂，因此很难设计出面面俱到的 MIS，应突出重点目标。

实例 5-1：铁路客运站调车作业计划编制系统组织结构分析

依据铁路车站行车工作细则规定，阶段计划和调车作业计划的组织指挥系统如图 5-10 所示，调车工作组织指挥系统如图中虚线框内所示。

主要岗位职责如下：

（1）车站值班员掌握到发线上的调车作业，督促调车区长及时腾空线路，保证不间断地按运行图规定时刻接发列车；

（2）信号员按照值班员的指示和调车作业计划，负责办理调车进路；

（3）车号员负责正确、及时地查询列车确报信息，按规定核对现车、向车站值班员报告列车编组信息；

（4）调车区长在车站值班员的领导下，正确编制调车作业通知单，并向调车有关人员传达计划；

（5）调车长依据调车计划，按调车信号显示指挥调车，不得影响接发列车工作。

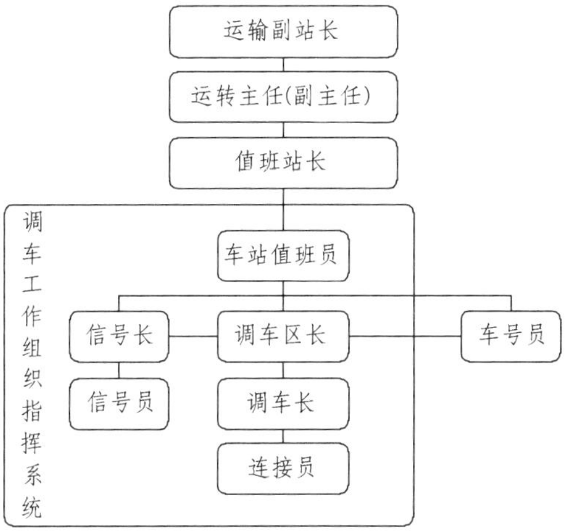

图 5-10　调车作业计划组织指挥系统

传统型组织的发展先于计算机时代，与新创建的组织相比，效率低、变革慢且缺乏竞争力。目前，这样的大型传统组织已经缩小规模、减少员工和组织层次。组织行为学研究者认为，信息技术容易使组织层次扁平化，通过扩大对员工信息的传播，增加低层次员工的权力，能够显著提高管理效率。因为低层次的员工接受了无须上级决策的所需要的信息，故而信息技术推动了组织中的决策权力下放。这个变化意味着管理的幅度扩大，使高层管理可以管理和控制更多的员工。

2. 组织/业务关系分析

组织结构图对于组织内部各部门之间的联系程度，组织各部门的主要业务职能和它们在具体业务过程中所承担的工作等不能反映出来。这将会给后续的业务流程分析、数据流程分析和功能/数据分析等带来困难，所以采用组织/业务关系图来弥补不足。组织/业务关系图反映组织各部分在承担业务时的关系及联系程度、组织各部分的主要业务职能和在具体业务过程中承担的工作。图中横向表示各组织或岗位的名称，纵向表示具体的业务过程，中间栏填写组织或岗位在执行业务过程中的作用。图例说明如下：

☆——表示该项业务是对应组织（岗位）的主要业务（主持工作）；

○——表示该组织（岗位）是参加协调该项业务的辅助单位；

√——表示该组织（岗位）是该项业务的相关单位；

空白表示该组织（岗位）与对应业务无关。

实例 5-2：铁路客运站调车作业计划编制系统组织业务联系分析

调车作业计划编制业务的主持工作岗位为调车区长，该项业务的完成需要车号员（辅助岗位）提供准确的车号信息，需要依据相关岗位路局客运调度员下达的命令和车辆段调度的调车需求及时正确地编制调车作业计划。

序号	联系程度 组织(岗位) 业务	调车区长	值班员	信号员	调车长	车号员	调车司机	车辆段	路局客调	……
1	调车作业计划编制	☆				○		√	√	
2	调车作业计划下达	☆	√	√	√		√			
3	调车作业计划调整	☆	○			○		√		
4	调车作业进路办理		☆	○						
5	调车作业计划执行			√	☆		○			
6	调机动态图绘制	☆		○	√					
7	……									

图 5-11　调车作业计划编制系统组织/业务关系图

3. 业务功能一览表

在组织中常常会出现组织的各个部门并未能完整地反映该部门所包含的所有业务。在实际工作中，组织部门的划分或名称的确定往往是根据最初同类业务人员的集合而定的。然而随着企业规模的扩大和管理水平的提高，组织的某些业务范围越来越大，功能越分越细，从而由原来单一的业务派生出许多业务。这种变化发展到一定程度后，就会裂变出一个新的、专业化的组织，由它来完成特定的业务功能。

例如，早期的行包、集装箱和鲜活易腐货物的运输是由各铁路局自行管理的，后来由于货运市场的激烈竞争和集中化管理的需要，原有的那种各自交叉分管体系已经远远不能适应市场竞争的要求和统一管理的需要，这时相应的专业化公司就产生了。对于这种变化，事先无法全部考虑到，但对其功能是可以发现的，如果开发时能够以功能为准绳设计考虑系统，则新系统就会对组织结构的变化具有一定的独立性和适应性，从而使新开发的信息系统具有较强的生命力，因此，在分析组织情况时还要画出业务功能一览表。

业务功能一览表是完全以业务功能为主体的树形表，其目的在于描述组织内部各部分的业务和功能，是今后进行功能数据分析、确定新系统拟实现的管理功能和分析建立管理数据指标体系的基础。

通过业务功能一览表，可以使我们在了解组织结构的同时，对于依附于组织结构的各项业务功能有一个概貌性的了解。对于各项交叉管理、交叉部分各层次的深度以及各种不合理的现象有一个总体的了解，从而在后面的系统分析和设计中尽量避免。

实例 5-3：铁路客运站调车作业计划编制系统业务功能一览

调车作业计划编制系统主要包括计划编制、计划执行、客调命令、图标绘制和基础数据管理 5 个主要功能，28 项主要业务，业务功能一览如图 5-12 所示。

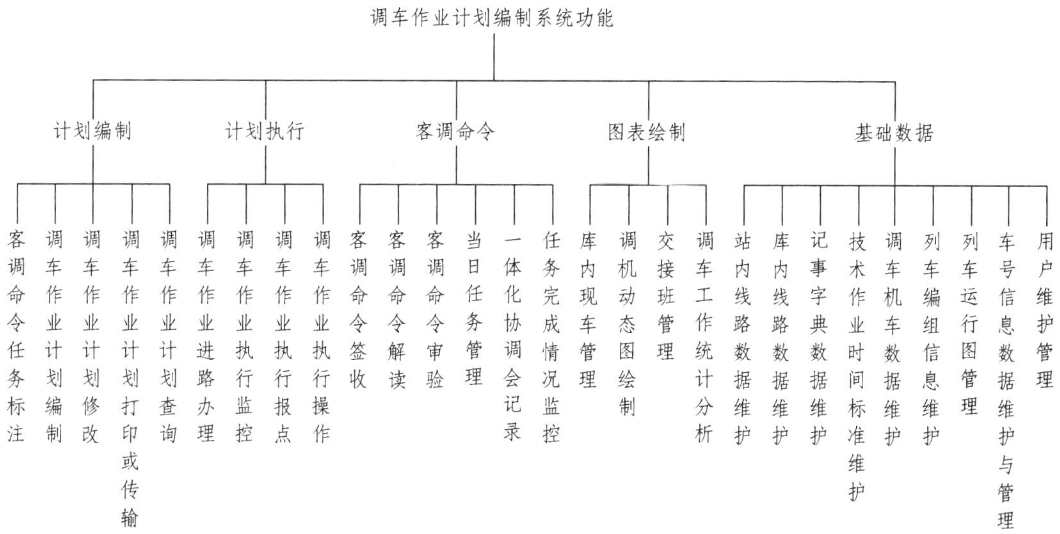

图 5-12 调车作业计划编制系统业务功能一览

从组织结构图、组织/业务关系图、业务功能一览表可以看出，信息处理工作集中在哪些部门以及这些部门的主要职能是什么，下一步的任务是弄清这些职能是如何在有关职能部门具体完成的，即在完成这些职能时处理工作的一些细节情况。

二、业务流程分析

业务流程分析可以帮助我们了解某项业务的具体处理过程，发现和处理系统调查工作中的错误和疏漏，修改和删除原系统的不合理部分，在新系统基础上优化业务处理流程，确定业务流程中人与机器的分工，即哪些工作可由计算机自动完成，哪些必须有人的参与。恰当的业务流程分析结果将会给后续工作以及系统设计工作带来很多的便利。

1. 企业流程的概念

（1）流程。

流程是一系列任务的集合，这一集合接受各种投入要素，包括：信息、资金、人员、技术和文档等，最后通过流程产生所期望的结果，包括产品、服务、某种决策结果或达到某个行动的目标，简单地说流程就是做事情的顺序。如图 5-13 所示接发列车基本工作流程。

（2）任务。

任务是指作业上不可分割的最小单位，如输入一张表、复制一份文件、签收一个调度命令等，一个流程由许多任务组成。企业流程是指企业为了实现特定结果所执行的逻辑相关任务的集合，达文波特对企业流程更进一步定义为：企业流程是跨越时间和空间的有序的工作活动，它有起点也有终点，并有明确的输入和输出。流程的特点体现在：

① 流程是为某些顾客服务的：一项流程有其特定的产出，而且在组织内或组织外有特定的顾客要来使用这些产出，总之，执行一个流程的目的在于为特定的顾客提供服务。

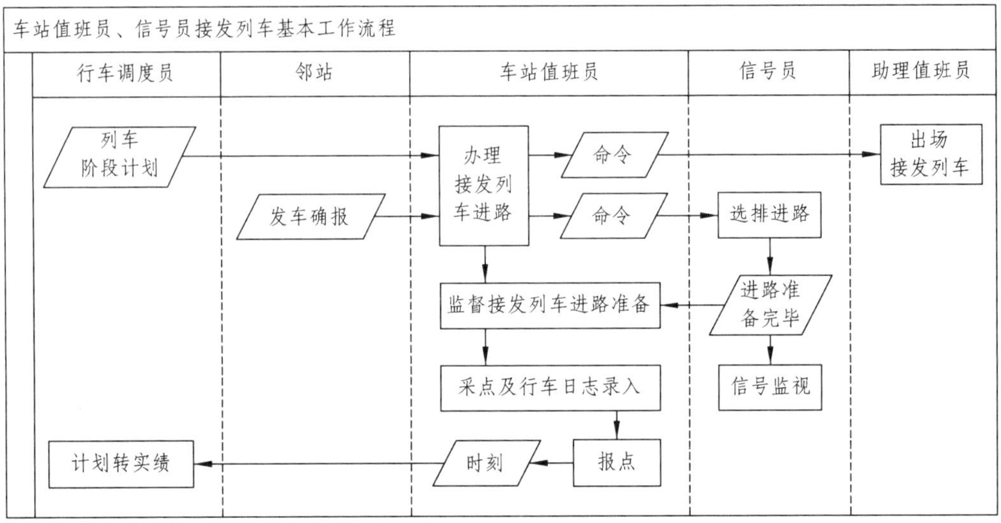

图 5-13　铁路车站接发车业务流程

② 流程会跨越许多组织的界线：在企业中，一个流程通常会跨越好几个不同的部门，甚至会跨越到不同的企业体，因此，流程的执行不受组织结构的限制。如图 5-13 所示，接发列车工作流程涉及路局调度所和车站两个部门。

2. 业务流程图

在前面的组织结构与功能分析工作中，已将业务功能一一列出，业务流程分析是在业务功能的基础上将其细化，即利用系统调查的资料将业务处理过程中的每一个步骤用一个完整的图形串联起来。

业务流程图（Transaction Flow Diagram，TFD）就是用一些尽可能少的、规定的符号及连线来表示某个具体业务处理过程。业务流程图的绘制基本上按照业务的实际处理步骤和过程绘制，换句话说，就是一本用图形方式来反映实际业务处理过程的“流水账”。

业务流程图的作用体现在：

（1）业务流程图是系统分析员做进一步系统分析的依据。

（2）业务流程是系统分析员、管理人员相互交流的思想工具。

（3）系统分析员可以直接在业务流程图上拟出信息系统要处理的部分。

（4）利用业务流程图分析业务流程是否合理。

流程图图例没有统一标准，但在同一系统开发过程中所使用图例应是一致的。传统业务流程图的基本符号只有 6 个，如图 5-14 所示，所代表的内容也是与信息系统最基本的处理功能一一对应的。其中：圆圈表示业务处理单位，矩形框表示业务处理内容，报表符号表示输出信息（报表、报告、文件、图形等），开口的矩形框表示存储文件或数据，卡片符号表示收集的资料，矢量箭头表示业务过程间的联系和先后顺序。

传统流程图符号的不足之处是对于一些专业性较强的业务处理细节（如核对、审批、计算、并行工作等）缺乏足够的表现手段，比较适用于反映事务处理类型的业务过程，对于工业和商业中的一些专业性较强的业务处理过程可以用增强型的业务流程图来表示。

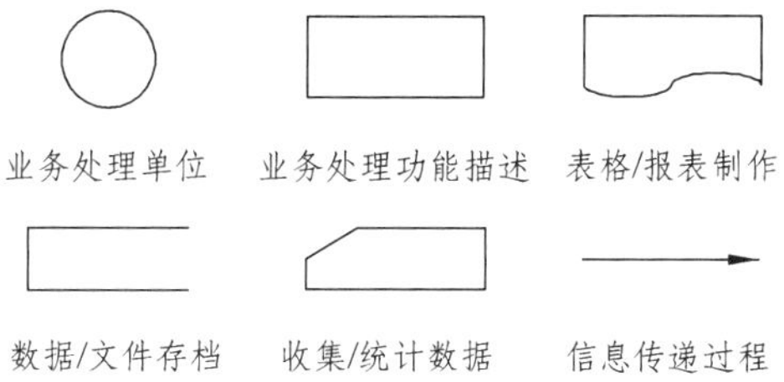

图 5-14　业务流程图基本符号

实例 5-4：调度命令业务流程分析

在行车调度员的众多业务流程中，调度命令的审批与下达具有很好的代表性。行车调度员调度命令下达业务流程可描述为：调度员根据业务需要，起草调度命令；起草完成后，发给值班主任请求审批；值班主任审批或修改完成后，将调度命令再返回给调度员；调度员将审批后的调度命令下达给相关车站；车站值班员收到调度命令后，确认签收。

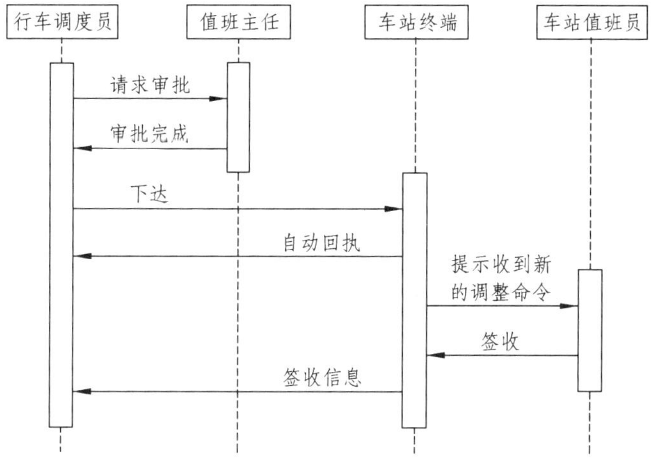

图 5-15　行车调度员下达调度命令消息序列图

实例 5-5　车流计划编制与下达——业务流程图绘制

我国铁路运输采用分级管理、集中统一的调度指挥管理模式，调度指挥在铁路运输生产中起着核心和中枢作用，直接关系到铁路运输生产的安全和效率。目前，我国铁路运输调度指挥分为三级，即铁路总公司设置调度指挥中心、铁路局集团公司设置调度所、技术站设调度室，各级调度机构分别代表各级的领导掌管铁路运输指挥工作。

铁路运输调度指挥是一个不断的编制计划、调整计划、实施计划的过程。这三个阶段相互制约、相互促进、紧密联系、循环往复，始终贯穿整个铁路运输生产全过程。其中，车流计划调度是计划编制的核心，列车调度（也称行车调度）是计划实现的关键。车流计划调度集中体现了铁路调度层层指挥的功能，上级机构根据下级单位上报的计划申请，结合运输生产实际进行调整，然后编制列车工作计划，下达给下级单位具体执行，完成运输组织过程中车流的集结和分散，对铁路运输有关部门、工种进行综合调度指挥，使其相互配合、协同工作。

计划调度员的工作分为计划的编制和下达、执行与调整两个主要的业务，调度日（班）计划应保证均衡地完成月度运输生产经营计划，实现列车编组计划、列车运行图及运输方案。下面以计划调度员日（班）计划的编制与下达业务流程为例说明业务流程图的绘制过程。

（1）业务流程描述（需求调查）

• 计划调度员需要根据基础数据、运输方案、路局下达的任务和技术站提供的站存车数据，进行（日）班计划编制；

• 计划调度员根据机车调度员提供的机车配置信息和邻台计划调度员车流计划执行结果（列车车流数据），对编制的日（班）计划进行调整；

• 计划调度员将调整后的日（班）计划下达给技术站、行车调度员和机车调度员，并保存日（班）计划。

（2）业务流程图绘制

在工作中，我们经常能够看到两种业务流程图。一种是以部门和岗位为单位的流程图，如图 5-16 中的圆形代表一个个部门或岗位，矩形代表活动。这种流程图关注事情如何完成的逻辑，但是在体现各个部门的责任上比较弱。如果是某个岗位的人来看，很难一眼就能看到自己部门的职责和任务，所以现在用得比较少。另一种俗称为“泳道图”，在样子上也确实像个泳道，可以有横向的泳道，也会有纵向的泳道。泳道图在某些文档里会被称为“以活动为单位的流程图”，浮在泳道中的都是一个个活动。

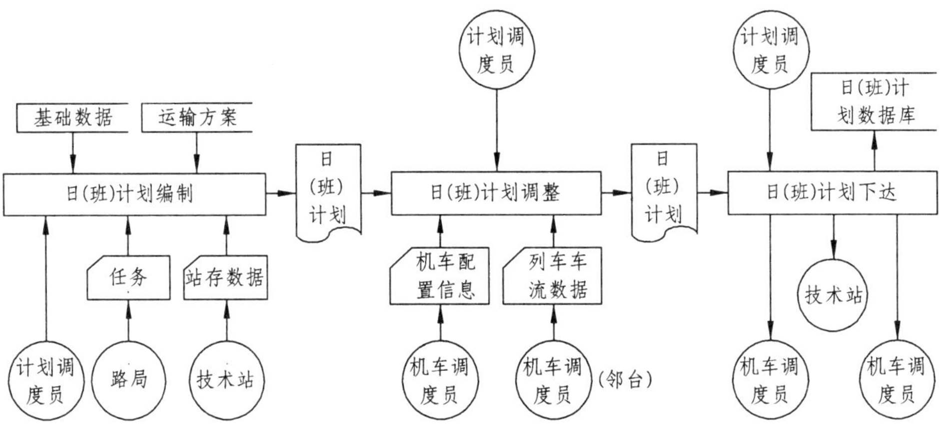

图 5-16　车流计划编制与下达业务流程图（基本）

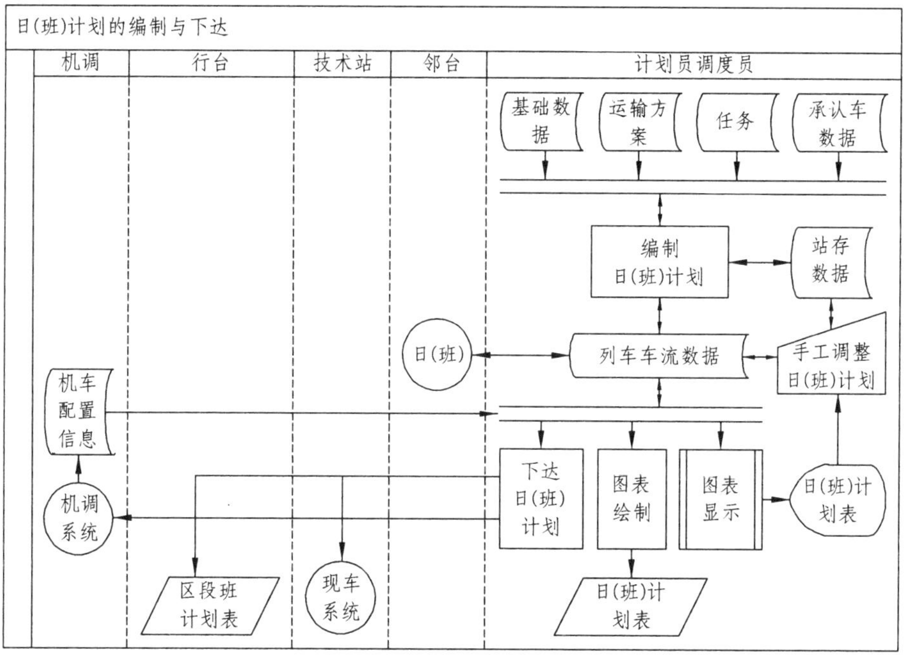

图 5-17　车流计划编制与下达业务流程图（专业）

实例 5-6：铁路客运站调车作业计划业务流程分析

调车作业计划应根据车站技术作业过程，本阶段的阶段计划作业进度及现车分布情况编制。作业中应注意的安全、技术事项须在注意事项栏内注明。大连站调车区长在车站值班员的领导下，负责本班调车作业的组织领导，完成运输生产任务。具体业务流程描述如下：

（1）调车区长依据路局下达的客调命令、车辆段日协调会记录的调车需求、旅客列车时刻表、占线程序图、线路数据、现车数据等编制调车作业计划；

（2）调车区长以调车作业通知单（一式五份）形式，将调车作业计划下达给调车机车司机、调车长、连接员、值班员和信号员；

（3）值班员、信号员负责调车进路排列；

（4）调机司机、调车长和连接员负责执行；

（5）车号员将调车作业执行结果将实时反馈给调车区长，区长并根据执行情况绘制技术作业表；

（6）调车区长将列车编组信息数据及时反馈给车号员，由车号员输入到车号信息管理系统。

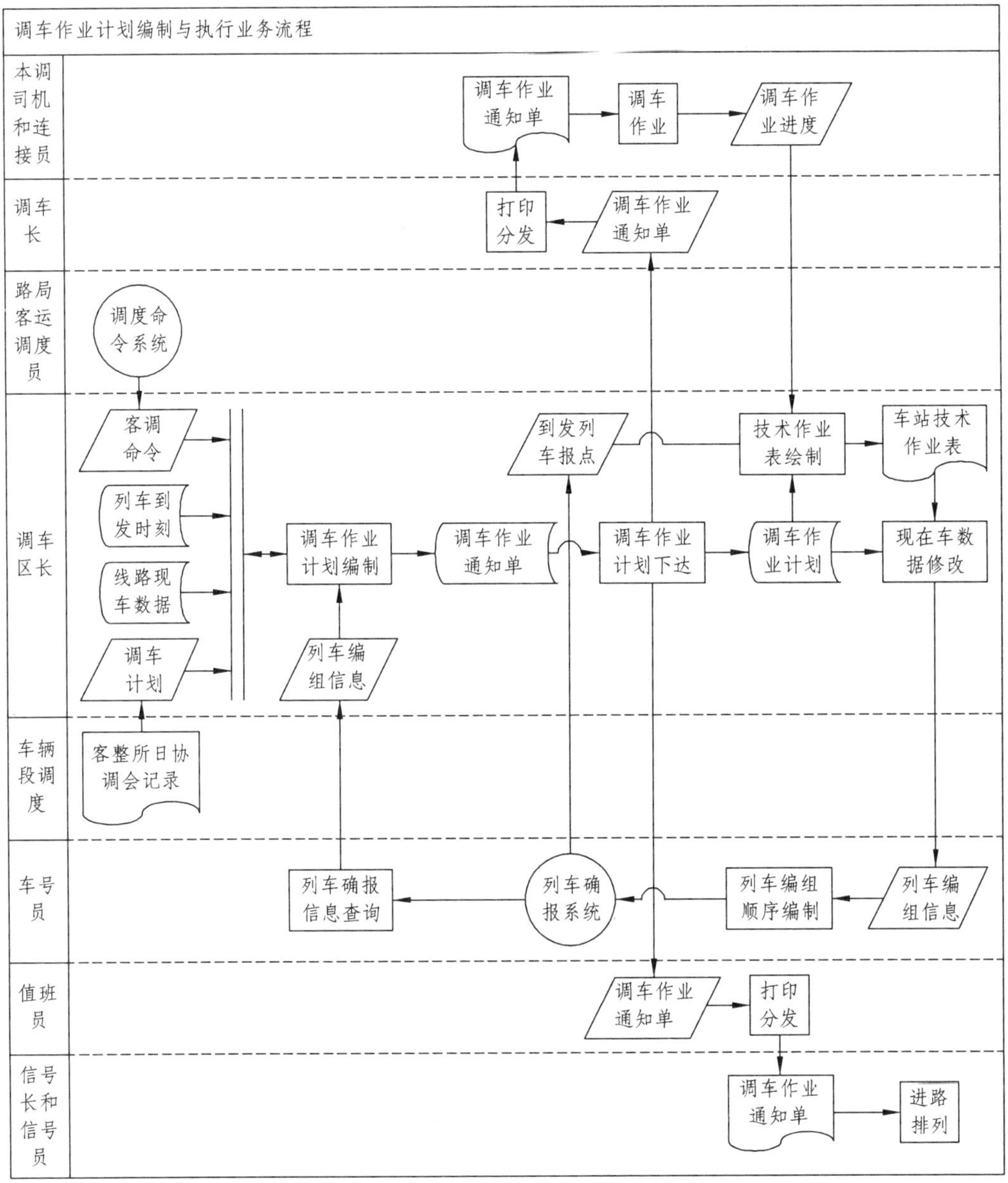

图 5-18　铁路客运站调车作业业务流程

三、调查数据汇总分析

完成业务流程分析之后，接下来要分析流程是如何对数据进行使用、加工和输出的。数据是信息的载体，是今后系统要处理的主要对象，因此必须对系统调查中所收集的数据以及统计和处理数据的计算过程进行分析和整理。如果没弄清楚，应立刻返回去彻底弄清楚；如果发现有数据不全、采集过程不合理、计算处理过程不畅、数据分析不深入等问题，应在分析过程中研究解决。在分析数据流程之前，首先要对数据进行汇总分析，目的是查缺补漏、保证准确。

数据与数据流程分析是今后建立数据库系统和实际功能模块处理过程的基础。

1. 数据汇总

在系统调查中我们收集了大量的数据载体（如报表、统计表）和数据调查表，这些原始资料基本上是按组织结构和业务过程收集的，往往只是局部反映了某项管理业务对数据的需求和现有的数据管理状况。因此，对于这些数据资料必须首先加以汇总、整理和分析，使之协调一致，为以后在分布式数据库内各子系统间充分的调用和共享数据资源奠定基础。

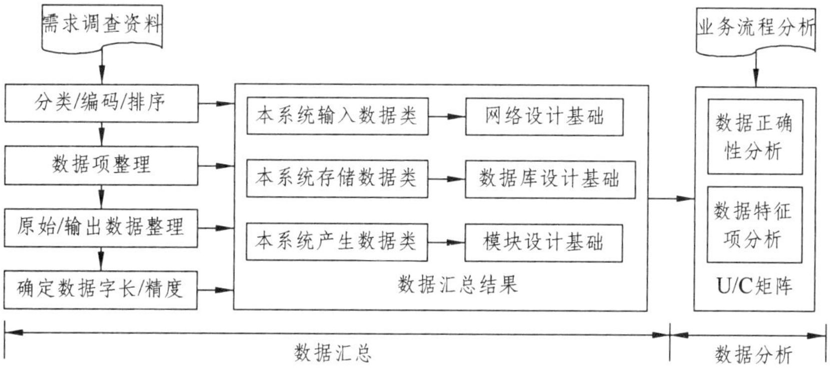

图 5-19　数据汇总分析流程

数据汇总分析的步骤如下：

（1）将需求调查中收集到的原系统数据资料，包括输入单据（如入库单、收据、凭证）、输出报表和数据存储介质（如账本、清单）等，按业务过程进行分类编码，同一业务过程按处理过程的顺序排列——依据是业务流程分析的结果。

（2）按业务过程自顶向下地对数据项进行整理，弄清各环节上的处理方法和计算方法，这是今后进行模块设计的基础。

（3）将所有原始数据和最终输出数据分类整理出来，其中原始数据是以后确定关系数据库表的主要内容，而最终输出数据则是反映管理业务所需要的主要数据指标，这两类数据对于后续工作来说十分重要，所以单独列出。

（4）确定数据的字长和精度：在上述各种单据、报表、账册的典型样品上或用附页注明各项数据的类型（数字、字符）、长度、取值范围（最大值和最小值），还要注明制作单位、报送单位、存放地点、发生频度（如每月制作几张）、发生的高峰时间以及发生量等。

通常会将需求调查所得到的数据分为以下三类：

（1）本系统输入的数据类（主要是指报上来的报表）：是今后下级子系统或网络要传递的内容，也是网络设计的基础。

（2）本系统产生的数据类（主要指系统运行所产生的各类报表）：是今后本系统输出和传递的内容，其产生数据的处理方法和计算过程也是模块设计的基础。

（3）本系统存储的数据类（主要指各种台账、账单、记录文件）：是今后本系统数据库要存储的内容，也是数据库设计的基础。

2. 数据分析

数据汇总只是从某项业务的角度对数据进行了分类整理，还不能确定收集数据的具体形式以及整体数据的完备程度、一致程度和无冗余程度，因此，还需要对这些数据作进一步的正确性分析。数据正确性分析就是确定收集数据的具体形式以及整体数据的完备程度、一致程度和无冗余程度，分析的方法可采用企业系统规划法（BSP）中所提出的 U/C 矩阵来进行。

数据类 / 过程	帐号密码	调度信息	列车运行计划	动车交路计划	车辆分配计划	乘务计划	基本计划	时刻表	线路参数	车站参数	开行方案	列号
注册	C	U										1
登录	U	C										2
列车运行计划编制			C						U	U	U	3
动车交路计划编制			U	C						U		4
车辆分配计划编制			U	U	C							5
乘务计划编制			U	U		C						6
基本计划生成			U	U	U	U	C					7
时刻表生产			U					C				8
基础数据管理		U							C	C	C	9
行号	1	2	3	4	5	6	7	8	9	10	11	

图 5-20　U/C 矩阵数据分析

（1）建立 U/C 矩阵。

U/C 矩阵的建立是通过一个普通的二维表来分析汇总数据，表的横坐标定义为数据类变量（X_i），表的纵坐标定义为业务过程变量（Y_i）。数据与业务过程之间的关系通过 U——使用（use）和 C——建立（create）来表示。

（2）正确性分析。

分析的基本原则是“数据守恒原理”，即一个数据必定有一个产生的源，而且必定有一个或多个用途。原则上每一个数据（每一列）只能有一个 C，如果没有 C 则可能是数据收集时有错。如果有多个 C，则：一是数据汇总有错；二是数据是一大类数据的总称，可以进一步将其细分为多个数据类。每一个数据至少有一个 U，如果没有 U，则是调查数据或建立矩阵有误。不能出现空行或空列，如果出现，则可能是：一是数据类或业务过程划分是多余的；二是调查或建立矩阵过程中漏掉了数据之间的联系。

（3）特征项分析。

数据的类型以及精度和字长——是建库和分析处理所必须要求确定的。

合理取值范围——是输入、校对和审核所必需的。

数据量：即单位时间内（如天、月、年）的业务量、使用频率、存储和保留的时间周期等等——是在网上分布数据资源和确定设备存储容量的基础。

所涉及业务：即 U/C 矩阵中每一行有 U 或 C 的列号（业务过程）。

重要程度和保密程度：其中，重要程度决定了今后设计系统时的输入、校对以及存储、拷贝、备份等功能；保密程度决定了今后建网或建库时不同工作人员或用户纳入网络访问数据库数据时的权限。

四、数据流程分析

数据流程分析是把数据在组织（或系统）内部的流动情况抽象地独立出来，舍去了具体组织机构、信息载体、处理工作、物资、材料等，仅从数据流动过程来考查实际业务的数据处理模式。主要包括对信息的流动、传递、处理、存储等的分析。数据流程分析的目的是要发现和解决数据流通中的问题，如数据流程不畅、前后数据不匹配、数据处理过程不合理等。一个畅通的数据流程是今后新系统用以实现这个业务处理过程的基础。

1. 数据流图方法

数据流程分析是通过分层数据流图完成的，数据流图（Data Flow Diagram，DFD）是便于用户理解系统数据流程的图形化表示，只反映信息在组织（或系统）中流动和处理的情况，是描述系统逻辑模型的主要工具之一。数据流图能精确地在逻辑上描述系统改变或转换数据的处理功能、输入输出数据和数据存储等，摆脱了其物理内容，是系统逻辑模型的重要组成部分。因为数据流图关注数据在处理之间的移动，所以也被称为过程模型。

数据流图是用途广泛的图形化工具，虽然它只有四种符号，但数据流图既能描述物理信息系统，又能描述逻辑信息系统。本书使用的是 Gane 和 Sarson（1979 年）提出的 4 种符号表示，如图 5-21 所示。

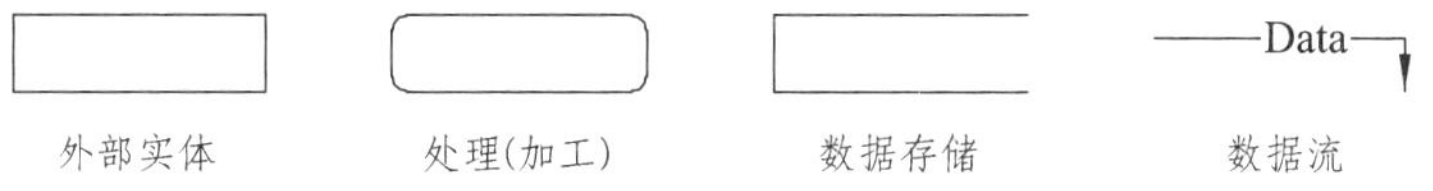

图 5-21　数据流图的基本符号

（1）外部实体。

外部实体指本系统之外的人或单位，也称为“源点/汇点”，是数据的起源和/或目的地。外部实体和本系统有信息传递的关系，在绘制数据流程图时，凡属当前系统之外的人或单位，都被列为外部实体。通常用一个小方框表示，小方框内用文字注明外部实体的名称，表示数据的外部来源和去向，一般只出现在数据流图的顶层图中。因为外部实体在研究的系统之外，所以对它们的很多特征并不感兴趣，特别是不用考虑下列问题：

• 源点和汇点之间发生的交互。

• 源点或汇点用信息做什么或如何操作，即将外部实体当作“黑箱”。

• 如何控制或重新设计外部实体。

• 如何为外部实体提供对数据存储的直接访问，也就是说，系统内的处理必须接收数据或者在系统及外部环境之间分发数据。

（2）处理（加工）。

也称为数据处理或数据加工，它对数据流进行某些操作，是为了变换、存储或分发数据而对数据执行的工作或动作。对系统的处理过程建模时，加工是手工执行还是计算机执行并不重要。处理过程通常用圆角矩形来表示，矩形内必须表示清楚本处理的编号以及处理的文字描述。处理过程的文字描述中最好包含一个动词，如“检查”“计算”“打印”等。

处理过程的转换方式有两种：一是改变数据的结构，如将数组中的各项数据重新排列或字符/数值的数据类型转换；二是产生新的数据，如原来数据的总计、平均值等。

（3）数据存储。

数据存储是静止的数据，是对数据记录文件或数据库中表记录的读写处理。要理解系统中的数据移动和处理，物理配置实际上并不重要。一般用一个右边不封口的长方形来表示，需要标明数据文件的标识编码和文件名称两部分信息。

（4）数据流。

数据流是指数据在系统内传播的路径，用直线、箭头（矢量符号）加文字说明组成，表示流动着的数据。数据流可以是一项数据（如商品 ID），也可以是一组数据（如订货单）。除了与数据存储之间的数据流不用命名外（思考为什么？），绘图时应有文字信息说明数据流的名称。

虽然数据流图仍然是普遍使用的过程建模工具，而且能显著地提高软件开发效率，但也不是在所有的系统开发方法中都使用数据流图。有些组织，如 EDS，开发了自己的图标类型对过程建模。有些方法则根本不对过程单独建模，如快速应用开发（RAD），RAD 创建原型作为其开发生命周期的核心，而将过程（为了数据能够被存储和分发而转换数据的工作活动）当作这些原型的一部分进行创建。

实例 5-7：数据流图示例

（1）简单的数据程图

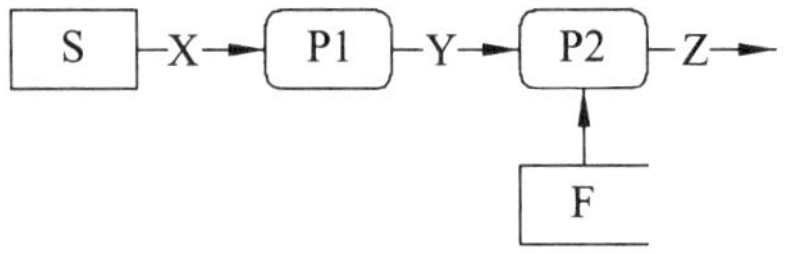

图 5-22

数据流图说明：表示数据 X 从源点（外部实体）S 流出，首先经 P1 加工转换成数据 Y，然后经 P2 加工转换为数据 Z，在 P2 加工过程中要从存储 F 中读取数据。

（2）数据流分析

数据流由一组确定的数据组成，例如“职工信息”是一个数据流，它由职工姓名、职工号、密码等数据组成。数据流用带有文字的矢量箭头表示，文字为数据流名称，表示流经的数据，箭头表示流向。数据流可以从加工流向加工，也可以从加工流进、流出文件，还可以从源点流向加工或从加工流向终点。

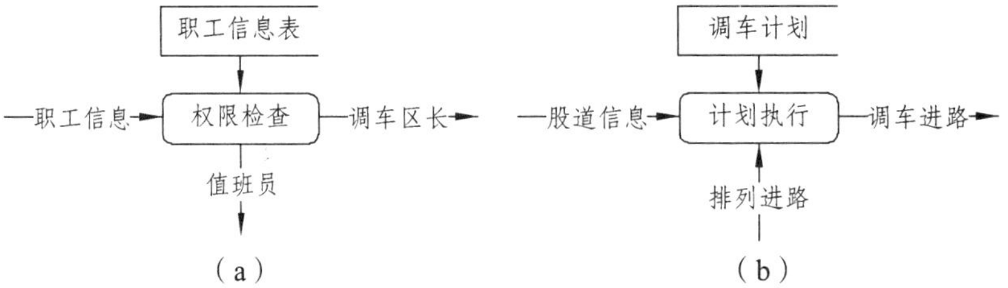

图 5-23

数据流图说明：

• 对流进或流出文件的数据流不须标注名字，因为文件本身就足以说明数据流的内容，例如从职工信息表中流出的数据就是“职工信息”；

• 数据流不允许同名，两个数据流在结构上相同是允许的，但必须体现对数据流的不同理解，如上左图中的值班员信息与调车区长信息三个数据流，它们的结构相同，但岗位职责不同；

• 数据流图描述的是数据流而不是控制流，例如上右图中，“排列进路”只是为了激发处理过程“计划执行”，是一个控制流而不是数据流，所以应从图中删去。

（3）数据加工分析

数据流程说明：两个加工之间可以有几股不同的数据流，这是由于它们的用途不同，或它们之间没有联系，或它们的流动时间不同。如图 5-24 所示，对于旅客列车正晚点统计报表打印，可以每天进行，也可以每旬、月、季、年进行。

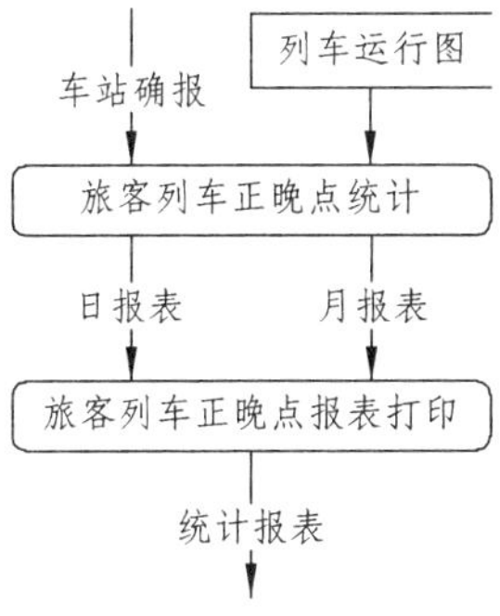

图 5-24

2. 分层数据流图

由于实际数据处理过程常常比较复杂，故应该按照系统的观点和结构化开发方法的基本思想，自顶向下地分层展开绘制。一般遵循“由外向里”的原则，首先确定系统的边界或范围，再考虑系统的内部，既先将比较复杂的处理过程（不管有多大）当成一个整体处理块来看待，然后绘制出周围外部实体与这个整体处理块之间的数据联系；之后，再进一步将这个整体处理块展开。如果内部还涉及若干个比较复杂的处理部分，再将这些部分视为几个小的“黑匣子”，同样先不管其内部，只分析它们之间的数据联系。以此类推，直至搞清楚所有问题为止。分层数据流图的基本原理如图 5-25 所示，数据流程分析既是一个由黑→灰→半透明→透明的分析过程。

每一层数据流图的绘制一般由左至右进行，从左侧开始标出外部实体，然后画出由外部实体产生的数据流，再画出处理逻辑、数据流、数据存储等元素及其相互关系，最后在流程图的右侧画出接受输出信息的系统外部实体。

（1）顶层数据流图。

顶层数据流图是组织系统范围的数据流图，描述系统边界、与系统交互的外部实体和这些实体与系统之间的主要信息流。如图 5-26 所示，这个顶层数据流图只有 1 个加工，有 5 个数据流和 4 个外部实体，没有数据存储。标记为“0”的这个加工表示整个系统，所有顶层数据流图都只有一个标记为“0”的加工，系统环境边界外的源点/汇点可以是一类使用者，也可以是一个系统。因为系统的数据存储在概念上是这一个加工内部的，所以在顶层数据流图中没有数据存储。

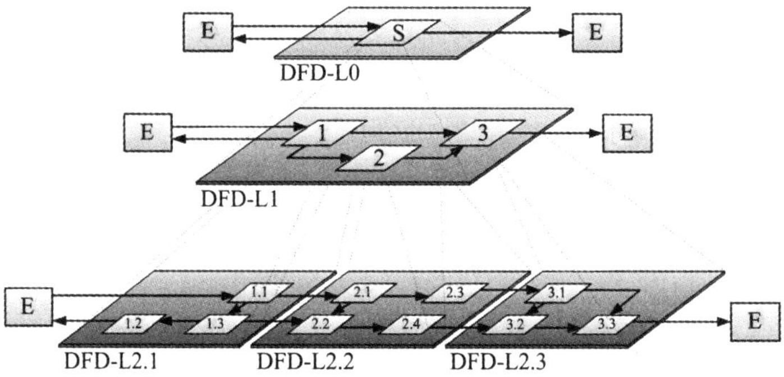

图 5-25　分层数据流图

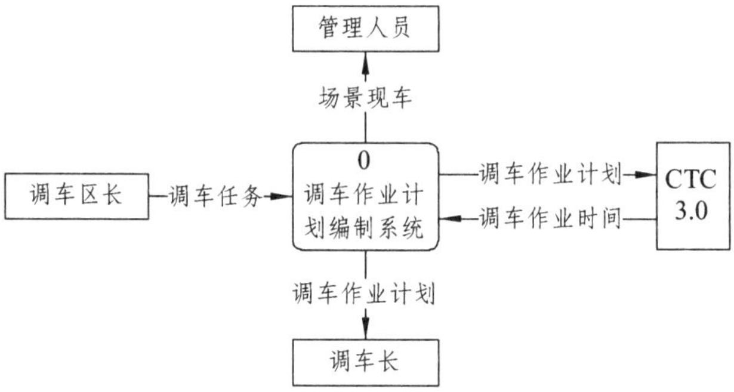

图 5-26　调车作业计划编制系统的顶层数据流图

（2）1 层数据流图。

1 层数据流图是在较高的细节层次上描述系统的主要处理、数据流和数据存储的数据流图。在画出顶层数据流图之后，下一步要考虑顶层数据流图中的加工表示的是哪些处理过程，既对顶层数据流图进行（功能）分解。功能分解是将系统的描述或视图分解为越来越细的细节的重复性过程。分解过程会产生一组相关的层次结构的图，特定图上的一个加工会在另一个图上更详细地予以解释。图 5-27 标识了 5 个独立的加工，为调车作业计划编制系统提供了更多的细节，其中每个加工又是分解的候选。可以看出，系统从调车区长的调车任务开始，和顶层数据流图中的情况一样。

（3）*n* 层数据流图。

1 层数据流图中的每个加工可以由若干个子加工组成，每个子加工又可以分解为更小的单元，分解持续进行，直到没有逻辑上可以在分解的子加工为止。最底层的 DFD 称为基本 DFD。*n* 层数据流图是指对上一层中某个加工分解得到的一系列子加工，是在更高细节层次上描述子加工的主要处理、数据流和数据存储的数据流图。对 1 层数据流图中的加工 1“调车作业计划编制”可以分解为 3 个子加工，其下一层的数据流图如图 5-28 所示。注意，图中的 3 个加工每个都标记为 1 的子加工：1.1、1.2、1.3。

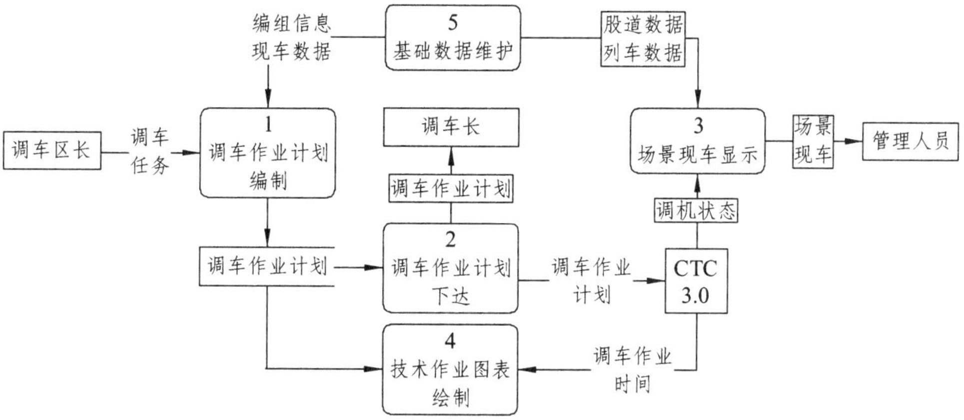

图 5-27　调车作业计划编制系统的 1 层数据流图

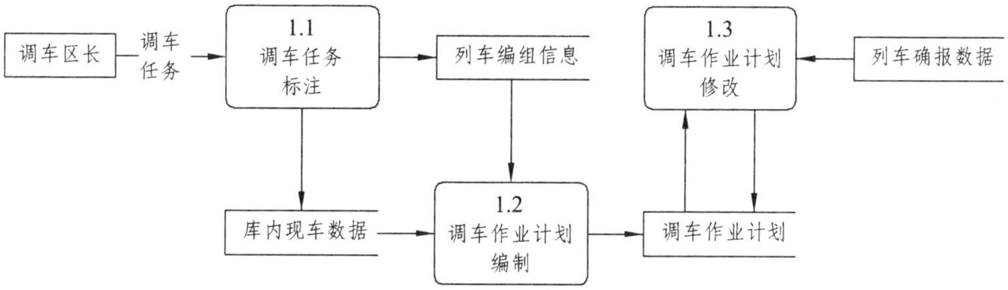

图 5-28　调车作业计划编制系统的 n 层数据流图

在绘制分层数据流图时，需要注意的是：第一，对数据流的命名要确切，能反映整体描述；第二，各种符号布置要合理，分布均匀，尽量避免交叉线；第三，先考虑稳定态，后考虑瞬间态，即先考虑系统启动后正常工作状态，稍后再考虑系统的启动和终止状态。

3. 绘制数据流图的规则

在绘制数据流图时，必须遵守一组规则，这些规则可以用来评估数据流图的正确性，常见的绘制规则如下。

规则 1：合理编号

分层数据流图的顶层也称为 0 层，它是第 1 层的父图，而第 1 层既是 0 层图的子图，又是第 2 层图的父图，依此类推。由于父图中有的加工可能就是功能单元，不能再分解，因此父图拥有的子图数少于或等于父图中的加工个数。为了便于管理，可以按下列规则为数据流图中的加工编号：

• 子图中的编号为父图号和子加工的编号组成，例如：父图为 1 层的加工 2、子图为 2 层的加工 3 时，则子图中该加工的编号可以表示为 2.3；

• 子图的父图号就是父图中相应加工的编号。

为简单起见，约定第 1 层图的父图号为 0，编号只写加工编号 1、2、3...，下面各层由父图号加上子加工的编号 1、2、3...组成。按上述规则，图的编号既能反映出它所属的层次以及其父图编号的信息，还能反映子加工的处理信息。

规则 2：准确命名

数据流图中的四个符号均需要准确地命名，确保理解上不产生歧义和偏差。通常，加工的标记是动词短语，数据存储、外部实体和数据流的标记为名词短语。需要注意的是，每个加工的名称都是唯一的，不过为了保持 DFD 图的简单整洁，数据存储和外部实体可以重复。当两个箭头的数据流名称相同时，必须仔细确认这些数据流的确是一样的。即便一个数据流相比另一个数据流只是多一点或少一点数据，也必须为它命名一个唯一的名称。

规则 3：数据处理流入流出协调

① 不存在只有输入的加工（黑洞），如果某对象只有输入没有输出，则或者数据处理无须存在，或者该对象是一个汇点（外部实体）而不是加工。② 不存在只有输出的加工，这是凭空制造数据。如果某对象只有输出，那么该对象必定是一个源点（外部实体）。

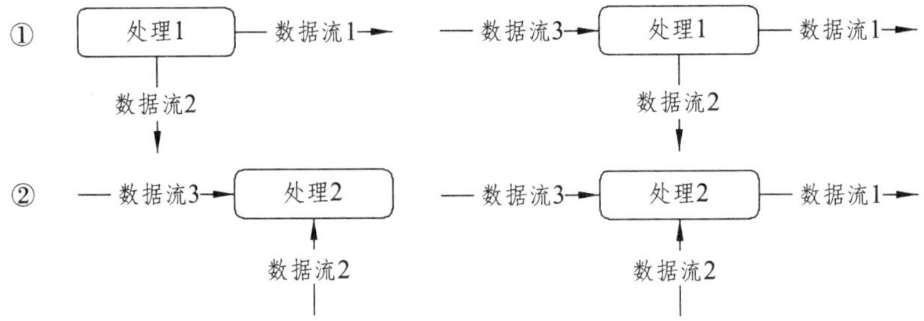

图 5-29 数据处理（加工）流入流出协调

规则 4：数据流至少有一端连着处理框

① 数据不能从一个数据存储直接移到另一个数据存储，必须由加工移动。② 数据不能直接从外部源点移到数据存储，必须由加工移动，该加工从源点接收数据，并将数据放入数据存储。③ 数据不能直接从数据存储移到外部汇点，必须由加工移动。④ 数据不能直接从外部源点移动到外部汇点，如果数据和系统有关系，则必须由加工移动；否则，该数据流不在 DFD 图中出现。

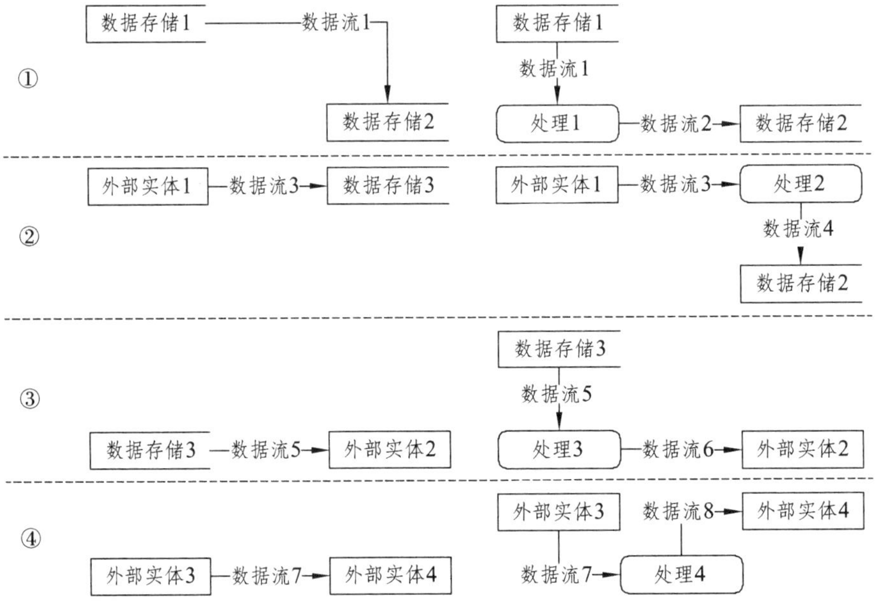

图 5-30 数据流至少有一端连着处理框

规则 5：注意子图与父图的平衡

子图与父图的数据流必须是平衡的，这是分层数据流图的重要性质。这里的平衡是指子图的输入、输出数据流，必须与父图中对应加工的输入、输出数据流相同。但下面情况是允许的，既子图的输入/输出数据流比父图中相应加工的输入/输出数据流表达得更细，例如图5-31 中父图的“订货单”数据流是由客户 ID、联系方式、商品名称、订购数量四部分组成，则子图和父图仍可看作是平衡的。在实际中，检查该类情况的平衡，需借助于数据词典进行。

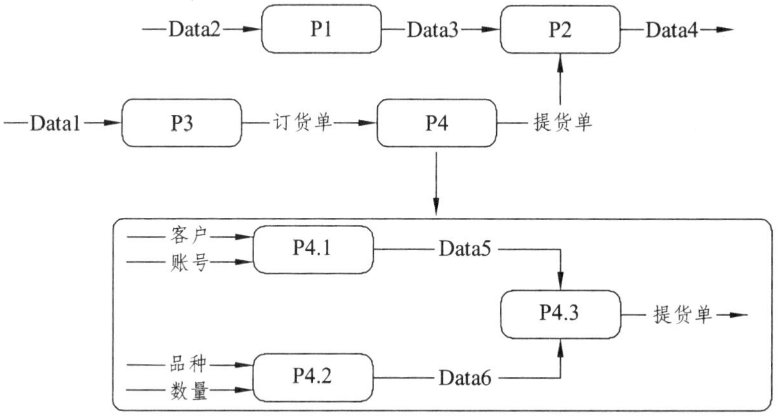

图 5-31　子图与父图的平衡

图 5-32 中的父图和子图是平衡的，虽然子图中的文件 W 并没在父图中出现，但这是由于对文件 W 的读、写完全局限在加工 3.3 之内，而在父图中各个加工之间的界面上不出现，该文件是子图的局部文件（也称临时文件）。应当指出的是，如果一个临时文件在某层数据流图中的某些加工之间出现，则在该层数据流图中就必须画出这个文件，一旦文件被单独画出，那么也需画出这个文件同其他成分之间的联系。

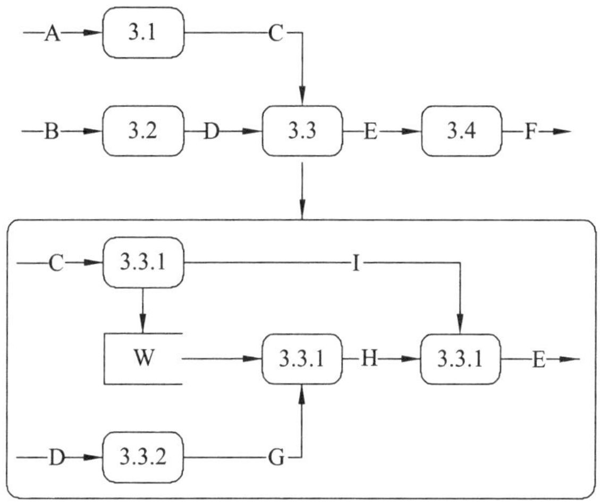

图 5-32　子图局部文件处理

4. 数据流图的检查

对于一个大型系统开发来说，由于在系统分析初期，人们对于问题理解的深度不够，在数据流图上也不可避免地会存在某些缺陷或错误，因此还需要进行检查修改，才能得到完善的数据流图。

（1）正确性检查。

数据流图的正确性，可以从以下几个方面来检查：

① 数据存储流入流出协调：数据存储必定有流入的数据流和流出的数据流，缺少任何一种则意味着遗漏某些加工。

② 数据流至少有一端连着处理框：数据流不能从外部实体直接传送到数据存储，也不能从数据存储直接传送到外部实体。

③ 数据处理流入流出协调：只有输入没有输出则数据处理无须存在，只有输出没有输入的数据处理不可能满足。

（2）平衡性检查。

将 DFD 从一层向下一层分解时，数据守恒原则在起作用。在分解的下一层，加工的输入和输出必须守恒，简单地说，父图中出现的加工在子图中被分解时，必须有相同的输入和输出。输入和输出的这种守恒也叫作平衡。

造成不平衡的一个常见原因是在增加或删除一个加工时，忽视了对相应父图或子图的修改，在检查数据流图时应注意这一点。

（3）完整性检查。

DFD 完整性是指数据流图的所有必须组件都已包括并充分描述的程度。如果 DFD 中包含不指向任何地方的数据流，或者未连接到其他对象的数据存储、加工或外部实体，那么这个 DFD 是不完整的。

（4）命名检查。

加工和数据流的名字必须体现被命名对象的全部内容而不是一部分。对于加工的名字，应检查它的含义与被加工的输入/输出数据流是否匹配。一个加工的输出数据流仅由它的输入数据流确定，这个规则绝不能违背。

（5）数据守恒。

数据不守恒的错误有两种：一是漏掉某些输入数据流；二是某些输入数据流在加工内部没有被使用。虽然有时后者并不一定是个错误，但也要认真考虑，对于确实无用的数据就应该删去，以简化加工之间的联系。

五、数据字典

数据流图上所有成分的定义和解释的文字集合就是数据字典，数据字典用来说明数据流图中出现的所有元素的具体含义，包括数据流、处理（加工）、数据存储、外部实体（源点/汇点），目的是在软件分析和设计中提供关于数据的准确的、无二义性的描述。数据字典的基本要求是完整性、一致性、可用性。

1. 基本符号说明

- “=”：表示等价于或定义为；
- “+”：表示“…和…”，即连接两个分量；
- “[…，…]”或者“[…|…]”：表示“或”，即从若干分量中选择一个；

- “{…}”或者“m{…}n”：表示重复，即重复大括号内的分量内容，其中，m 表示最小重复次数，n 表示最大重复次数；

例如：

调度员注册信息 = DispatcherID + Name + Sex + Password

Name = [“男” | “女”]

Password = 6{数字}8

2. 数据项

数据项也称为数据元素，是具有独立逻辑含义的最小数据单位，通常用来描述数据的静态特性。具体包括：名称、标号、简述、数据类型、长度、取值范围等。其中“取值范围”定义了数据的完整性约束条件，是设计数据检验功能的依据。例如学生学号，通过取值范围的定义，可以检验年级、学院、专业和班级的正确性。

数据流

系统名称：行车调度子系统　　编号：09

条目名：货物列车车次　　简述：货物列车车次编号

属于数据流：列车运行时分　　存储处：基础数据　基本运行图、实绩运行图

数据项构成：

代码类型	取值范围	意义
5{字符}5	00001-99999	技术直达列车：10001-19998； 直通货物列车：20001-29998； 区段货物列车：30001-39998； 超限货物列车：70001-79998； ……

简要说明：为区分不同方向、种类、区段的列车，为每列车分配标识码

图 5-33　数据字典——数据项

3. 数据流

数据流表明系统中的数据流向，由一个或一组固定的数据元素（数据项）组成。定义数据流时，不仅要说明数据流的名称、组成等，还应指明它的来源、去向和数据流量等内容。其中：“来源”用于说明该数据流来自哪个处理过程、数据存储或外部实体；“去向”用于说明该数据流将到哪个处理过程、数据存储或外部实体去；“平均流量”是指在单位时间（每天、每周、每月等）里的传输次数；“高峰期流量”则是指在高峰时期的数据流量。

4. 数据存储

数据存储是数据停留或保存的地方，描述数据的逻辑存储结构，但不涉及物理组织。具体包括：数据存储的编号、名称、组成、关键字及描述等。

5. 数据加工

数据加工是对数据流程图中的处理过程加以说明，仅对数据流程图中最底层的处理逻辑加以说明。加工逻辑必须描述处理过程把输入数据转换为输出数据流的转换规则，说明描述转换的策略，而不是转换的实现细节，即主要描述一个加工“做什么”，而不是用程序设计语

来描述具体的加工过程，可以用决策树等方式来描述。其中："处理频度"用于描述如单位时间里处理多少事务、多少数据量、响应时间要求等，是后面物理设计的输入及性能评价的标准。

<table>
<tr><td colspan="2">数据流
系统名称：行车调度子系统　　编号：D07
流名称：列车运行时分　　别名：车站列车到发记录</td></tr>
<tr><td>来源：车站子系统</td><td>去处：时分采集管理
运行图管理</td></tr>
<tr><td colspan="2">数据流组成：
列车运行时分=列车编号+计划类别+站名+站名代码+站序+到达时刻+出发时刻+车次+场别+图定车次+接续车次+作业标志</td></tr>
<tr><td colspan="2">数据流量：100000/日
高峰流量：500000/日</td></tr>
<tr><td colspan="2">描述：记录列车到达、出发时间等信息</td></tr>
</table>

图 5-34　数据字典——数据流

<table>
<tr><td colspan="3">数据存储
系统名称：行车调度子系统　　编号：F01
存储名称：调度命令　　简述：存储调度命令信息</td></tr>
<tr><td>存储组织：每条命令一条记录</td><td>记录数：约20000</td><td>关键字：调度命令号</td></tr>
<tr><td colspan="3">记录组成：
调度命令号+编写人编号+发令人编号+命令类型+发令时间+受令内容+签发实际时间+到达签收标记+备注</td></tr>
<tr><td colspan="3">相关联的处理：调度命令增加、审批、下达、修改、删除、搜索</td></tr>
</table>

图 5-35　数据字典——数据存储

<table>
<tr><td colspan="2">加工逻辑
系统名称：行车调度子系统　　编号：P1.3
逻辑名称：调度命令搜索　　简述：调度命令搜索处理</td></tr>
<tr><td>输入：搜索条件</td><td>输入：调度命令搜索结果</td></tr>
<tr><td colspan="2">加工逻辑：
1、获取行调输入的检索条件，如日期、车站名称等；
2、按检索条件查找已审批调度命令数据库等；
3、将检索结果返回给行调；
4、行调可以进一步调度命令修改或调度命令删除模块；
5、……。</td></tr>
<tr><td colspan="2">处理频率：1000次/日</td></tr>
</table>

图 5-36　数据字典——加工逻辑

6. 外部实体

对外部实体加以说明。外部实体的定义包括：外部实体的编号、名称、相关的输入数据和输出数据以及基本描述。

外部实体	
系统名称：行车调度子系统	编号：S01
实体名称：行车调度员	简述：行调子系统用户
输入数据流：车站回执 列车运行时分	输入数据流：调度命令 列车调整计划
主要特征： 行车调度员：即行调子系统服务的对象 主要特征：行车调度员编号、姓名、权限等	
基本职责：负责所辖调度区段内有关列车运行的组织指挥，实现列车运行图、列车编组计划及运输方案； 组织本调度区段完成班计划规定的装车、卸车、分界站列车和车辆交接。	

图 5-37 数据字典——外部实体

六、功能数据分析

对实际系统的业务流程、管理功能、数据流程以及数据都做了详细的了解和形式化的描述后，就可以在此基础上进行系统化的分析，以便整体考虑新系统的功能子系统和数据资源的合理分布，进行这种分析的有力工具就是功能/数据分析。功能/数据分析是在业务流程、数据流程及数据分析的基础上，为了整体地考虑新系统的功能子系统和数据资源的合理分布而进行的系统化的分析。功能/数据分析是通过 U/C 矩阵的建立、分析和调整变换来实现的。通常包括三个步骤，首先，建立 U/C 矩阵；其次，要根据“数据守恒原理”对建立的 U/C 矩阵进行正确性检验，确保矩阵的正确性；最后，是对 U/C 矩阵进行调整和变换工作，形成新系统的功能子系统和数据资源分布。

1. U/C 矩阵的正确性检验

（1）检验的目的。

首先，通过 U/C 矩阵的正确性检验及时发现前段分析和调查工作的疏漏和错误；其次，通过 U/C 矩阵的正确性检验分析数据的正确性和完整性；再次，通过对 U/C 矩阵的求解过程最终得到子系统的划分；最后，通过对子系统之间的联系（“U”）可以确定子系统之间的共享数据，确定数据资源分布。

（2）检验的内容。

U/C 矩阵正确性检验包括三个方面：

完备性检验：U/C 矩阵的每一列必须有一个 C 和至少一个 U，每一行必须有 C 或 U，否则 U/C 矩阵是不完备的。完备性检验可以使我们及时发现表中的功能或数据项的划分是否合理，以及 U 或 C 有无错填或漏填的现象发生。

一致性检验：对每一个具体的数据类必有且仅有一个 C，如果有多个产生者的情况出现，则产生了不一致现象，其结果会给后续开发工作带来混乱，而如果没有产生者，则是功能/数据划分不当。

无冗余检验：表中不允许有空行或空列，如果发生空行或空列，则可能是漏填了 C 或 U，或者是功能/数据划分没有必要。

数据类 过程	帐号密码	调度员信息	列车运行计划	动车交路计划	车辆分配计划	乘务计划	基本计划	时刻表	线路参数	车站参数	开行方案	列号
注册	C	U										1
登录	U	C										2
列车运行计划编制			C						U	U	U	3
动车交路计划编制			U	C						U		4
车辆分配计划编制			U	U	C							5
乘务计划编制			U	U		C						6
基本计划生成			U	U	U	U	C					7
时刻表生产			U					C				8
基础数据管理		U							C	C	C	9
行号	1	2	3	4	5	6	7	8	9	10	11	

图 5-38 U/C 矩阵的正确性检验

2. U/C 矩阵的求解和功能划分

U/C 矩阵的求解过程是对系统结构划分的优化过程，是基于子系统划分应相互独立，而且内部凝聚性高这一原则之上的一种聚类操作。具体过程如下：

• 调整表中的行变量或列变量，使得“C”元素尽量地朝对角线靠近。

• 在调整后的 U/C 矩阵中划出一个个的小方块，方块的绘制要沿着对角线一个接一个地画，既不能重叠，又不能漏掉任何一个数据和功能，小方块的划分是任意的，但是必须将所有的“C”元素都包含在小方块内。

注意：对同一个调整方案，子系统的划分结果不是唯一的，具体如何划分需要根据实际情况以及系统分析员个人的工作经验和习惯来确定。

3. 数据资源分布

通过子系统之间的联系 U 可以确定子系统之间的共享数据。子系统划定之后，所有数据的使用关系都被小方块分隔成了两类：一类在小方块以内，另一类在小方块以外。留在小方块外的若干个“U”元素，是今后子系统之间的数据联系，即共享的数据资源，将这些联系用箭头表示。在小方块以内所产生和使用的数据，则今后主要放在本子系统的计算机设备上处理。而在小方块以外的“U”，则表示了各子系统之间的数据联系，这些数据资源今后应考虑放在网络服务器上供各子系统共享或通过网络来相互传递数据。

过程 \ 数据类	帐号密码	调度员信息	列车运行计划	动车交路计划	车辆分配计划	乘务计划	基本计划	时刻表	线路参数	车站参数	开行方案	列号
注册	C	U										1
登录	U	C										2
列车运行计划编制			C						U	U	U	3
动车交路计划编制			U	C						U		4
车辆分配计划编制			U	U	C							5
乘务计划编制			U	U		C						6
基本计划生成			U	U	U	U	C					7
时刻表生产			U					C				8
基础数据管理		U							C	C	C	9
行号	1	2	3	4	5	6	7	8	9	10	11	

图 5-39　U/C 矩阵的求解和功能划分

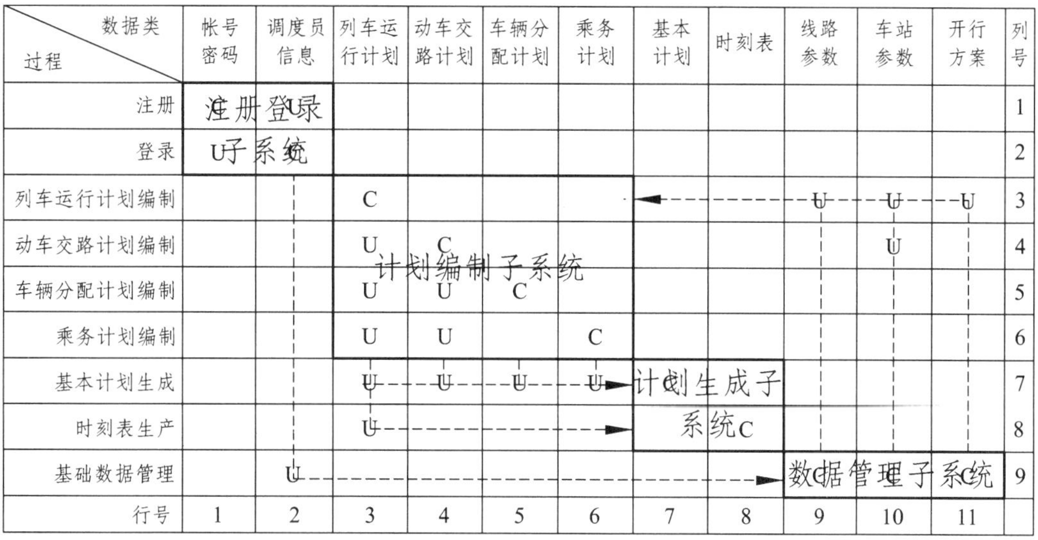

图 5-40　数据资源分布

U/C 矩阵的求解算法

随着矩阵规模的扩大，直接由人工调整的方法将会变得十分繁杂。因此，利用计算机来完成这种聚类操作成为系统化的一种方法，算法描述如下：

1、构造互不干涉系数数列，其规律为：

- A1=任意正整数
- A2=任意正整数且大于 A1
- A3= A1+ A2+1
- A（i）=2×A（i-1）

例如：

A1=1，A2=3，A3=A1+A2+1=5，

A4=2×A3=10，A5=2×A4=20，……。

2、对 U/C 矩阵内的 C 元素按行作相关的不干涉系数求和运算

- $S=\sum_{j=1}^{n}B_j\times C_{ij}$，$i=1,2,\cdots,m$，按所求值由小到大调整列排序

3、对 U/C 矩阵内的 C 元素按列作相关的不干涉系数求和运算

- $S=\sum_{i=1}^{m}A_i\times C_{ij}$，$j=1,2,\cdots,n$，按所求值由小到大调整行排序

七、新系统逻辑方案的建立

基于计算机的管理信息系统是脱胎于已经存在的人工管理系统。所以，在系统调查时，必须画出现行系统的“物理模型”。在现行系统“物理模型”的基础上，可抽象出现行系统的“逻辑模型”，对现行系统的“逻辑模型”进行分析和优化，并进一步调查用户需求，可建立目标系统的“逻辑模型”。在这里“逻辑模型”与“物理模型”的主要差别就是“做什么”与“怎么做”的差别。逻辑模型反映了系统的性质，而物理模型反映的是系统的某一种具体实现方案。新系统逻辑方案是系统分析阶段的最终成果，对于下一步设计和实现都是基础性的指导文件。

1. 信息处理方案

新系统逻辑方案的建立是系统分析阶段的最终成果，指的是经分析和优化后新系统拟采用的管理模型和信息处理方案，它是对于下一步系统设计和实现的纲领性的指导文件。其包括 4 个方面的内容：

• 对系统业务流程分析整理结果。

• 数据及数据流程分析整理结果。

• 子系统的划分的结果。

• 需要建立的管理模型和管理方法。

系统分析工作对原有系统进行了大量的分析和优化，这个分析和优化的内容包括：

（1）确定合理的业务处理流程。

删去或合并了哪些多余的或重复处理的流程？对哪些业务处理过程进行了优化和改动？改动的原因是什么？改动后将带来哪些好处？给出最后确定的业务流程图；指出在业务流程图中哪些部分新系统可以完成，哪些部分需要用户完成或需要用户配合新系统完成。

（2）确定合理的数据和数据流程。

请用户确认最终的数据指标体系和数据字典，包括指标体系是否合理，数据精度是否满足要求；删去或合并了哪些多余的或重复的数据处理过程？对哪些数据处理过程进行了优化和改动？改动的原因是什么？改动后将带来哪些好处？给出最后确定的数据流程图；指出在数据流程图中哪些部分新系统可以完成，哪些部分需要用户完成或需要用户配合新系统完成。

（3）确定新系统逻辑结构/数据分布。

新系统逻辑划分方案，即子系统划分；新系统数据资源分布方案，哪些数据存储在本系统设备内部，哪些数据存储在网络服务器或主机上。

2. 新系统可能涉及的管理模型

管理模型是系统在每个具体管理环节上所采用的管理方法的抽象，确定新系统的管理模型就是要确定今后系统在每一个具体的管理环节上的处理方法。在手工系统中，由于受信息获取、传递和处理手段的限制，只能采用一些简单的管理模型，而在计算机技术和网络技术支持下，现代管理方法的应用就具有了实现的可能性。

系统分析中要根据业务和数据流程，对每个处理过程进行认真分析，研究每个管理过程的信息处理特点，找出相适应的管理模型。一般可能涉及的管理模型有：

（1）综合计划模型。包括综合发展模型：企业中长期计划模型、厂长经理任期目标模型、新产品开发和生产结构调整模型、中长期计划滚动模型；资源限制模型：数学规划模型、资源分配限制模型。

（2）生产计划模型。包括生产计划大纲：安排生产任务模型、物料需求计划（MRP）模型、设备负荷和生产加工能力模型、量－本－利分析模型、投入产出模型和其他数学规划模型；生产作业计划：投入产出矩阵模型、网络计划/关键路径法模型、物料需求计划模型、设备能力负荷平衡模型、滚动式生产作业计划模型、甘特图（Gantt Chart）模型。

（3）库存管理模型。有库存物资分类法、库存管理模型，还有最佳经济订货批量模型等等。

（4）财会管理模型。如品种法、分步法、逐步结转法、平行结转法、定额差异法等，用于直接生产过程消耗的计算，以及完全成本法和变动成本法，用于间接费用的分配。

（5）成本管理模型。如数量经济模型、投入产出模型、实际成本与定额成本比较模型、本期成本与历史同期可比产品成本比较模型、产品成本与计划指标比较模型、产品成本差额管理模型和量本利分析模型等。

（6）经营决策模型。确定有效的经营管理决策模型需要同决策者进行反复的协商、研究。

（7）统计分析模型。一般用来反映销售、市场、质量、财务状况等的变化情况及未来发展的趋势，内容包括：市场占有率分析、消费变化趋势分析、利润变化、质量状况与指标分布、综合经济效益指标分析等。

（8）预测模型。常用的有多元回归预测模型、时间序列预测模型和普通类比外推模型等。

【学习指导】

主要从总体上把握系统分析阶段的工作内容，从组织结构及功能调查与分析开始，系统分析阶段就是一个从粗到细，由表及里的调查分析过程，即部门结构、各部门所做的工作、这些工作是如何做的这样一个过程，并在此基础上，分析各部门所做的工作十分合理，实际工作中产生的问题的原因，如何改进。在此过程中必须用到一系列的工具，掌握这些工具的特点、用法。

在数据流程调查中，着重掌握数据流程图的画法，如何建立数据字典；对于处理调查，需要针对具体业务处理过程，综合运用所学知识，同时，结合数理知识，对实际中行之有效的经验进行归纳、抽象上升到理论高度，建立起对应的算法模型。

掌握 U/C 矩阵的基本概念、建立、校验和求解过程，理解其功能。

明确新的管理信息系统逻辑模型是对现状分析整理和优化处理后的一种方案，以及为保证其正常运行所建立的运行环境。

【本章习题】

1. 请根据车站站调（调车区长）车辆甩挂、取送基本工作流程的描述，绘制相应的业务流程图。

（1）车站站调接收调度所计划调度员日（班）工作计划及行车调度员 3~4 小时列车工作计划，得到本站在本日（班）到发列车计划时刻及计划编组内容。

（2）车站站调结合本站现车系统现在车实际数据，制定本站调车机甩挂计划和取送作业计划。

（3）车站站调根据计划执行情况，更新本站现车系统现在车实际数据。

注：每画出一个模块且相互连接关系正确得 1 分。

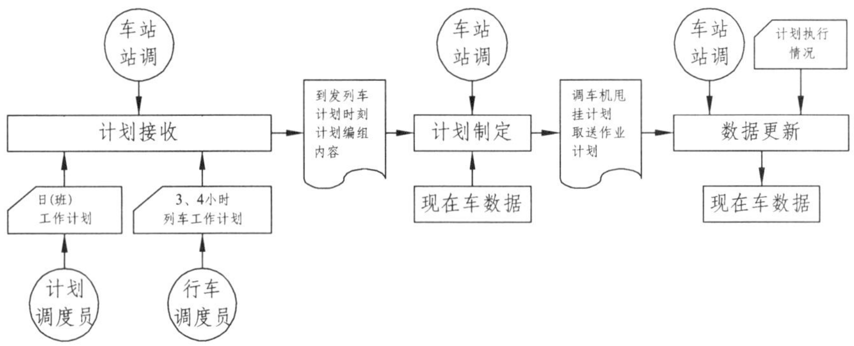

图 5-41

第六章 MIS 的系统设计

教学目的	使学生理解系统设计是在需求分析的基础上进行具体设计，确定系统的新的实施方案，即该问题的软件解决方案。
教学重点	结构化设计思想和模块化设计思想，概念结构到逻辑结构的转化。
教学难点	模块化设计思想、概念结构到逻辑结构的转化。
难点解决	实例讲解+程序演示+动画演示
知识汇总	1. 理解系统总体设计的要求，掌握子系统划分的原则，理解管理信息系统的平台设计的依据、基本要求和内容，系统软硬件的配置的相关问题，管理信息系统网络系统设计的相关问题，理解计算机处理流程设计的相关问题； 2. 理解信息分类编码的重要意义，掌握信息分类的基本原则和常用的基本方法，理解代码设计原则，掌握代码结构中的校验位设计； 3. 理解并掌握数据库设计的方法，掌握信息模型的设计与应用，掌握 E-R 图的绘制、转换，掌握数据库设计规范化设计方法，掌握 1NF、2NF、3NF 的应用； 4. 理解输入/输出设计的基本原则和方法，理解原始单据、输入屏幕设计的设计原则和方法； 5. 理解模块功能与处理过程设计的相关问题；理解模块数量与软件成本的关系；掌握从数据流图导出结构图的方法；掌握系统设计的描述工具：HIPO 图、层次模块结构图、结构化英语、决策树、判断表的使用方法。
课程导入	如果说系统分析阶段所提出的系统逻辑模型还只是一种想法的话，系统设计阶段就是将这种想法付诸实践，结合用户的实际情况，具体设计如何实现系统分析阶段所提出的新的管理信息系统应该“如何做”的问题，即设计详细的技术文档。

第一节　系统设计概述

系统设计是信息系统开发过程中的另一个重要阶段，在这一阶段中，我们将根据系统分析阶段的成果，在已经获得批准的需求规格说明书的基础上，进行新系统设计工作。一般来说，系统设计主要包括两个方面，首先是总体结构的设计，其次是具体物理模型的设计。

系统设计知识框架如图 6-1 所示。

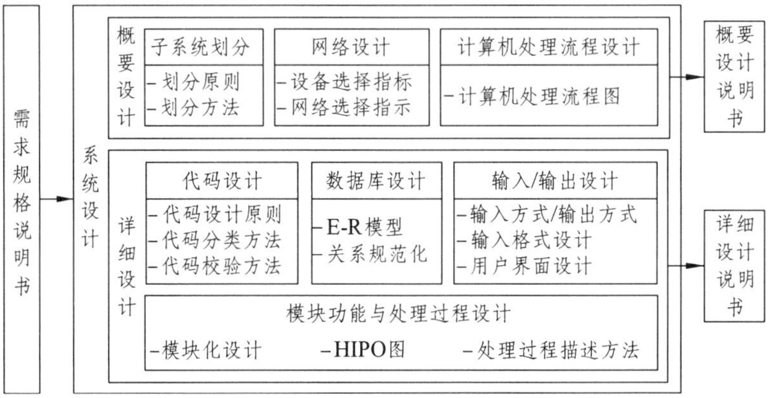

图 6-1　系统设计知识框架

（1）系统设计目的。

系统设计的主要目的是在科学、合理地设计系统模型基础上，尽可能提高系统的运行效率、可变性、可控性和工作质量。充分利用并合理投入各类可以使用的人、财、物等资源，使之获得较高的综合效益。即将系统分析阶段所提出的反映了用户信息需求的系统逻辑方案，转换成可以实施的基于计算机与网络通信系统的物理方案。

（2）主要任务。

从 MIS 开发的总体目标出发，根据系统分析阶段对系统逻辑功能的要求，考虑到经济、技术和运行环境等方面的条件，确定系统的总体结构和系统各组成部分的技术方案。合理选择计算机和网络通信的软硬件设备，提出系统的实施计划，确保总体目标的实现。

（3）基本思想。

系统性：就是在功能结构设计时，全面考虑各方面情况，不仅考虑重要的部分，也要兼顾考虑次重要的部分，不仅考虑当前亟待开发的部分，也要兼顾考虑今后扩展部分。

自顶向下分解步骤：先将系统分解为各个单独的子系统，各子系统的功能总和为上层系统总的功能；再将子系统分解为功能模块，下层功能模块实现上层的模块功能。这种从上往下进行功能分解的过程就是由抽象到具体，由复杂到简单的过程（这种步骤从上层看，容易把握整个系统的功能不会遗漏，也不会出现冗余，从下层看各功能的具体实现会比较容易）。

层次性：自顶向下分解是按层次进行的，同一个层次是同样由抽象到具体的程度，各层间应具有可比性，如果有某些层次各部分间抽象程度相差太大，那极可能是划分不合理造成的。

第二节　系统总体结构设计（概要设计）

系统总体结构设计就是要根据系统分析的要求和组织的实际情况来对新系统的总体结构形式和可利用的资源进行大致分析，是一种宏观的、总体上的设计和规划，其任务是设计系统的框架和概貌，并向用户单位和领导部门作详细报告。

一、子系统划分

子系统划分就是按结构化开发方法的基本思想，将实际对象按其管理要求、环境条件和开发工作的方便程度，将其分为若干个相互独立的子系统，子系统再划分为具体的模块，层层划分，最后才自下而上地逐步设计。

1. 子系统划分的原则

（1）子系统要具有相对独立性：即尽量减少子系统间不必要的数据调用和控制联系，并将联系比较密切、功能近似的模块相对集中，这样对以后的搜索、查询、调试、调用都比较方便。

（2）尽量减少子系统间数据的依赖性：子系统之间的联系要尽量减少，子系统间的接口要简单、明确，在划分时联系较多的模块要尽量放入同一子系统中。

（3）子系统划分的结果应使数据冗余较小：如果将相关的功能数据划分到不同的子系统中，就会导致大量的原始数据需要调用，大量的中间结果需要保存和传递，大量的计算工作需要重复进行，其结果是使程序结构紊乱，产生数据冗余，降低系统的工作效率。

（4）子系统的设置应充分考虑今后管理发展的需要：通常现存的系统由于各种原因，很可能没有考虑到一些高层次管理决策的进一步需求。为了适应现代管理的发展，对于原有系统的这些缺陷，在新系统的研制过程中应设法将它补上，只有这样才能使系统实现以后不但能够更准确、更合理地完成现存系统的业务，而且可以支持更高层次、更深一步的管理决策。

（5）子系统的划分应便于系统分阶段实现：信息系统的开发是一项较大的工程，它的实现一般都要分期分步进行。所以子系统的划分应该考虑到这种要求，适应这种分期分步的实施。另外，子系统的划分还必须兼顾组织机构的要求，以便系统实现后能够符合企业现有的情况和人们的习惯，更好地运行。

（6）子系统的划分应考虑到各类资源的充分利用：一个恰当的划分应该既考虑有利于各种设备资源在开发过程中的搭配使用，又考虑到各类信息资源的合理分布和充分使用，以减少系统对网络资源的过分依赖和对输入、输出、通信等设备的压力。

2. 子系统划分的方法

按功能划分是目前最常用的一种划分方法，其依据是业务功能一览表。

按业务处理顺序划分的依据是业务流程分析的结果，这种划分在一些时间和处理过程顺序特别强的系统中常常采用，例如：供应链管理系统包括零售商、分销商、供应商系统。

按数据拟合程度划分是指按数据在子系统内部尽量集中来划分，这种划分方式的子系统内部聚合力强，外部通信压力小。

按业务处理过程划分是指在某些系统开发资源限制较大的场合，特别是要分段实现开发工作时，不得已而采用的方式。

目前常用的划分方法是一种以功能/数据分析结果为主，兼顾组织实际情况的划分方法，在实际划分过程中，可以依据业务功能一览表进行修订。

实例 6-1：高速铁路调度指挥系统——子系统划分

为了与调度组织结构和职责、高速铁路运营的具体要求相适应，高速铁路调度指挥系统设计为一体化综合系统，具体子系统划分如图 6-2 所示。系统遵循以准确的运输计划为核心，实现基本计划、实施计划和运行实绩的统一管理，采用分散自律型结构，通过自动控制方式及时准确地实施调度员的指挥意图，满足高速度、高密度运行的要求，符合提高铁路运输业务效率的基本原则。

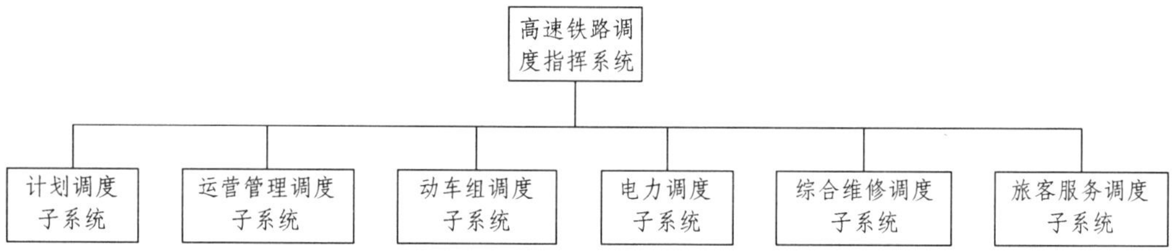

图 6-2　高速铁路调度指挥系统子系统划分

各子系统功能如下所述：

（1）计划调度子系统。主要是依据计划编制规则，提供计算机编制列车运行图及相关计划的功能和手段，具备牵引计算、合理性检查和模拟仿真等功能。基本计划以线路数据、动车组参数、信号系统参数、车站参数等数据为依据，结合客流分析与列车开行方案进行编制。

（2）运营管理调度子系统。根据列车运行计划组织列车安全、正点运行。功能主要是接收实施计划（包括列车运行、动车组运用、乘务安排、施工维修等实施计划），实现人工或自动生成列车运行调整计划、人工或自动进行列车进路控制、实施列车运行监控、绘制列车实际运行图、实现列车跟踪及车次号校核等。

（3）动车组调度子系统。主要任务是动车组运用和乘务组运用。

……

（6）旅客服务调度子系统。主要完成实时监视客流情况、客票发售情况，监督列车运行及早晚点状态，实施乘务管理，对大型车站重点部位进行视频监视，发布各种旅客服务信息，列车运行紊乱或突发事件发生时提出旅客疏运方案等工作。

二、网络设计

网络设计考虑如何将子系统从内部用局域网连接起来，以及今后系统将如何与其他外部系统相连接。网络设计并不是去设计或开发出一个网络，而是根据实际业务的需要考虑如何配置和选用一个网络产品。

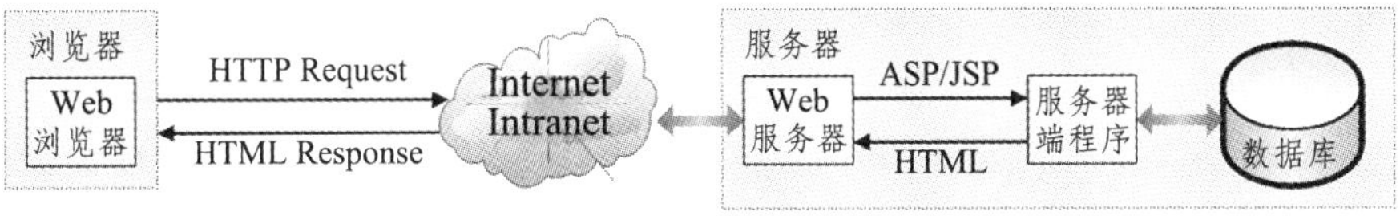

图 6-3　B/S 三层结构模式

网络设计的步骤如下：

步骤 1：根据系统结构划分的结果，安排网络和设备的分布，即什么地方要什么设备？哪些设备需要联网？网络的结构采用什么方式为好？选用什么网络产品等。

步骤 2：根据企业内部的布局来考虑联网布线和配件。

步骤 3：根据实际业务要求划定网络节点的级别、管理方式、数据读写的权限、选择相应的软件系统等。

实例 6-2：铁路列车调度指挥系统——网络设计

铁路列车调度指挥系统（Train Operation Dispatching Command System，简称 TDCS）是实现铁路各级运输调度对列车运行实行透明指挥、实时调整、集中监控的现代化信息系统。TDCS 由铁道部、铁路局 TDCS 中心局域网及车站基层网组成，是一个从现代运输管理的角度构造、覆盖全路的调度指挥系统。

TDCS 的设计分为三层网络体系结构：

（1）铁道部调度指挥中心 TDCS 处于最高层，是核心部分，是现代化铁路运输调度指挥的心脏。部调度指挥中心 TDCS 以铁道部调度指挥中心大楼为主体，构成一个为调度指挥服务的局域网；通过专线通道、数据网链路、路由器与各铁路局调度指挥中心远程连接，进行信息交换，并建立全路有关专业技术资料库。铁道部调度指挥中心能获得各铁路局分界口、重要铁路枢纽、主要干线等的运输状况和 TDCS 基层网等实时信息。

（2）铁路局调度指挥中心 TDCS 处于第二层，在各铁路局所在地建有铁路局调度指挥中心局域网。铁路局调度指挥中心通过专线通道、数据网链路、路由器与铁道部、相邻铁路局调度指挥中心远程连接，进行信息交换。铁路局调度指挥中心 TDCS 不仅是一个管理层，同时也是直接调度指挥行车的指挥层，不仅要完成基层网信息的汇总、处理和标准化，给铁路局各级调度提供监视的同时，还按要求将基层信息通过专线通道、数据网链路传送到上层铁道部调度指挥中心。

（3）最下层是 TDCS 基层网，主要包括车站行车调度指挥系统等。另外，目前已有的各类信息系统，如 TMIS 等，需要向各级调度指挥中心移设或互联，实现信息共享。

铁路局调度指挥中心 TDCS 由中心机房设备、调度所设备和远程工作站设备三大部分组成。铁路局 TDCS 通过路由器，经 2M 通道与所管辖的车站基层网、相邻局 TDCS 以及铁道部中心 TDCS 连接，互相交换信息。铁路局 TDCS 各设备通过交换机与路由器相连，构成主、备星形连接局域网实现信息交换与共享。铁路局 TDCS 网络结构如图 6-4 所示。中心机房设备包括数据库服务器、应用服务器、通信服务器、网络交换机、网络管理工作站、系统维护工作站、电源屏设备、防雷设备和远程通信设备。调度所设备包括行车调度台工作站、基本图维护工作站、调度主任工作站、主任助理工作站、值班主任工作站、分析室工作站、机调、货调、局长等工作站和大屏幕系统。远程工作站设备包括机务段（折返段）、车务段调度命令工作站和电务段调度工作站。铁路局 TDCS 局域网采用双网系统，对系统重要设备，如服务器、交换机和路由器等的软硬件均为双套冗余。

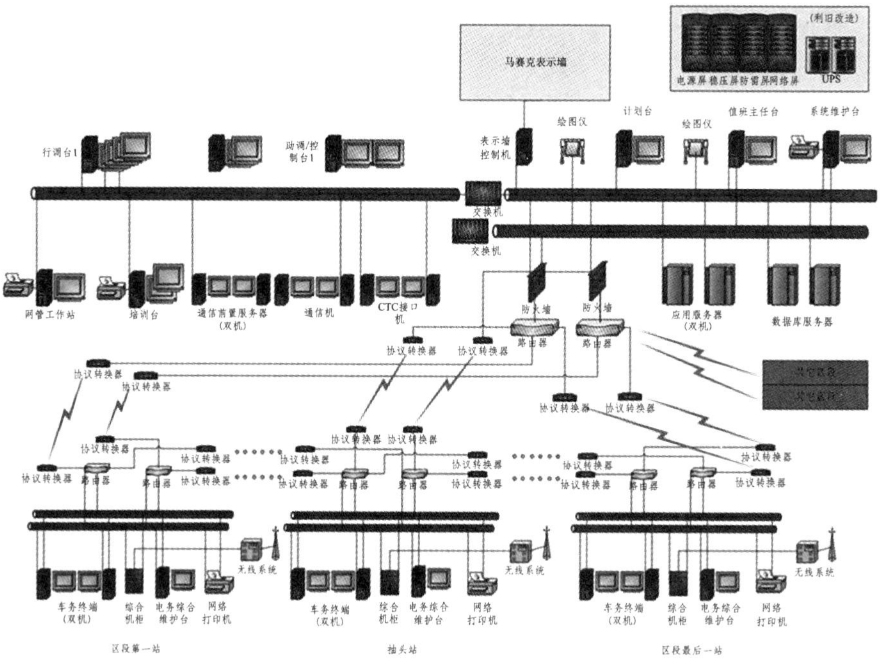

图 6-4　铁路局调度指挥中心 TDCS 系统网络设计

三、计算机处理流程设计

在确定了子系统的划分和系统的设备配置之后，还必须根据系统分析方案大体勾画出设计者关于每个子系统内部计算机处理流程的草图，以此作为后继设计详细模块调用关系、模块处理功能以及数据和业务在新系统计算机内部处理过程的基础。

通常用于描述开发者关于计算机处理流程设计思想的是计算机处理流程图，主要侧重描述信息在新系统内部各介质之间的流动、转换、存储和处理，是设计者在系统详细设计过程中，对信息在计算机内部处理过程的大致想法，经常会随着后续的设计过程而不断变化。

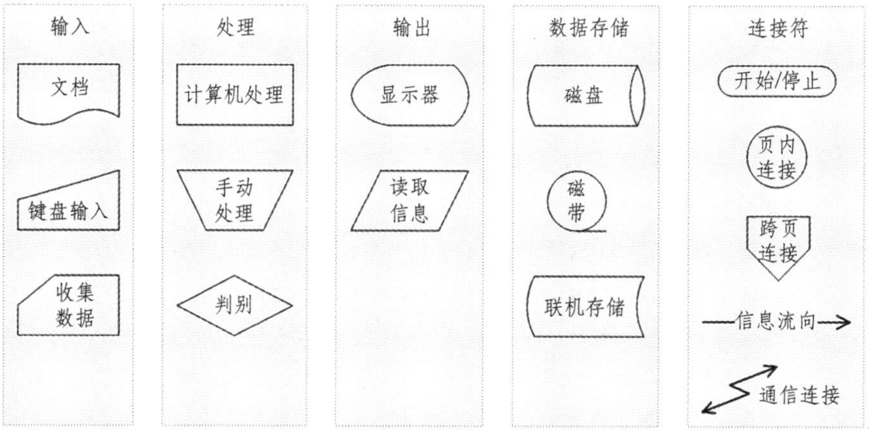

图 6-5　计算机处理流程图基本符号

注意事项：计算机处理流程图是在新系统的数据流程图基础上绘制的，表示的是计算机的处理流程，而数据流程图除了反应计算机的处理流程外还反映了人工操作部分；绘制的前提是已经确定了系统的边界、人—机接口和数据处理方式。

第三节　详细设计

一、代码设计

要实现信息系统的集成化，必须是在以计算机网络支持下的物理集成基础上，实现系统的信息集成，也就是说使整个企业范围的信息达到共享，并且在不同的部门之间，使信息保持完整、一致而且不冗余。为了实现信息集成，除了建立全企业范围内的信息模型外，对整个企业范围的信息进行统一的分类编码也是至关重要的。

代码设计问题，严格说是一个科学管理问题，其目的是要设计出一套能为企业系统各部门公用的、优化的代码系统。设计出一个好的代码方案对于系统的开发工作是一件极为有利的事情，它可以使很多计算机处理（如统计、校验、查询等）变得十分方便，可以把现阶段计算机难于处理的工作变成很简单的处理。信息分类编码是利用计算机辅助企业管理必要的前提条件，一般情况下，信息的分类在先，编码在后。

1. 定义及作用

代码（Code）是人为确定的代表客观事物（实体）名称、属性或状态的符号或者是这些符号的组合。在管理信息系统中，代码是人和机器的共同语言，是系统进行信息分类、校对、统计和检索的依据，代码的作用表现在：

（1）唯一化。

在现实世界中有很多东西如果不加标识是无法区分的，这时机器处理就十分困难，能否将原来不能确定的东西，唯一地加以标识是编制代码的首要任务。例如：在学生档案管理中不难发现，学生的姓名不管在一个多么小的单位里都很难避免重名，为了避免二义性就需要编制学生的学号。

（2）规范化。

唯一化虽是代码设计的首要任务，但如果仅仅为了唯一化来编制代码，那么代码编出来后可能是杂乱无章的，使人无法辨认，而且使用起来也不方便，所以在唯一化的前提下还要强调编码的规范化。例如，在中国图书馆分类法中：C—社会科学总论、F—经济、G—文化/科学/教育/体育、O—数理科学/化学、TP—自动化技术/计算机技术、U—交通运输。

（3）系统化。

系统所用代码应尽量标准化，各行业都有其标准分类方法，在实际工作中，一般企业所用的大部分编码都有国家或行业标准，所有企业必须执行。另外一些需要企业自行编码的内容，例如：生产任务码、生产工艺码、零部件码等，都应该参照其他标准化分类和编码的形式来进行。

2. 分类原则

严格地讲，代码设计是从编制数据字典开始的，编码对象主要为数据存储中所包含的数据项与数据结构。代码设计的结果应形成编码文件，作为系统设计与编程的标准。在现行系统中，往往已经存在着一套代码系统，但是这种代码不一定适合计算机处理，而且往往不科学、不统一，为此应对本系统使用的代码进行调查研究和统一规划，以便进行重新设计或修订，其中对重要代码的设计应依据国家有关编码标准。

一个设计良好的代码既要保证处理问题的需要，又要保证科学管理的需要，在实际分类时必须遵循如下几点：

（1）必须保证有足够的容量。

要足以包括规定范围内的所有对象，如果容量不够，不便于今后变化和扩充，随着环境的变化这种分类可能很快就失去了生命力。例如：身份证号码从原来的 15 位编码升为现今的 18 位编码，又如计算机“千年虫”问题，见资料 6-1。

（2）按属性系统化。

分类不能是无原则的，必须遵循一定的规律，分类应按照处理对象的各种具体属性，系统地进行分类。如在线分类方法中，哪一层次是按照什么属性来分类，哪一层次是标识一个什么类型的对象集合等都必须系统地进行，只有这样的分类才比较容易建立，并且比较容易为别人所接受。例如：某品牌电视的型号由尺寸、系列、类型、功能四部分组成，型号 42L08HF 中的 42 是尺寸、L 表示液晶显示、08 是外观设计系列、H 是家用、F 是高清 FHD 屏（分辨率 1920×1080）。

（3）分类要有一定的柔性。

不至于在出现变更时破坏分类的结构。所谓柔性是指在一定情况下分类结构对于增设或变更处理对象的可容纳程度，柔性好的系统在一般的情况下增加分类不会破坏其结构。但是柔性往往还会带来别的一些问题，如冗余度大等，这是设计分类时必须考虑的问题。

（4）注意本分类系统与外系统和已有系统的协调。

任何一项工作都是从原有的基础上发展起来的，故在分类时一定要注意新老系统的协调性，以便于系统的联系、移植、协作以及新老系统的平稳过渡。

3. 代码分类方法

目前最常用的分类方法概括起来有两种，一种是线分类方法，另一种是面分类方法，在实际应用中根据具体情况各有其不同的用途。

（1）线分类方法。

线分类方法的出发点是：首先给定母项，母项之下分若干子项，由对象的母项分大集合，由大集合确定小集合，最后落实到具体对象。如图 6-6 所示，线分类划分原则是唯一性和不交叉性。其优点是结构清晰，容易识别和记忆，容易进行有规律地查找，与传统方法相似，对手工系统有较好的适应性。主要缺点是结构不灵活，柔性较差。线分类法是目前应用最多的一种方法，尤其是在手工处理的情况下，它几乎成了唯一的方法。

比较有代表性的国家标准有：GB2260—90《中华人民共和国行政区划代码》（例如，辽宁—210、大连—212），GB4754—84《国民经济行业分类和代码》（例如：F—交通运输业、51—铁路运输、5110—铁路旅客运输、5120—铁路货物运输）。

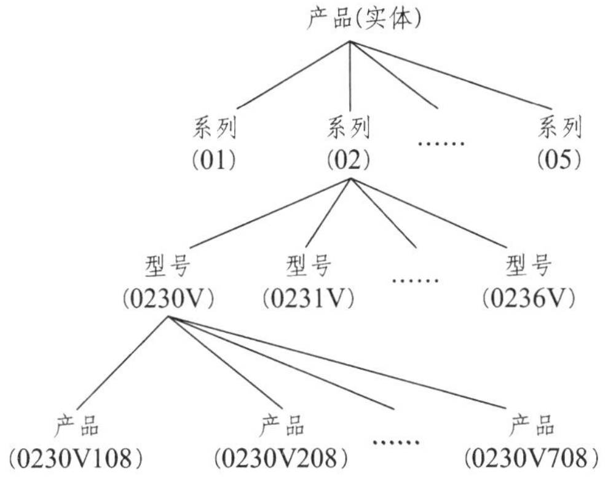

图 6-6　线分类方法示意

实例 6-3：库存物资分类

我国库存物资分类采用国际标准型 EAN-13 条码符号代码，其代码设计就是建立在线性分类法基础上的，EAN 代码由 13 位数字组成，其结构如图 6-7 所示，其中：

P1～P3：是国际物品编码协会分配给其成员国或地区的唯一标识代码，我国的为 690～695。

M1～M4：是企业标识代码，称为厂商代码。

I1～I5：称为商品代码，用以表示具体的商品项目，C 类产品由 00000 到 69999（C 类产品代表低回报产品，价值只占销售额的 5%），B 类由 70000 到 89999（B 类产品占每年销售额的 15%），A 类由 90000 到 99999（A 类产品包括所有高回报产品，一般占每年销售额的 80%和库存存储种类的 20%）。

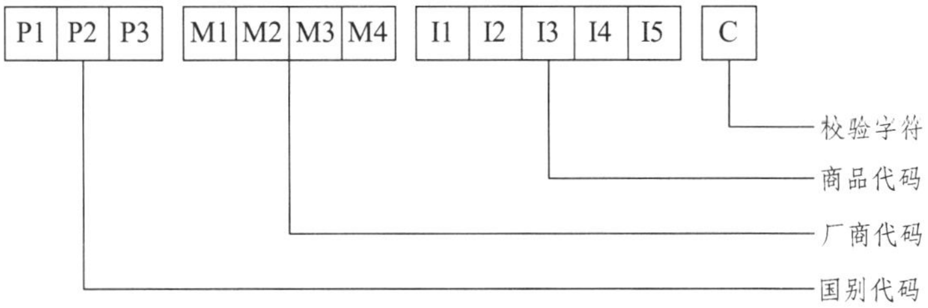

图 6-7　EAN-13 代码设计

实例 6-4：我国铁路危险货物分类编码

我国铁路《品名表》使用的铁危编号是根据铁路危险货物运输长期的实际经验而采用的，每一个编号都是由 5 位阿拉伯数字（有的带有英文大写字母）组成，表明危险货物所属的类别、项别、级别和顺序号，如图 6-8 所示。

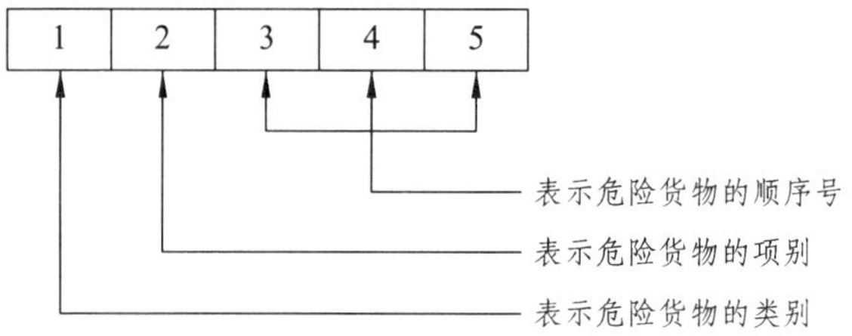

图 6-8 铁路危险货物编号组成含义

铁路危险货物的分类（项）基本采用了国家标准《危险货物分类和品名编号》（GB6944-2005）的类项划分方法。共分为 9 大类共计 25 小项。例如：第 1 大类为爆炸品，第 2 大类为气体，第 2 大类第 1 项为易燃气体等。编号为顺序码，但规定顺序号小于 500（001～500）为该项一级危险货物，顺序号大于 500（501～999）为该项二级危险货物，一级的危险性大于二级。例如：碳化钙（电石）的品名编号为 43025，该编号表明碳化钙属于第 4 大类第 3 项危险货物，顺序号为 025，因小于 500，故该类危险货物的危险级别属于一级。

（2）面分类方法

面分类方法与线分类法不同，主要从面的角度来考虑分类。优点是柔性好，面的增加、删除和修改都很容易，可实现按任意组配面的信息检索，对机器处理有良好的适应性。缺点是不易直观识别，不便于记忆。举例：代码 3212 表示材料为钢的 Φ1.0mm 圆头的镀铬螺钉。

4. 编　码

编码是指分类问题的一种形式化的描述，如果分类问题解决得比较好，编码问题就变成了一个简单的用什么样的字符来表示的问题，目前常用的编码归纳起来有如下几种形式：

（1）顺序码。

顺序码是以某种顺序形式编码，优点是简单，易追加；缺点是可识别性差。在信息系统的代码设计工作中，纯粹的顺序码很少被使用，它总是与其他形式结合使用，例如，各种票据的编号都是顺序码，学生学号的后两位也是顺序码。

（2）数字码。

数字码是以纯数字符号形式的编码，是在各类管理中最常用的一类编码形式，优点是易于校对、易于处理；缺点是不便于记忆，例如商品条形码。

（3）字符码。

字符码即以纯字符形式的编码（英文、汉语拼音等），这类编码常见的有我们在程序设计中的字段名、变量名编码。优点是可辅助记忆；缺点是校对不易，不易反映分类的结构。例如在数据库设计中，所有的表名以及视图名。

（4）混合码。

混合码即以数字和字符混合形式编码，也是在各类管理中最常用的一类编码形式。优点是易于识别，易于表现对象的系列性，缺点是不易校对。例如“GBxxxx”表示国家标准的某类编码，所有的汽车牌照编号都是混合码，如“辽 BCR721”。

实例 6-5：铁路编组站减速顶编号代码设计

减速顶（Piston Retarder）是以液压油和弹性体为介质，安装在钢轨上，通过滑动油缸帽头与车轮接触对车辆起制动、减速作用的设备。车站一般按照减速顶安装所在的车场、股道、区域和顺序进行编号，代码设计如图 6-9 所示。

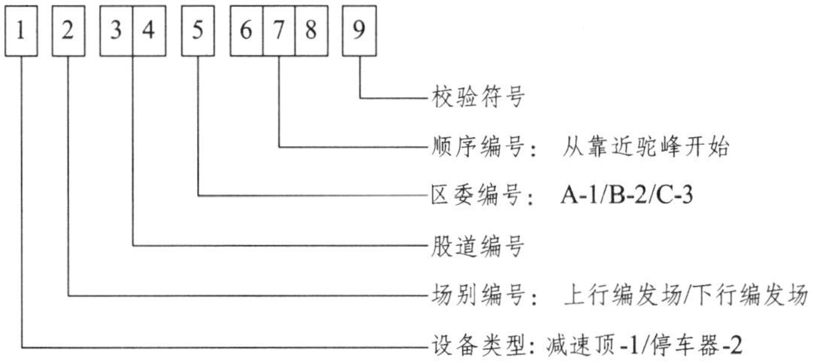

图 6-9　减速顶代码设计

其中：

设备类型：1 表示减速顶，2 表示停车器；

场别编号：3 表示Ⅲ场（下行编发场），4 表示Ⅳ场（上行编发场）；

股道编号：上行编发场共 19 条股道，下行编发场共 13 条股道，按减速顶安装位置标记；

区位编号：从缓行器开始到停车器前截止，每条股道依次划分为 A、B、C 三个区域，其中，1 表示 A 区为密顶区、2 表示 B 区为正常区、3 表示 C 区为散顶区；

顺序编号：A、B、C 三个区分别编号，起始编号为 1，从靠近驼峰位置开始，依次编号。

5. 代码校验

代码作为系统的重要输入内容之一，其正确性直接影响到整个数据处理工作的质量，特别是人们在重复抄写代码并将它通过人手输入计算机时，发生错误的可能性更大，因此需要对输入计算机中的代码进行校验。常见的可能错误包括：识别错误，如 1/7，0/O，Z/2，D/O，S/5；易位错误，如 12345/13245；双易位错误，如 12345/13254；随机错误，上述两种或两种以上错误。

（1）代码校验。

校验代码的一种常用做法是事先在计算机中建立一个“代码字典”，然后将输入的代码与字典中的内容进行比较，若不一致说明输入的代码有错。校验代码的另外一种做法，是设置校验位，即为了保证正确输入，有意识地在编码设计结构中原有代码的基础上，另外加上一个校验位，使它事实上变成代码的一个组成部分。校验位通过事先规定的数学方法计算出来，代码一旦输入，计算机会用同样的数学运算方法按输入的代码数字计算出校验位，并将它与输入的校验位进行比较，以验证输入是否正确。

（2）校验方法。

产生校验值的方法有许多种，各具有不同的优缺点，下面介绍一种较适用于管理信息系统的方法——“加权取余”的校验方法，即在设计好的代码后面再增加一位，作为实际代码的组成部分，增加的一位即为校验位，校验位在使用中没有特殊的含义，步骤如下：

步骤1：对原代码中的每一位加权求和 S，其中权因子可以任意选取，常用的有全取1、摆动数列“1、2、1、2、……”等。

步骤2：求余数 R，用加权和 S 除以模数 M 可得余数 R，其中模数 M 可以任意选取，常用的有10和11。

步骤3：选择校验位，可选用余数 R 直接作为校验值，或把模数 M 和余数 R 之差（即 $M\text{-}R$）作为校验值，取 R 的若干位作为校验值等。

步骤4：最后把获得的校验数值放在原代码的最后作为整个代码的组成部分。

上面介绍的只是校验位的计算方法，实际上，进行编码时可不必计算校验位，该值可由专用设备（如条码符号打印设备）自动生成。

实例6-6：身份证号码交验位的确定

我国现行使用身份证号码有两种，分别遵循两个国家标准，【GB 11643-1989】和【GB 11643-1999】。【GB 11643-1989】中规定的是15位身份证号码，排列顺序从左至右依次为：六位数字地址码，六位数字出生日期码，三位数字顺序码，其中出生日期码不包含世纪数。【GB 11643-1999】中规定的是18位身份证号码，身份号码是特征组合码，由十七位数字本体码和一位数字校验码组成，具体结构如图6-10所示。

校验码是根据前面十七位数字码，按照ISO 7064：1983.MOD 11-2校验码计算出来的检验码，计算公式如下：先引入公式：

$$S=\sum_{i=2}^{18}A_i\times W_i$$

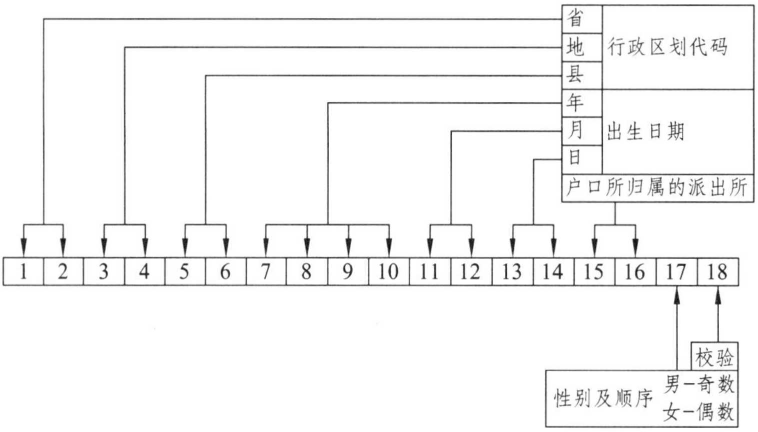

图6-10　18位身份证号码组成含义

其中：i 表示号码字符从右至左包括校验码字符在内的位置序号；A_i 表示第 i 位置上的身份证号码字符值；W_i 表示第 i 位置上的加权因子，其数值依据公式 $W_i=2^{i-1}(\mathrm{mod}11)$ 计算得出。

A_i																		
i	18	17	16	15	14	13	12	11	10	9	8	7	6	5	4	3	2	1
W_i	7	9	10	5	8	4	2	1	6	3	7	9	10	5	8	4	2	

再引入公式：

$$Y = \mathrm{mod}(S,11)$$

计算公式（1）和（2），得到结果 Y，根据下表找出 Y 对应的校验码即为要求身份证号码的校验码 C。

Y	0	1	2	3	4	5	6	7	8	9	10
C	1	0	X	9	8	7	6	5	4	3	2

当余数为 10 时，可以用 X 表示（罗马数字中的 10 就是 X），所以在新标准的身份证号码中可能含有非数字的字母 X。

实例 6-7：商品条码校验位的计算方法

1. 代码位置序号

代码位置序号是指包括校验码在内的，由右至左的顺序号（校验码的代码位置序号为 1）。

2. 校验码计算步骤

（1）A、从代码位置序号 2 开始，所有偶数位的数字代码求和；

（2）B、将步骤 A 的和乘以 3；

（3）C、从代码位置序号 3 开始，所有奇数位的数字代码求和；

（4）D、将步骤 B 与步骤 C 的结果相加；

（5）E、用大于或等于步骤 D 所得结果且为 10 最小整数倍的数减去步骤 D 所得结果，其差即为所求校验码的值。

举例如下："690123456789X1" 校验码的计算步骤如下表所示，"X1" 代表校验号：

计算步骤	举例说明	
① 自右向左顺序编号	序号：13 12 11 10 9 8 7 6 5 4 3 2 1 代码：6 9 0 1 2 3 4 5 6 7 8 9 X	
② 从序号 2 开始求出偶数位上数字之和①	9+7+5+3+1+9＝34	①
③ ①×3＝②	34×3＝102	②
④ 从序号 3 开始求出奇数位上数字之和③	8+6+4+2+0+6＝26	③
⑤ ②＋③＝④	102+26＝128	④
⑥ 用大于或等于结果④且为 10 最小整数倍的数减去④，其差即为所求校验码的值	130－128＝2 校验码 X1＝2	

二、数据库设计

数据库设计是管理信息系统设计中至关重要的一个组成部分，这是由于管理信息系统的主要任务是通过处理大量的数据获得管理所需要的支持信息。因此，建立一个良好的数据库，使整个系统可以迅速、方便、准确地调用管理所需的数据，是数据库设计的主要工作，也是评价管理信息系统开发工作好坏的一个重要指标之一。

1. 概　述

数据流图虽然展现了在信息系统中数据如何、在何处以及何时被使用或修改，但是没有说明数据的定义、结构和数据内部的关系。数据建模一般和其他需求结构化步骤同时进行，给出了信息系统这部分缺失的、却又极其重要的描述。

（1）数据建模的重要性

数据模型是信息系统需求说明中最重要的部分，主要有以下 4 个原因：

第一，数据建模期间捕捉到的数据特征对数据库、程序、计算机界面设计和报表格式设计而言至关重要。例如，一个数据元素是数值型的，一件产品每次只能在一种产品系列中，一张顾客订单上的一个行项目永远也不能移动到另一张顾客订单上，诸如此类的这些事实对于保证信息系统的数据完整性而言是不可或缺的。

第二，与过程相比，数据才是许多现代信息系统最复杂的方面。例如，事务处理系统在验证数据、检查错误和协调数据到不同数据库的移动方面可能相当复杂。管理信息系统（如设备维护）、决策支持系统（如紧急救援）和执行支持系统（如到发线计划）都是数据密集型的，需要从各种数据源中提取数据。

第三，数据的特征（如格式和与其他数据的关系）相当持久，相反，谁接收哪些数据、报表的格式和使用什么报表却经常随时间而改变。数据模型说明了组织的固有性质，而不是外在形式。因此，与基于过程或逻辑相比，基于数据设计的信息系统的生命周期应该会更长。

第四，数据的结构信息是自动生成程序所必需的。例如，顾客订单中有许多行项目而非只有一行，这样的事实会影响数据库（如 Access）中录入顾客订单的计算机表单的自动设计。

（2）数据库设计的基本要求

数据库设计的核心问题，就是依据系统分析报告建立一个数据模型，基本要求是：首先，符合用户的要求，包含用户需处理的所有数据，支持用户需进行的所有加工；其次，能被某个现有的数据库管理系统（DBMS）所接受。

数据库管理系统是数据集中、有效管理并通过程序访问数据的软件，是应用程序与数据文件之间的接口。现有的数据库管理系统大部分采用关系模型，在关系数据模型中，用二维表格来表示数据库中的数据。例如，微软的 Access 是一种应用个人计算机系统的关系型 DBMS；DB2、Oracle 和微软 SQL Server 是应用在大型主机和中间型计算机的 DBMS；MySQL 是流行的开源 DBMS；Oracle Database Lite 应用于小型手提计算设备。

（3）数据库设计的基本步骤

数据库设计步骤如图 6-11 所示，各阶段分别与系统开发过程的阶段相对应，主要包括：

• 概念设计：对应系统分析阶段，此阶段的工作是在数据流图和数据字典的基础上，设计数据库的概念模型（E-R 图）。

• 逻辑设计：对应系统设计阶段，任务是将 E-R 图转换成具体限定的数据库管理系统所支持的数据模型。

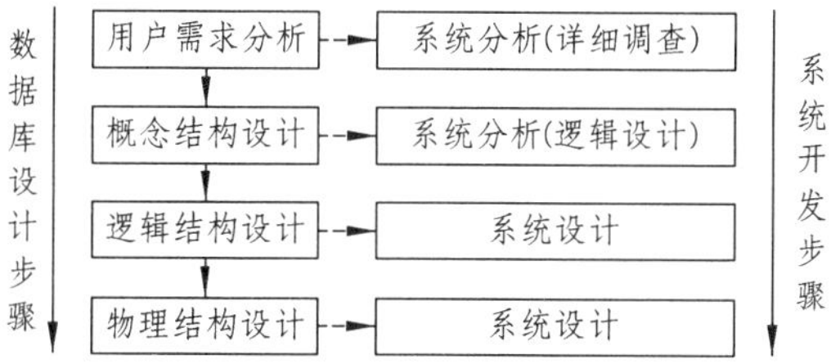

图 6-11　数据库设计步骤

• 物理设计：在设备上确定合适的存储结构和存取方法。

从需求调查开始，经过用户识别（建立 E-R 模型），到加工转换（关系规范化），最后数据转换为计算机可以识别的存储结构，其过程如图 6-12 所示。设计一个数据库需要概念设计、逻辑设计和物理设计。概念设计用实体联系图生动地描绘了一个关系数据库中实体之间的联系，通常，一个设计良好的关系型数据库不会有多对多的关系；逻辑设计会从一个复杂的群体中构造一个个小的、稳定的、灵活的以及适应性强的数据结构，设计的过程需要转化和规范化处理。关系数据库管理系统会执行参照完整性规则（即外部码值与主键值间一致的状态），以确保表之间的联系保持一致。

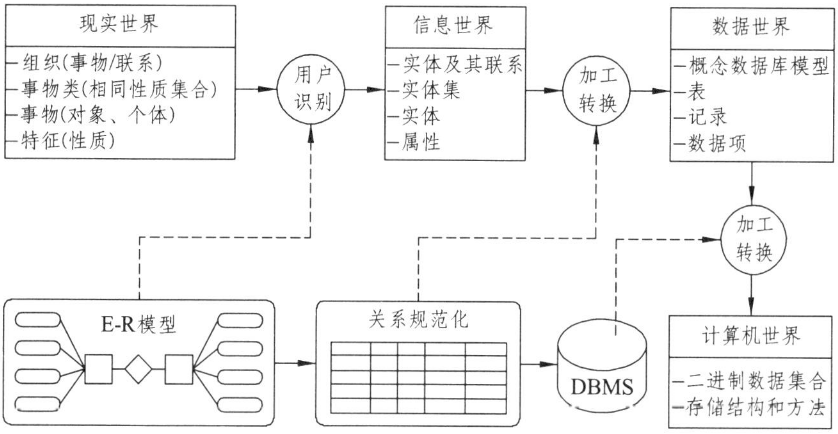

图 6-12　信息到数据的转换

2. 数据库概念设计

数据库概念设计对应系统分析阶段，此阶段的工作是在数据流图和数据字典的基础上，设计数据库的概念模型。概念数据模型是组织数据的表现，其意图是展现尽可能多的关于数据的含义和相互关系的规则，并独立于数据库管理系统或其他的现实考量，既是从用户的角度看数据库。概念数据模型是现实世界的一个真实模型，它不依赖于计算机系统，但需要支持数据库管理系统。

概念模型的表示方法中，使用最广泛的是实体-关系模型（entity-relationship diagram，E-R），是对组织或业务部门的数据的详细、逻辑的图形化表示，实体关系建模就是用矩形、菱形和线条的特殊标记法表示尽可能多的数据含义，如图 6-13（a）所示。传统 E-R 模型（P. Chen 于 1976 年提出）的符号说明如下：

实体：用矩形框表示实体集，是一个有着一系列显著的、易辨认属性的事物。实体可以是具体的对象，例如一种产品、一个系统、一名工人等；也可以是抽象的事件，例如一次接发车作业、一次运行图调整等。

属性：用椭圆形表示实体和联系的属性，是指实体的特性，描述了实体的一个部分，一个实体可由若干个属性来刻画，例如：学号、课程、日期、年级、授课教师都是课程的属性。

联系：用菱形框表示联系，客观世界中的事物彼此之间有联系，E-R 模型用联系来描述实体与实体之间的关系。常见的有 1∶1（一对一），例如“站长”与“车站”之间的联系；1∶N（一对多），例如“行车调度员”与“车站”之间的联系；M∶N（多对多），例如“列车”与“车站”之间的联系。

用 CASE 工具或其他自动绘图软件包开发 E-R 图比较普遍，这些工具提供的功能便于数据模型在不同的系统开发阶段保持一致，也可以将已有数据库定义逆向工程为 E-R 图。Microsoft Visio 是一种常用的工具，图 6-13（b）展现了用 Visio 建立的与图 6-13（a）等价的 E-R 图，符号采用的是 Crow's Foot 数据库表示法。

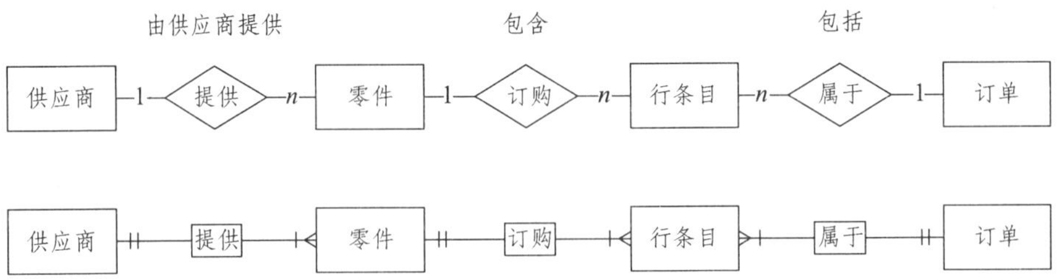

图 6-13　实体关系图示例

图 6-13 显示了订单、行条目、零件和供应商的实体关系图。如图中描述，一份“订单”可以包括多个“行条目”，一个“行条目”只对应一份“订单”；一个“行条目”只有一种“零件”，每一种“零件”可以有多个“行条目”；每一种“零件”只能有一个“供应商”提供，每个“供应商”可以供应多种“零件”。即可以通过一份订单订购多种零件，每一种“零件”可以多次订货。

订单实体由订单行条目组成，指明了订购的零件，从而说明了与零件的关系。订单实体的订单日期属性指明企业接收或发出订单的日期。订单行条目描述了对特定零件的订购，因此，每个行条目用一个且只有一个零件来定义。行条目实体有数量属性。

3. 数据库逻辑设计

此阶段对应着实现一个管理信息系统的系统设计阶段。E-R 图与数据库的实现技术无关，但它是数据库逻辑设计的基础，逻辑设计的任务是将 E-R 图转换成某个具体选定的数据库管理系统支持的数据模型。现在，数据库管理系统多采用关系数据模型，在关系模型中，数据的逻辑结构是一张包含行和列的二维表。

（1）基本术语。

关系数据库管理系统：在表中存储数据的数据库管理系统。

表：包括行和列的二维数据结构，也称为关系。

行：表的一部分，包含描述一个实体、联系或对象的数据，也称为元组或记录。

字段：关系数据库表的一列，也称为属性。

字段值：存储在关系数据库表的一个单元中的数值，也称为属性值或数据元素。

关键字：是一个字段或一个字段集合，它的值在表中各行中只能出现一次。

主键：用以唯一标识关系数据库中表的某一行的关键字，如果只有一个字段（或字段组）是唯一的，那么这个关键字也称为表的主键；如果有多个关键字，则必须从中选择一个作为主键。

外键：存储在一个关系数据库表中的字段值，同时这个字段值也是另外一个关系数据库表的主键，也称为外部码。

（2）转换方法。

逻辑设计提出的关系数据模型应符合第 3 范式的要求，因此在加工转换过程中，需要进行规范化处理。将 E-R 图转换为关系模型（数据库逻辑设计）就是要将实体、属性以及联系转换为相应的关系模式。如图 6-14 所示，概念模型转换成逻辑模型的基本步骤如下：

步骤 1：表示实体。E-R 图中的每一个独立实体转换为关系模型中的一个表，实体的属性对应表中的字段，实体名可以作为关系名，实体的码就是关系的主键。

步骤 2：表示关系。E-R 图中的每一个关系都必须在数据库设计中描述，如何表述则取决于关系的特性。例如：1 对 n 的联系，可以在 n 端实体转换的关系表中增加一个 1 端实体的主键作为外键来表示关系；如果存在多对多的关系，则可以建立一个新表，并将联系的两个实体的主键组合在一起作为新关系的主关键字。

步骤 3：规范化关系。第 1 步和第 2 步创建的关系可能有不必要的冗余，所以，需要规范化这些关系，使之结构良好。

步骤 4：合并关系。在关系集合中，可能需要合并冗余的关系（描述相同实体类型的两个或多个关系）和再次规范化，以消除冗余。

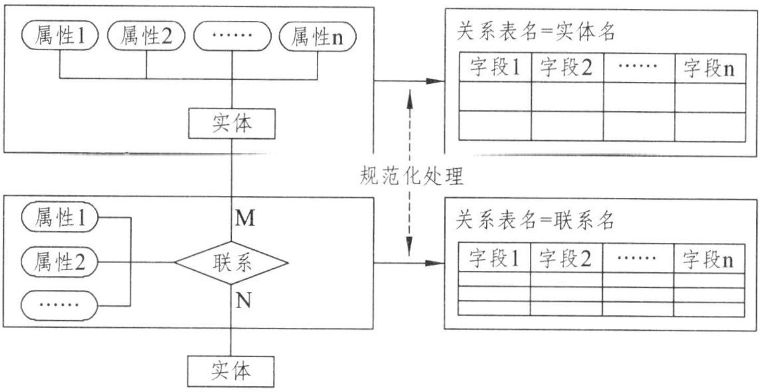

图 6-14　E-R 图的转换

4. 关系规范化

数据库在从概念模型转换为逻辑模型的过程中，必须对数据库进行规范化处理。规范化理论是由埃德加考特（Edgar Frank Codd）于 20 世纪 70 年代初提出的，目的是要设计“良好的”关系数据库模式。将复杂的数据组合简化成小型、稳定和灵活的数据结构的过程称为规范化（normalization）。对数据库进行规范化是为了消除数据之间的相互依赖关系，减少数据冗余，关系模式要求关系必须是规范化的，即要求关系必须满足一定的规范条件。

（1）基本概念。

规范化基于对函数依赖的分析，函数依赖是两个属性之间的一种特殊关系。

函数依赖：在表 R 中，如果 X，Y 是表 R 的字段，则对 R 中任意两行，如果在字段 X 上的字段值相等，则在字段 Y 上的字段值也相等，称 Y 函数依赖于 X，记为 X→Y。简单地说，就是在给定的关系中，如果对属性 X 的每个有效值，这个值都唯一确定了属性 Y 的值，则称 Y 函数依赖于 X。

函数依赖并不是数学依赖，即一个属性的值可以从另一个属性的值计算得到，更确切地说，Y 对 X 的函数依赖的意思是：对 X 的每个值，Y 只能有一个值。

完全函数依赖：如果 X→Y，对 X 的任何真子集 Z，不满足 Z→Y，称 X→Y 为完全函数依赖，否则称为部分函数依赖（部分函数依赖指的是存在组合关键字中的某些字段决定非关键字段的情况）。

传递函数依赖：如果 X→Y，Y→Z，但不满足 Y→X，则称 Z 对 X 存在传递函数依赖，即 Z 由 X 传递推出。

关键字：假设 K 是表 R 的字段，如果 R 的全体字段对 K 完全函数依赖，则称 K 是表 R 的一个候选关键字；如果一个表中有多个候选关键字，可选择其中一个作为主键。

范式：是衡量数据库被规范化的程度和深度的一种方法。一般被分为第一范式、第二范式、第三范式、Boyce-Codd 范式、第四范式和第五范式六个等级。每一级范式都是在满足前一级范式的基础上，更进一步地规范化要求。

管理信息系统数据库多采用关系数据模型，通常逻辑设计提出的关系数据库模型应符合第三范式的要求。

（2）基本要求。

良构关系（或表）是包含的冗余量最小，并且允许用户插入、修改和删除表中的行而不会有错误或不一致的关系。关系的基本要求如下：

① 在任一列上，数据项应是同一属性。

② 表中的行称为元组或记录，任何两个元组的所有列不能都相同，表中行的顺序无关紧要。

③ 表中的列称为属性或字段，必须有不同名称，表中列的顺序无关紧要。

④ 行与列的交叉点称为分量，每个分量必须是不可再分割的基本数据项。

（3）第一范式。

满足上述条件（特别是第④条要求）组成的表是最基础的关系模式，称为 1NF。也就是说，如果一个关系模式中的属性都是单纯的（即不可再分为更小的属性），则称该模式是属于第一规范型（First Normal Form，1NF）。1NF 要求每一个分量必须是不可分割的数据项，即每个属性都不可再分，不允许表中还有子表。

订单(规范化之前)

订单编号	订单日期	零件编号	零件名称	单价	零件数量	供应商编号	供应商名称	通信地址			
								地址	城市	省份	邮编

↓ 规范化处理

订单编号	订单日期	零件编号	零件名称	单价	零件数量	供应商编号	供应商名称	地址	城市	省份	邮编

图 6-15　第一范式规范化处理

很显然，在当前的任何关系数据库管理系统（DBMS）中，通常情况下傻瓜也不可能做出不符合第一范式的数据库，因为这些 DBMS 不允许把数据库表的一列再分成来能够两列或多列。因此，想在现有的 DBMS 中设计出不符合第一范式的数据库都是不可能的。

（4）第二范式。

如果一个关系模式属于 1NF，并且所有的非主关键字都函数依赖于主关键字，则称该关系模式属于第二规范型，即 2NF。因而，不存在一个非主关键字属性，函数依赖于主关键字的一部分而不是全部。

如图 6-16 所示，原关系（或表）中的主关键字为订单编号和零件编号，“零件数量”完全函数依赖于主关键字。但是，“零件名称”只依赖于主关键字中的“零件编号”属性，“订单日期”只依赖于主关键字中的“订单编号”属性，这两个属性都部分依赖而不是完全依赖于主关键字。

订单(规范化之前)

订单编号	订单日期	零件编号	零件名称	单价	零件数量	供应商编号	供应商名称	地址	城市	省份	邮编

↓ 规范化处理

零件

零件编号	零件名称	单价	供应商编号	供应商名称	地址	城市	省份	邮编

订单

订单编号	订单日期

订单条目

订单编号	零件编号	零件数量

图 6-16　第二范式规范化处理

易出现的问题：

数据冗余：如每当订购一个零件的时候，零件名称就会被重复存储一次。

更新异常：如果零件名称发生改变，则每条记录（元组）的零件名称都要进行修改。

插入异常：如果系统需要增加一种新的零件，准备插入新零件的零件编号和零件名称时，由于缺少订单编号而不能插入，因为主关键字不能为空。

删除异常：若订单因某种原因被取消，从当前数据库删除订单编号，则可能导致某些零件被删除而无法在将来进行订购。

解决办法：

消除非主关键字属性对于主关键字的部分依赖，可采用拆分表的办法解决。即分解一个非第二范式的关系模式为若干个第二范式的关系模式，消除非关键字属性对主关键字的部分依赖，如图 6-16 所示。

（5）第三范式。

如果一个关系模式属于 2NF，并且不存在非关键字传递的函数依赖于关键字，则称该关系模式属于第三规范型，即 3NF。简单来说，如果一个关系属于第二范式，并且在两个（或多个）非主关键字属性之间没有函数依赖，则这个关系属于第三范式。

如图 6-17 所示，原表的主关键字为“零件编号”，“零件编号”决定“供应商编号”，“供应商编号”决定“供应商名称”和“地址”等，但不满足“供应商编号”决定“零件编号”，因为一个供应商可以提供多种零件。所以，存在非主关键字“供应商名称”和“地址”传递依赖于主关键字“零件编号”。

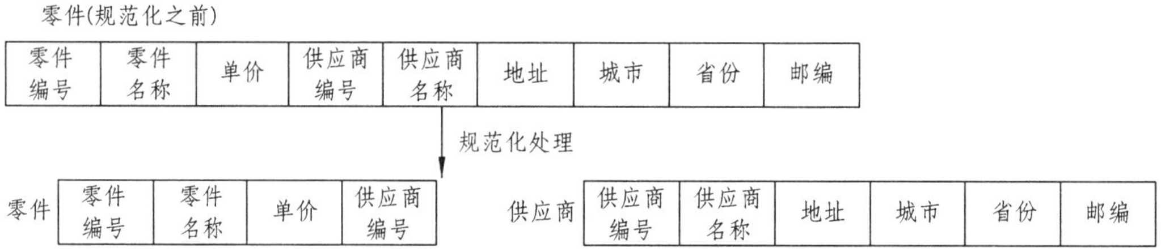

图 6-17　第三范式规范化处理

易出现的问题：

数据冗余：供应商的名称、地址等会被大量、多次存储。

更新异常：如果修改供应商地址，则每条记录（元组）的供应商地址都要进行修改。

插入异常：如果增加新的供应商，由于没有相应的零件名称，所以没有零件编号，只能等该供应商提供新的零件时才能加入。

解决方法：

消除非主关键字属性对于主关键字的传递依赖，可采用拆分表的办法解决（模式分解）。即分解一个非第三范式的关系模式为若干个第三范式的关系模式，从而消除非关键字属性对主关键字的传递依赖，如图 6-17 所示。

（6）外键。

注意，供应商编号是供应商表的主键，但在零件表中是一个外键。外键在一个关系中是非主关键字属性，而在另一个关系中是主关键字属性，通常用虚线下划线表示。

外键必须满足参照完整性，参照完整性规定，一个关系中某个属性的值依赖于另一个关系中同一属性的值的完整性约束，即零件表中各行的供应商编号的值只限于供应商表中的供应商编号的当前值。

5. 数据库物理设计

物理设计是在设备上确定合适的存储结构和存取方法，如确定数据库在磁盘上的位置、确定索引等，使之既能节省存储空间，又能提高存储速度。在这个基础上，就可以在系统实施阶段用数据库管理系统提供的数据描述语言 DDL 定义数据库和数据表，对数据库进行各种操作。数据库建成后，就可以进行数据库应用程序的设计及调试。

三、输入/输出设计

系统输入输出（Input/Output，简称 I/O）设计是一个在系统设计中很容易被忽视的环节，但又是一个重要的环节，它对于今后用户使用的方便性、安全性和可靠性来说都是十分重要的。一个好的输入设计可以为用户和系统双方带来良好的工作环境，一个好的输出设计可以为管理者提供简洁、明了、有效、实用的管理报告和控制信息。以某工厂开发的系统为例，在涉及全厂生产、经营、财务、销售、物资供应等 12 个子系统中，与输入/输出界面相关的程序占总程序量的 65% 左右，从这一比例足以看出在一个处理管理领域的信息系统中输入/输出界面的重要性。

1. 输入设计

输入设计主要是根据总体设计和数据库设计的要求，确定数据输入的具体形式。在输入设计时，应严格按照数据库设计产生的数据字典，遵循代码设计的实际标准统一格式。

（1）输入格式设计。

在实际设计数据输入格式时，特别是大批量的数据统计报表输入时，常常遇到统计报表结构与数据库文件结构不完全一致的情况。这时应尽量严格参照有关标准，统一格式，不能随意更改数据库结构。特殊情况下，可以专门编制一个转换模块，以适应其特殊要求。

如图 6-18 所示，原始数据统计表的结构与数据库中关系表结构有较大区别，统计报表中一个记录（即报表中的一行）的数据要被分别存储到数据库的三个表中。在数据库中，存储数据的三个表又通过一个中间表联系在一起，导致首先必须准确地查出与此相关的三个数据关系表，然后设计输入格式（既要与原统计报表的格式一致，又要与内部分送的三个数据库关系表结构一一对应，还要考虑中间表），从而导致开发难度的增加。

输入格式设计包括数据规范和数据准备的过程，在输入格式设计中，提高效率和减少错误是两个最根本的原则。说明如下：

便于填写：原始单据的设计要保证填写得迅速、正确、全面、简易和节约，具体来说应做到填写量小、版面排列简明易懂。

便于归档：单据大小要标准化、预留装订位置，标明传票的流动路径。

单据的格式应能保证输入精度。

不管数据如何进入信息系统，输出的质量应当与输入的质量相同，这个概念有时被称作“输入的是垃圾，输出的也是垃圾”（GIGO，garbage in，garbage out）。避免出现问题的最佳时间是数据输入的时候，输入设计的目标就是确保输入数据的质量、准确性和实时性。

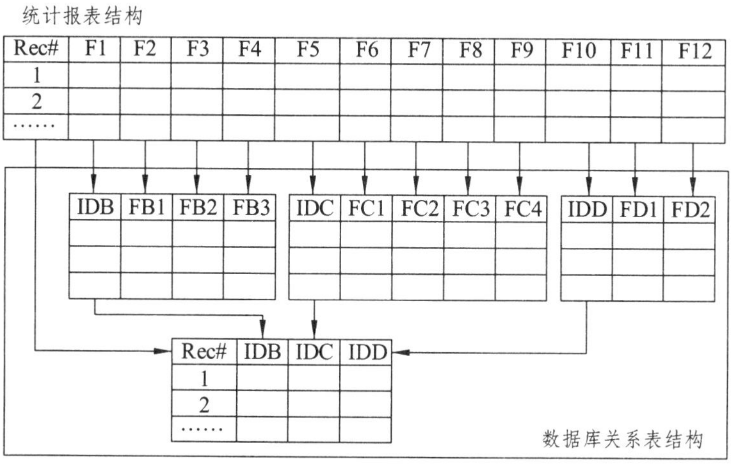

图 6-18　统计报表与数据库文件结构互异处理

实例 6-8：铁路车号自动识别系统

铁路车号自动识别系统（简称 ATIS）是一个对全路车辆、列车、机车运行位置信息进行自动采集和报告的系统，是中国铁路信息化建设的一项基础性工程。ATIS 可提供对车辆、列车、机车进行动态追踪管理的实时、准确的基础信息。系统建设始于 2000 年初，2001 年 3 月开始全线试运行，2001 年 7 月正式投入使用，目前遍及全国的铁路局集团公司和铁路线，系统建成后实现了铁路几代人梦想的“自动抄录车号”功能，产生了巨大的社会效益和经济效益。

铁路车号自动识别系统是 RFID 最成功的应用案例，机车标签和货车标签已经成为铁路机车和货车的标准配置，各铁路局集团公司、站段、编组站场均配置地面读出设备，铁路车号自动识别系统已成为铁路信息化建设的一个重要组成部分。

1. 系统构成

（1）车辆/机车电子标签（TAG）：安装在货车底部的中梁上和机车底部的开阔位置，相当于每辆车的“电子身份证”。

（2）地面识别系统（AEI）：由地面天线、车轮传感器及读出设备主机、附加的通信装置（如调制解调器+通信线路）、机柜及防雷装置等组成。用于检测列车到来，读取安装于车体底部的标签信息，将获取的过车车号信息传送到车站集中控制与处理系统 CPS，然后通过计算机网络逐级上报国铁集团信息中心。

（3）集中控制与处理系统（CPS）：接收所辖的地面识别系统传来的过车信息和工作状态信息，向地面识别系统发出控制命令，将接收的过车信息和地面识别设备的工作状态信息加工处理后向指定的路由发送。

（4）列检复示系统：接收 CPS 系统传送的过车信息和地面识别设备的工作状态信息，作为现场跟踪监控过车情况重要手段，也为车辆管理和维护提供过车的有关信息。

（5）标签编程系统：可分为机车标签编程系统和货车标签编程系统两大块内容。其中，机车标签编程系统的终端操作员为机车司机。货车标签编程系统由一个自成体系的编程网络及相关的编程设备组成，系统完全置于计算机网络管理下进行，从而有效地避免了货车车辆错号、重号情况的发生。

2. 工作原理

电子标签安装于车体底部，地面读出装置（AEI 设备）天线安装于称台中间，地面读出装置主机安装于称台下面。目前使用了 2 种电子标签，工作频率 902～928MHz，标签容量 128bits，一种是一次性写入的，一种是可在线编程改写的，工作原理如图 6-19 所示。

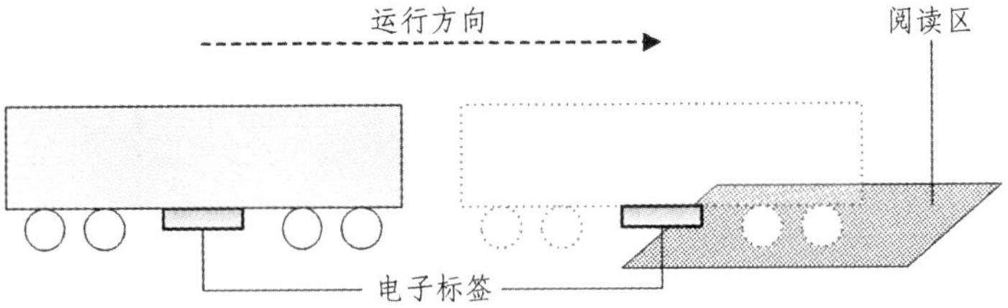

图 6-19　车号自动识别系统基本原理

列车到来时，首先由程序向地面读取装置主机发送一个开机信号，地面读出装置由天线向外发射电磁波，形成一个有效的“阅读区”，当安装于车体底部的电子标签进入“阅读区”后，收到微波照射信号在其内部建立电源并使电子标签内部电路工作，将所保存的标签数据信息调制到微波信号上反射回地面读出装置天线。地面读出装置接收到由电子标签发射回的微波信号，经数据处理后得到电子标签贮存的识别代码信息。

（2）输入方式。

键盘输入：主要适用于常规的、少量的重要数据和控制信息的输入以及原始数据的录入，不适合大批中间处理性质的数据输入，因为键盘输入不但工作量大、速度慢，而且出错率较高。

数模/模数转换方式（A/D，D/A）：是目前比较流行的基础数据输入方式，即直接通过光电设备对实际数据进行采集，并将其转换成数字信息的方法，是一种既省时省事、又安全可靠的输入方式。常用的有条码输入、扫描仪输入、传感器输入、RFID 输入等。

网络传送数据：既是一种输出数据的方式，又是一种输入数据的方式。对下级子系统而言它是输出，对上级主系统而言它是输入。使用网络传送数据既能安全、可靠、快捷地传递数据，又可避免下级忙于设计输出界面、上级忙于设计输入界面的重复开发工作。

磁盘传送数据：即数据输出和接收双方事先约定好待传送数据文件的标准格式，然后通过软盘/光盘/U 盘传送数据文件，这种方式不需要增加任何设备和投入，是一种非常方便的输入数据方式。

（3）校对方式。

在输入设计过程中，校对方式的设计是非常重要的，特别是针对代码、金额等字段，没有适当的校对措施作保证是很危险的。常用的校对方式有：

人工校对：即输入数据后再显示或打印出来，由人来进行校对，这种方法对少量的数据或控制字符输入还可以，但对于大批量数据的输入就显得太麻烦、效率太低，在实际系统中很少使用。

二次键入校对：指同一数据由不同的人两次键入系统，系统对两次键入的结果进行比较，如完全一致则可认为输入正确，反之则将不同的部分显示出来有针对性地由人进行校对，是目前数据录入中心、信息中心录入数据时常用的方法。

2. 用户界面设计

用户界面是系统与用户之间的接口，也是控制和选择信息输入/输出的主要途径。用户界面设计应坚持友好、简便、实用、易于操作的原则，尽量避免过于烦琐和花哨。界面设计包括菜单方式、会话方式、操作提示方式等。IBM 和 Microsoft 都相信最好的用户界面是那些用户甚至没有留意的界面——它们的意义在于它们所做的正是用户所希望的。

（1）菜单方式。

菜单是信息系统功能选择操作的最常用方式，按目前软件提供的菜单设计工具，菜单的形式可以是下拉式、弹出式、按钮式等。菜单设计时一般应安排同一层菜单选择中功能尽可能多，而进入最终操作层次尽可能少（最好是二级左右）。一般功能选择操作最好让用户一次就进入系统，只有在少数重要执行性操作时才设计让用户选择后再确定一次的形式，如删除操作。

（2）操作提示。

为了操作使用方便，在系统设计时，常把操作提示和要点同时显示在屏幕的旁边，以使用户操作方便，这是当前比较流行的用户界面设计方式。另一种操作提示设计方式是将整个系统操作说明书输入系统文件中，并设置系统运行状态指针。当系统运行操作时，指针随着系统运行状态来改变，当用户点击“帮助”键时，系统则立刻根据当前位置调出相应的操作说明。

（3）人机对话。

在所有的用户界面中，几乎毫无例外地会遇到人-机对话问题。最为常见的有当用户操作错误时的提示或警告信息，当系统执行用户操作指令遇到两种以上可能时的请用户进一步说明的信息等。

在设计大批数据输入屏幕界面时，应避免颜色过于丰富多变，因为这样会使操作员眼睛压力太大，会降低输入系统的实用性。当然，要设计一个友好的操作界面，不仅需要计算机方面的业务知识，还需要美工等方面的综合知识。

3. 输出设计

在系统设计中，输出设计占据很重要的地位。因为管理信息系统对输入数据进行加工处理的结果，只有通过输出才能让用户所使用。因此，输出的内容与格式是用户最关心的问题。从系统开发的角度来看，输入信息只有根据输出要求才能确定，即输出决定输入。

最终的输出方式通常只有两种：一种是报表输出，另一种是图形输出。究竟采用哪种输出形式为宜，应根据系统分析和管理业务的要求而定。一般来说，对于基层或具体事务的管理者，应用报表方式给出详细的记录数据为宜；而对于高层领导或宏观、综合管理部门，则应使用图形方式给出比例或综合发展趋势的信息。

（1）报表输出。

报表是一般系统中用得最多的信息输出工具，通常一个覆盖整个组织的信息系统，输出报表的种类都在百种以上，这样庞大的工作量对系统开发工作的压力是很大的。所以在实际工作经常是在确定了报表的种类和格式之后，开发出一个报表模块，并由它来产生和打印所有的报表，报表模块的原理如图 6-20 所示。

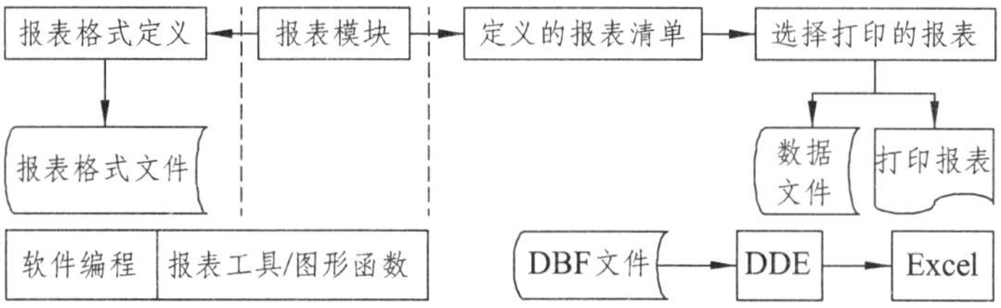

图 6-20　报表生成设计

图 6-20 分为两部分，左边是定义一个报表格式部分，定义完后将每一种格式以一个记录的方式存于报表格式文件中；右边是打印报表部分，它首先打开文件，读出已定义的报表各列于菜单中，待用户选择，当用户选中某个报表后，系统读出该报表的格式，从数据文件添加数据并进行打印。

（2）图形输出。

就目前的计算机技术来说，将信息系统的各类统计分析结果用图形方式输出已经是件很容易的事了，大多数的编程软件都提供了报表工具或图形函数等，例如：.net 开发平台嵌入的水晶报表程序，利用这些工具就可产生系统所需要的图形，但是如用这些工具绘图，要求开发者具有一定的技术基础。

比较简单的可以借用 Excel 来产生各种分析图形，具体方法如图 6-20 所示。例如系统如果是以 VFP 等为主编写的，则可以利用 Excel 的动态数据交换功能（Dynamic Data Exchange,

DDE）或者目标连接与嵌入（Object Link and Embed，OLE），借用 Excel 来完成统计分析和图形输入的功能，这样，熟练者很快就可完成上百种统计分析的图形绘制工作。

（3）基本要求。

一般对输出信息的基本要求是：准确、及时、适用。输出设计的详细步骤包括：确定输出类型与输出内容、确定输出方式（设备与介质）、表格设计等。由于输出信息直接服务于用户，在设计过程中，系统设计员应深入了解用户的信息要求，与用户充分协商。

（4）设计内容。

有关输出信息使用方面的内容主要包括：信息的使用者、使用目的、报告量、使用周期、有效期、保管方法和复写份数等。输出信息的内容包括输出项目、位数、数据形式（文字、数字）。输出格式：如表格、图形或文件。输出设备：如打印机、显示器、卡片输出机等。输出介质：如输出到磁盘还是磁带上，输出用纸是专用纸还是普通纸等。

（5）注意事项。

① 方便使用者。

② 要考虑系统的硬件性能。

③ 尽量利用原有系统的输出格式，如确需修改应与有关部门协商，征得用户同意才可进行。

④ 输出表格要考虑系统发展的需要，例如是否有必要在输出表中留出备用项目，以满足将来新增项目的需要。

⑤ 输出的格式和大小要根据硬件能力认真设计，并试制输出样品，经用户同意后才能正式使用。

四、模块功能和处理流程设计

前面我们已经对系统的总体结构、编码方式、数据库结构以及 I/O 形式进行了设计，一旦这些确定了之后，就可以具体地考虑与程序实现有关的问题了。

模块功能与处理过程设计是系统设计的最后一步，也是最详细的涉及具体业务处理过程实现的一步，是下一步编程实现系统的基础。其基本思想是：面向再造的业务流程，依据系统分析的 DFD 结果，借助于一套标准的设计准则与图表工具，通过“自顶向下”的逐层分解和“自底向上”的反复推敲，把系统划分为多个层次分明、大小适当、任务单一、相对独立、容易理解和实现的处理单元——模块，组成模块层次结构图（H 图），展现出上层模块对下层模块的调用、判断和数据交换。由于模块相对独立，相互关系简单明确，在系统详细设计阶段就可以对模块进行实现方式、方法及过程步骤的单独设计（IPO 图）。

有了上述各部分的设计结果（包括总体结构、代码、DB、I/O 等），再加上 HIPO 图，任何一个程序员即使没参加过系统的分析与设计工作，也能够自如地编写出系统所需要的程序模块。这样，在系统实施阶段就可以对模块进行单独编程、调试和测试，在系统运行与维护阶段就可以对模块进行单独修改、删除和新增，而不会对系统中的其他模块造成不明确的影响。

1. 模块化设计

如图 6-21 所示，软件的体系结构通过一系列划分过程来完成，该划分过程从需求分析确立的目标系统的模型出发，对整个问题进行分割，使其每一个部分用一个或几个软件成分加以解决，整个问题就解决了。

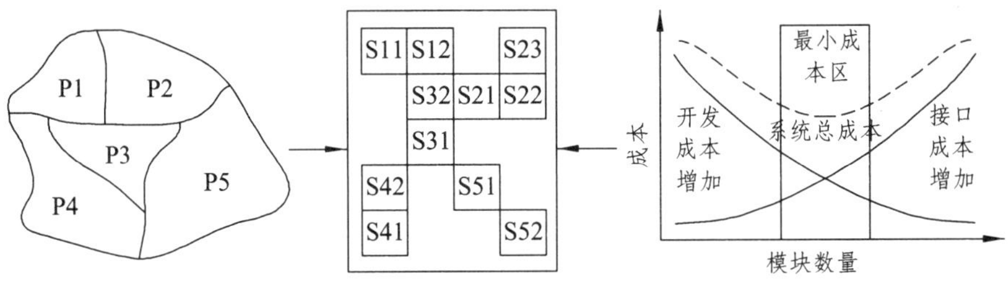

图 6-21　模块化设计思想

软件系统可按功能划分成多个较小的单元，这些较小的单元就是模块，模块（又称子程序）是指具备输入/输出、逻辑功能、运行程序和内部数据四种属性的一组程序，是为实现特定的目的而编写的一个可以被调用的方法或过程。例如 C++中的函数、Java 中的方法或 VB 中的函数过程。

模块的基本要求包括：

输入/输出（接口）：模块的输入来源和输出去向都是同一个调用者，一个模块从调用者取得输入，加工后再把输出返回调用者。

逻辑功能：模块把输入转换成输出所做的工作。

内部数据：仅供该模块本身引用的数据。

程序代码：用来实现模块功能的程序。

前两个要素是模块的外部特性，反映模块的外貌，后两个要素是模块的内部结构特性。在结构化设计中，首先关心的是外部特性，其内部特性只做必要了解。

在模块划分时应注意：

模块内部凝聚性要好：即独立性，模块之间的联系要少，即耦合小、内聚大。

模块联结方式：纵向而不是横向，即只能存在上下级调用关系，不能有同层之间的关系。

树状结构：而不是网状或交叉结构。

模块分类编码归档：有利于整理、实现。

2. 模块结构图

模块结构图是用于描述系统模块结构的图形工具，它不仅描述了系统的子系统结构与分层的模块结构，还清楚地表示了每个模块的功能，而且直观地反映了块内联系和块间联系等特性。作为一种文档，它必须严格地定义模块的名字、功能和接口，同时还应当在模块结构图上反映出结构化设计的思想。

模块结构图由模块、调用、数据、控制、判断、循环和转接等基本符号组成，可以使用 Visio 软件中的程序结构模板绘制，如图 6-22 所示。

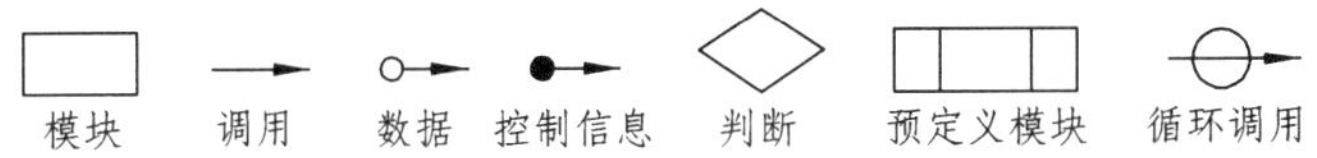

图 6-22　模块结构图基本符号

图例说明如下：

模块：通常是指用一个名字就可以调用的一段程序语句。在模块结构图中，用矩形框表示一个模块，矩形框中间标上能反映模块处理功能的名称，模块命名通常由一个动词和一个作为宾语的名词组成，例如“发布调度命令”。

预定义模块：是指不必再编程实现的模块，通常是应用程序库中的一个程序或函数。

调用：在模块结构图中，用连接两个模块的箭头表示调用，箭头总是由调用模块指向被调用模块，但是同时应该理解成被调用模块执行后又返回到调用模块。

数据：是指在模块之间传送的数据，使用与调用箭头平行的带空心圆的箭头表示，并在旁边标上数据名。

控制信息：为了指导程序下一步的执行，模块间有时还必须传送某些控制信息，控制信息与数据的主要区别是控制信息只反映数据的某种状态，不必进行处理。例如，数据文件读到末尾产生的文件结束标志等。

判断：一个模块是否调用一个从属模块，决定于调用模块内部的判断条件，则该调用称为模块间的判断调用，采用菱形符号表示。

循环：如果一个模块通过其内部的循环功能，循环调用一个或多个从属模块，则该调用称为循环调用，用弧形箭头表示。

在绘制模块结构图时，通常将输入模块画在左侧，输出模块画在右侧，计算模块或其他处理模块放在中间。为了便于理解系统的整个结构，应尽量将整个模块结构图画在一张纸上。通常一个软件系统具有过程性（处理动作的顺序）和层次性（系统的各组成部分的管辖范围）特征，模块结构图描述的是系统的层次性，而通常的“业务流程图”和“数据流程图”描述的则是系统的过程性。在系统设计阶段，关心的是系统的层次结构，只有到了具体编程时，才要考虑系统的过程性。

实例 6-9：模块结构图说明

1. 调用说明

在模块结构图中，用连接两个模块的箭头表示调用，箭头总是由调用模块指向被调用模块，但是应该理解成被调用模块在执行完成后又返回到调用模块。当一个模块调用另一个模块时，调用模块可以把数据传送到被调用模块处理，而被调用模块又可以将处理的结果送回调用模块，如图 6-23 所示，常见的调用包括以下几种情况：

• A 调用 B（箭头总是由调用模块指向被调用模块，但是应该理解成被调用模块执行后又返回到调用模块）。

• A 判断调用 B、C、D。

• A 循环调用 B、C。

• A 带着数据调用 B，返回时带着控制信息。

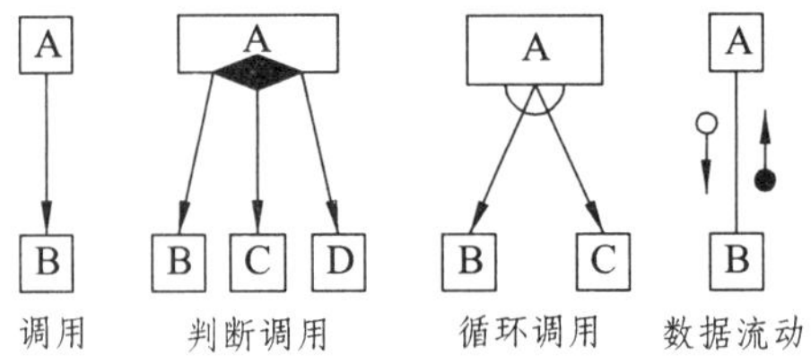

图 6-23　模块结构图调用说明

2. 数据和连接说明

当一个模块调用另一个模块时，调用模块可以把数据传送到被调用模块处供其处理，而被调用模块又可以将处理的结果数据送回到调用模块。在模块之间传送的数据，使用与调用箭头平行的带空心圆的箭头表示，并在旁边标上数据名。例如图 6-24 表示模块 A 调用模块 B 时，A 将数据 Y 传送给 B，B 将处理结果数据 Z 返回给 A。当模块结构图在一张图上画不下需要转接到另外一张纸上，或者为了避免图上线条交叉时，都可以使用转接符号。

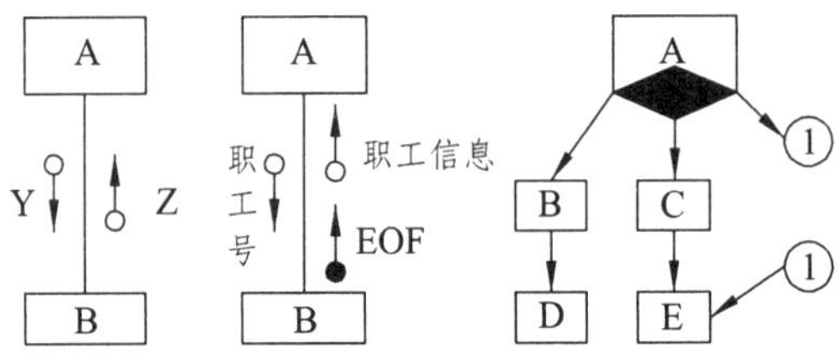

图 6-24　模块结构图数据和连接说明

3. 从 DFD 导出模块结构图的方法

系统的模块结构图（MSD）一般有两种标准形式，变换型模块结构和事务型模块结构，管理信息系统的数据流图（DFD）通常也可分为线状和束状两种典型的结构，分别对应模块结构图的变换型结构和事务型结构。在系统分析阶段，我们采用结构化分析方法得到了由数据流图、数据字典和加工说明等组成的系统逻辑模型。现在，可根据一些规则从数据流图导出系统初始的模块结构图。

（1）模块结构图与数据流图的区别。

DFD 描述的是数据在系统中的流动、加工及存储，主要着眼于数据的流动，MSD 描述系统处理功能的层次关系，主要关注控制层次；DFD 是抽象地描述系统的逻辑模型，着重说明信息系统“做什么”，MSD 则是系统的物理模型，是从一个总的抽象的系统功能出发，逐步加入具体的实现方法和技术手段，着重说明系统的总功能是怎样分层逐步完成的，即“怎么做”的问题；DFD 要用多张图来表示不同的层次，是多张平面图，MSD 则是用一张图集中地反映出系统的层次结构，是一张立体图。

（2）变换型（线状）数据流图及变换分析方法。

变换型结构的数据流图呈一种线性状态，可看成是对输入数据进行转换而得到输出数据的处理过程，如图 6-25 所示。该类图的特点是：DFD 图可以明显分为“输入→处理→输出”三部分，对这类 DFD 图的转换采用变换分析技术。

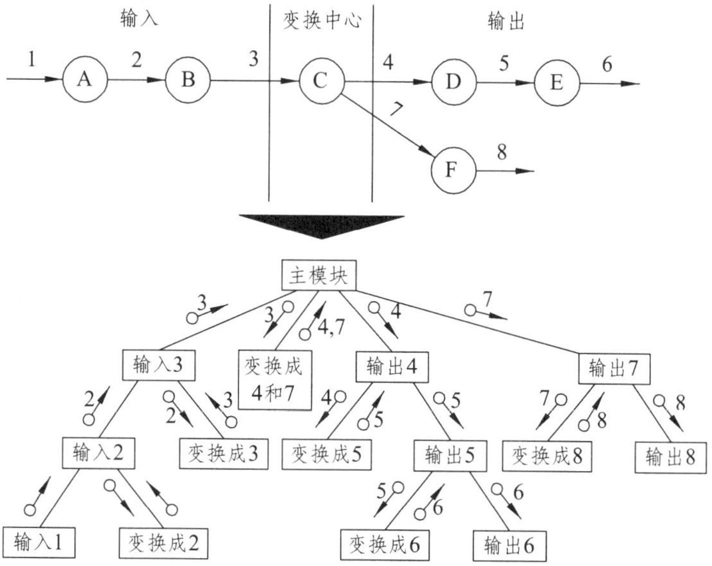

图 6-25　变换型数据流图转换方法

转换方法如下：

找出 DFD 的变换中心：通常，在数据流图中多股数据流的汇合处往往就是系统的变换中心，如果没有明显的汇合处，则可先确定哪些数据流是逻辑输入和逻辑输出，从而获得主加工。

设计顶层模块和第一层模块：首先在与变换中心对应的位置上画出主模块，它是模块结构图的“顶层模块”，接下来可按“自顶向下，逐步细化”的思想画出顶层模块下的第一层模块，具体步骤为：

① 为每一个逻辑输入画一个输入模块，其功能是向主模块提供数据。

② 为每一个逻辑输出画一个输出模块，其功能是将主模块提供的数据输出。

③ 为主处理画一个变换模块，其功能是把输入变换成输出。

顶层模块起控制和协调下层模块的作用，一般不做实质性的数据处理，在系统实现时常表现为一个控制性的调用模块。

设计中、下层模块：按“自顶向下，逐步细化”的原则设计每个模块的下属模块。因为输入模块的功能是向调用它的模块提供数据，所以模块本身必定要有一个数据来源。此外，它也应该具有变换功能，能够将输入数据按模块的要求进行变换后，再提交数据给调用模块，因此为每个输入模块设计两个下层模块，其中一个是输入模块，另一个是变换模块。同理，为每个输出模块设计两个下层模块，一个是变换模块，将调用模块所提供的数据变换成输出的形式，另一个是输出模块，将变换后的数据输出。

变换模块：一般对数据流图中的每个基本加工建立一个变换功能模块。

以此类推，这个模块设计过程可以自顶向下递归地进行，直至达到系统的输入端或输出端，画出每个底层模块为止。

（3）事务型（束状）数据流图及变换分析方法。

事务型结构由三层组成：事务层、操作层和细节层，如图 6-26 所示。它的功能是对接收的事务按其类型选择某一类事务处理。事务型结构在工作时，主模块将按事务的类型选择调用某一事务处理模块，事务处理模块又调用若干个操作模块，而每个操作模块又调用若干个细节模块。在实际系统中，由于不同的事务可能有共同的操作，而不同操作又可能有共同的细节，因此事务型系统的操作模块和细节模块可以达到一定程度的共享。

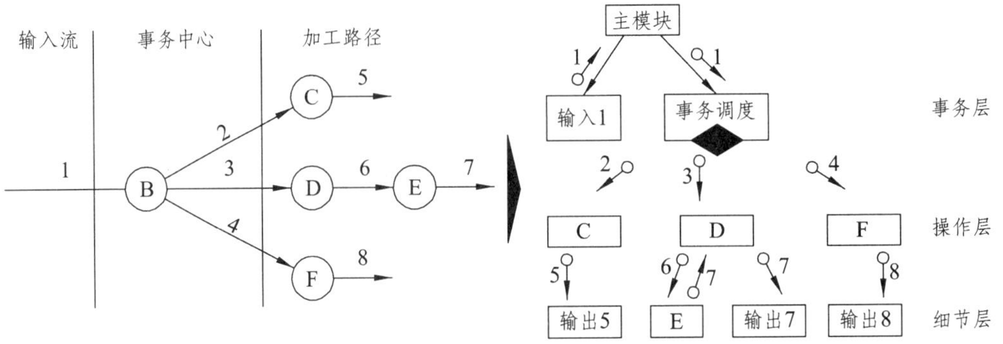

图 6-26　事务型数据流图转换方法

事务是一种数据流，这种数据流经过一个加工后分离成多条并行的加工路径，系统可以选择一条路径来执行。将事务作为输入流的加工称为事务中心，通常事务中心接受一项事务，选择分派一个适当的加工，然后给出结果。事务型结构的数据流图则呈束状结构，即一束数据流平行流入或流出，可能同时有几个事务要求处理。

就步骤而言，该方法与变换分析方法大部分类似，主要差别在于由数据流图到模块结构的映射方式不同，转换方法如下：

找出 DFD 的事务中心：束状数据流图一般比较明显，可以根据事务的定义来确定。

设计顶层模块和第一层模块：将整个 DFD 导出为顶层主模块，将发射中心导出为一个向主模块提供数据的输入模块，将事务中心导出为一个完成事务的事务调度模块。顶层模块起控制和协调下层模块的作用，一般不做实质性的数据处理，在系统实现时常表现为一个控制性的功能选择菜单。

设计中、下层模块：第二层为操作层，该层只能是三类，即取得事务、处理事务、给出结果；再次，操作层下层为细节层，分别完成操作层的工作，以此类推，直至完成整个模块结构图，方法同变换分析。

需要注意的是，在一个大型系统的数据流图中，往往既有变换流又有事务流，此时可把变换分析和事务分析应用在同一数据流图的不同部分。例如，可以以“变换分析”为主、“事务分析”为辅进行设计，先找出主处理，设计出结构图的顶层，然后根据数据流图各部分的结构特点，适当选用“变换分析”或“事务分析”就可得出模块结构图的某个方案。

在系统分析阶段，加工说明中所反映的用户要求（例如出错处理、过程信息以及种种限制等）不能完全在数据流图中反映。然而，在系统设计阶段的系统模块结构图中，都必须体现出用户的所有要求。因此，由数据流图导出的初始模块结构图必须进行补充、完善，还要根据模块分解的原则进行修改，才能达到用户的要求。

实例 6-10：从事务型流图导出初始结构图
事务型数据流图如图 6-27 所示。

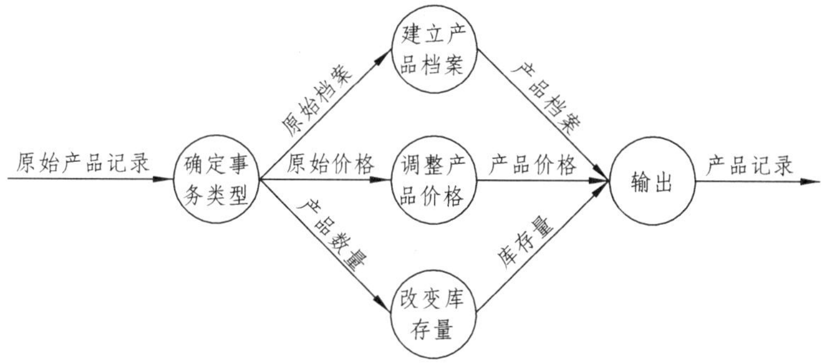

图 6-27　事务型中心数据流图实例

进行数据流图转换的步骤如下：

（1）确定以事务为中心的结构，找出事务中心和事务来源。

（2）按功能划分事务，将具备相同功能的事务分为同一类，建立事务模块。

（3）为每个事务处理模块建立全部的操作层模块，其建立方法与变换分析方法类似，但事务处理模块可以共享某些操作模块。

（4）为操作层模块定义相应的细节模块，并尽可能使细节模块被多个操作模块共享。

如图 6-27 所示，这是一个以事务为中心的数据流程图。显然，图中加工“确定事务类型”是它的事务中心，由该数据流图经事务分析所得到的模块结构图如图 6-28 所示。

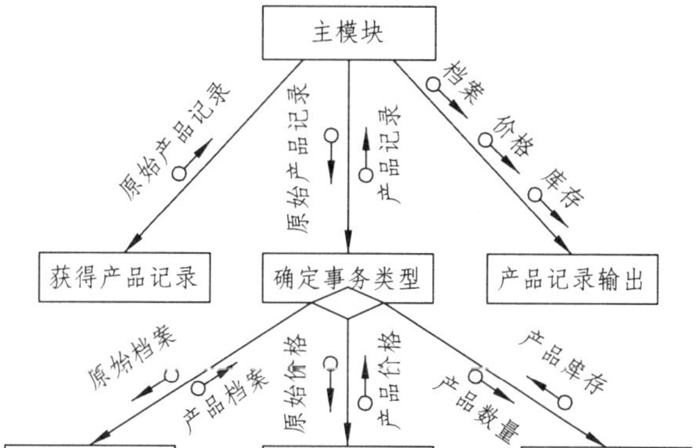

图 6-28　事务型模块结构图实例

4. HIPO 图

模块功能与处理过程设计通常借助于 HIPO 图来实现。HIPO 图（Hierarchy + Input-Process-Output）是 IBM 公司于 20 世纪 70 年代中期在模块层次结构图的基础上推出的一种描述系统结构和模块内部处理功能的工具（技术）。HIPO 图一般由一张总的层次化模块结构图和若干张具体模块内部展开的 IPO 图组成，如图 6-29 所示。前者描述了整个系统的设计结构以及各类模块之间调用的关系，后者描述了某个特定模块内部的处理过程以及输入/输出关系。

H 图（层次图）表示自定向下分解所得系统的模块层次结构，又称为模块层次图，用以描述整个系统的设计以及各类模块之间的关系。H 图主要关心的是模块的外部属性，即上下级模块间的数据传递和调用关系，并不关心模块的内部。通常采用自顶向下扩展分解的方法：

先画比较综合、层次较少的模块结构，然后再根据需要一步一步扩充。模块结构要求每个模块的数据处理功能尽可能单一、明确、完整，它所占的程序行数最好不超过一页（50～100 行）。

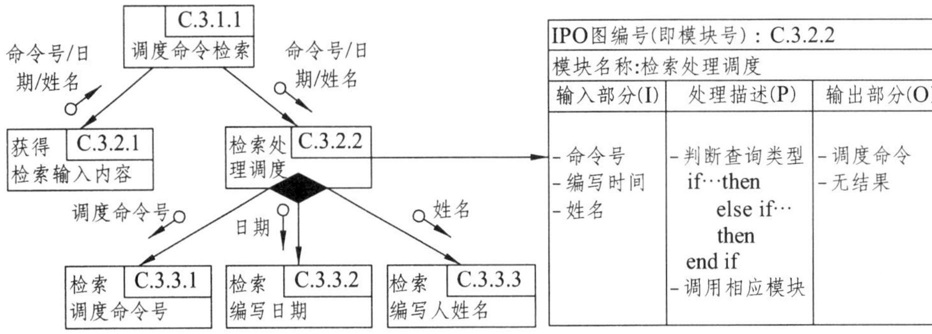

图 6-29 HIPO 图概述

IPO 图（输入—处理—输出图）描述模块层次图（H 图）中每一个模块的输入、输出和处理内容，实际上是一张图形化的表格。表中的上部内容反映该模块在总体系统中的位置、所涉及的编码方案、数据库/文件、编程要求、设计者和使用者等信息。最后是备注栏，一般用以记录该模块设计过程的一些特殊要求。

5. 处理过程描述方法

IPO 图其他部分的设计和处理是比较容易的，唯独对其中处理过程（Process）的描述部分较为困难。因为，对于一些处理过程较为复杂的模块，用自然语言描述其功能十分困难，并且对同一段文字描述，不同的人还可能产生不同的理解（二义性问题），如果这个环节处理不好，将会给后续的编程工作造成混乱。

目前用于描述模块内部处理过程的方法主要有：决策树法、判断表法、结构化英语和算法描述语言。几种方法各有其长处和不同的适用范围，在实际工作中究竟采用哪一种方法，需视具体的情况和设计者的习惯而定。

（1）决策树。

用决策树来描述一个功能单元逻辑处理过程，其基本思路与结构化英语一脉相承，是结构化英语的另一种表现形式，而且是更为直观方便的表现形式，如图 6-30 所示。

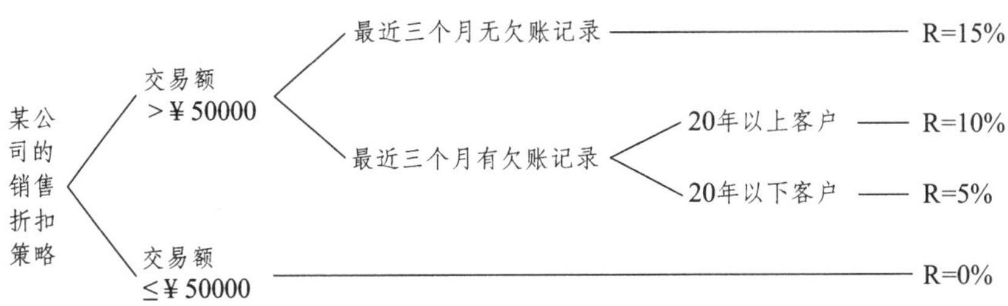

图 6-30 某公司销售折扣策略决策树

决策树（Decision Tree）是用图形方式（树形/二叉树）描述加工逻辑的一种工具，通常用来描述根据不同条件及其取值来选择的处理过程。决策树的优点是表达直观、明确，一目了然，缺点是没有考虑条件的组合情况。通常，对于更复杂的判定，如组合条件较多时可使用判定表。

Java 示例：销售折扣

```
if ( tradeVolume > 50000 ){
if ( debtin3months == true ){
    if ( customersOver20years == true ){
        discountRate = 0.10;
    }
    else {
        discountRate = 0.05;
    }
else {
    discountRate = 0.15;
}
else {
discountRate = 0.00;
}
```

Visual Basic 示例：确定各月天数（笨拙做法）

```
If ( month = 1 )Then
    days = 31
ElseIf ( month = 2 )Then
    days = 28
…
ElseIf( month = 12 )Then
    days = 31
End If
```

优雅做法

```
Dim daysPerMonth ( )As Integer = _
  { 31, 28, 31, 30, 31, 30, 31, 31, 30, 31, 30, 31 }

days = daysPerMonth ( month – 1 )
```

（2）判断表。

对于具有多个互相联系的条件和可能产生多种结果的问题，用结构化语言和决策树描述则显得不够直观和紧凑，这时可采用以清楚、简明为特征的判断表（Decision Table）来描述。判断表是采用表格来描述处理逻辑的一种工具，当数据流图中的加工是由多种条件取值的组合中某一组条件引起的时，使用判断表来描述比较适合。与决策树方法相比，判断表的优点是能够把所有的条件组合充分地表示出来，缺点是判断表的建立过程较为繁杂，且表达方式不如前者简便。事实上，凡是能通过逻辑语句来选择的事务，都可以通过查表来选择。

画法说明：首先，确定条件建立变量表，如图 6-31 中，折扣政策条件有三个；其次，确定可能的结果或方案以及每种可能方案的条件，建立判断表，如图 6-31 的折扣结果有四个；最后，确定每种可能方案在该条件下的结果。

Visual Basic 示例：

```
Public Enum TradeVolume
TradeVolume_Over5000 = 0
TradeVolume_Less5000 = 1
TradeVolume_Last = 1
End Enum
Public Enum DebtStatus
DebtStatus_Exist = 0
DebtStatus_Nothing = 1
DebtStatus_Last = 1
End Enum
Public Enum BusinessTime
BusinessTime_Over20years = 0
```

```
Dim rateTable ( TradeVolume_Last, DebtStatus_Last, _
    BusinessTime_Last )As Double

rateTable ( 1, 1, 1 )= 0.85;
…
（可做循环赋值）
For i As Integer = 0 To TradeVolume_Last
    For j As Integer = 0 To DebtStatus_Last
        For k As Integer = 0 To BusinessTime_Last
            rateTable ( i, j, k )= …
        Next k
    Next j
```

```
BusinessTime_Less20years= 1
BusinessTime_Last = 1
End Enum
```

```
Next i
discount = rateTable ( TradeVolume, DebtStatus, BusinessTime)
```

变量表

条件名称	取值	含义
业务发生金额	M	>¥50000
	L	≤¥50000
欠账情况	N	无欠账记录
	Y	有欠账记录
业务往来时间	D	20年以上客户
	N	20年以下客户

判断表

	可能方案	1	2	3	4
条件	C1(金额)	M	M	M	L
	C2(欠款)	N	Y	Y	/
	C3(时间)	/	D	N	/
结果	R=15%	*			
	R=10%		*		
	R=5%			*	
	R=0%				*

图 6-31　某公司销售折扣策略判断表（一般）

变量表

条件名称	取值
C1:业务发生金额在5000以上?	Y N
C2:最近三个月没有欠账情况?	Y N
C3:业务往来时间在20年以上?	Y N

判断表

	可能方案	1	2	3	4	5	6	7	8
条件	C1(金额)	Y	Y	Y	Y	N	N	N	N
	C2(欠款)	Y	Y	N	N	Y	Y	N	N
	C3(时间)	Y	N	Y	N	Y	N	Y	N
结果	R=15%	*	*						
	R=10%			*					
	R=5%				*				
	R=0%					*	*	*	*

条件名称	取值
C1:业务发生金额在5000以上?	1 0
C2:最近三个月没有欠账情况?	1 0
C3:业务往来时间在20年以上?	1 0

	可能方案	1	2	3	4	5	6	7	8
条件	C1(金额)	1	1	1	1	0	0	0	0
	C2(欠款)	1	1	0	0	1	1	0	0
	C3(时间)	1	0	1	0	1	N	1	0
	折扣值	0.85	0.85	0.90	0.95	1.00	1.00	1.00	1.00

图 6-32　某公司销售折扣策略判断表（好）

（3）结构化英语。

结构化英语是专门用来描述一个功能单元逻辑要求的，它不同于自然的英语，也区别于任何一种特定的程序语言（如 Basic、C 等），是一种介于两者之间的语言（伪代码）。其特点在于受结构化程序设计思想的影响，由三种基本结构组成，即顺序结构、判断结构和循环结构，借助于程序设计的基本思想，并利用其中少数几个关键词来完成对模块处理过程的描述，几个基本关键词是：if, then, else, and, or, not。

```
IF customer does more than  ¥50000 business THEN
    IF the customer wasn't in debt to us the last 3 months THEN discount is 15%
    ELSE (was in debt to us)
        IF customer has been with us more than 20 years THEN discount is 10%
        ELSE (20 years or less)discount is 5%
ELSE (customer dose  ¥50000 or less)discount is 0%
```

（4）算法描述语言。

算法描述语言是一种具体描述算法细节的工具，它只能面向读者，不能直接用于计算机系统。算法描述语言在形式上非常简单，它类似程序语言，非常适合于那些以算法或逻辑处理为主的模块功能描述。

实例 6-11：处理过程描述方法——邮费计算

1. 邮件邮寄收费标准如下：

• 若收件地点在 1000 公里以内，普通件每公斤 2 元，挂号件每公斤 3 元。

• 若收件地点在 1000 公里以外，普通件每公斤 2.5 元，挂号件每公斤 3.5 元。

• 若重量大于 30 公斤，超重部分每公斤加收 0.5 元。

2. 图形界面操作过程如下：

• 先选择邮件类型（普通、挂号）。

• 选择邮寄距离（<=1000 公里、>1000 公里）。

• 输入邮件重量（单位公斤）。

• 按“计算”按钮模块可计算出该邮件的费用。

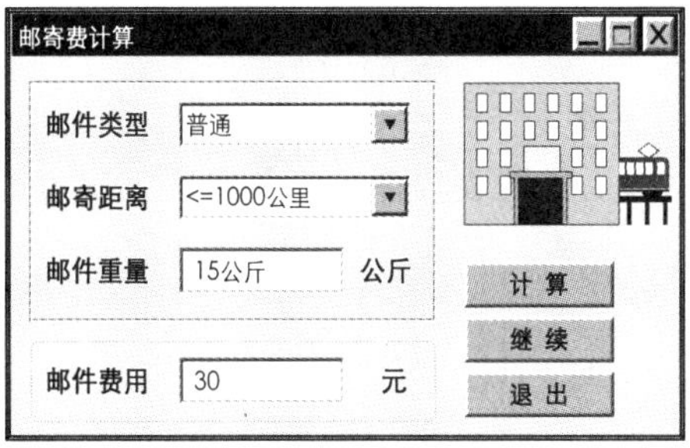

图 6-33

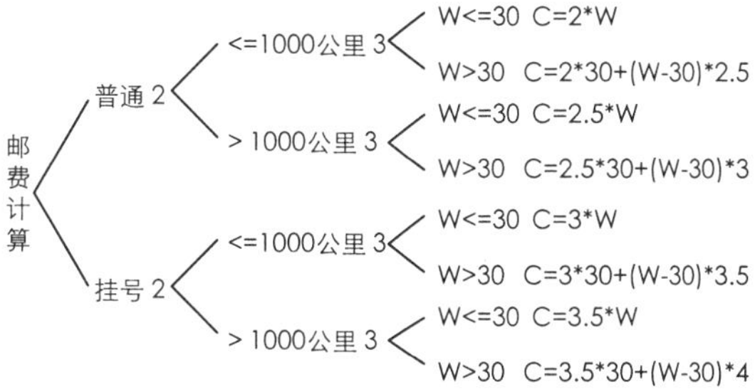

图 6-34

3. 处理过程决策树方法描述如下：

• 判断邮件类型。

• 判断邮寄距离。

• 判断邮件重量，计算邮件费用。

第四节 系统设计报告

系统设计阶段的最终结果是系统设计报告，主要是各种设计方案和设计图表，它是下一步系统实施的基础，包括的内容有：

（1）系统总体结构图。

系统总体结构图、子系统结构图、计算机处理流程图。

（2）系统设备配置图。

• 硬件配置：主机、外存、终端与外设、其他辅助设备、网络形态。

• 软件配置：操作系统、数据库管理系统、程序设计语言、软件工具、通信软件。

• 计算机系统的分布及网络协议文本。

（3）系统分类编码方案。

分类方案、编码和校对方式。

（4）数据库（文件）设计。

• 数据库总体结构：各文件数据间的逻辑联系。

• 文件结构设计：各类文件的数据项名称、类型、长度、限制、说明等。

• 文件存储：要求、访问方法及保密处理。

（5）输入输出设计内容。

• 输出设计：输出介质；输出内容、形态及格式。

• 输入设计：各种数据输入方式的选择；输入数据格式的设计；输入数据的校验方法。

• 菜单设计：菜单系统结构。

（6）系统处理流程设计。

层次化模块 H 图、系统处理 IPO 图、管理模型的应用。

（7）系统详细设计方案说明书。

从系统调查、分析到系统设计是信息系统开发的主要工作，这三个阶段的工作量几乎占到总开发工作量的 80%以上。在这三个阶段中，所用的工作图表较多，涉及面广，较为繁杂。

【学习指导】

• 从总体上了解系统设计的主要任务和系统总体设计的内容，牢固掌握结构化设计和模块化设计的思想和模块调用方式。

• 掌握代码的作用，了解代码的种类、设计方法和设计原则，了解代码校验位的作用及其确定、校验步骤。

• 数据库设计首先要对用户需求进行调查分析，学会将客观世界中的数据转换为集中的信息。此外，应熟悉一种数据库，如 ACCESS 或 SQL Server。

• 输入输出设计在一定程度上是一种艺术性工作，因此在学习过程中，不仅应对设计内容要求加以把握，同时还应善于根据不同的信息形态选择合理的设备，学会鉴赏界面。

• 处理流程设计是关系到系统全局的，应从系统分析的逻辑模型出发，结合数据库设计、代码设计和输入输出设计，设计出合理、流畅的系统全局处理流程图。

• IPO 图是着重描述模块内部处理过程的工具，还需要与模块设计的内容结合起来，后者着重描述模块的外部属性，即模块之间的关系。

第七章 系统实施与评价

教学目的	通过本章学习，使学生认识到系统实施过程的重要性，了解程序设计语言和编程工具的选择，系统测试的步骤、内容和各种测试所要解决的主要问题。 掌握系统测试的基本方法，掌握根据不同的系统和用户的不同情况，选择正确的系统转换方式，以及在系统转换过程中所需要做好的准备工作。 理解系统维护的内容和类型，了解系统评价的内容和方法。
教学重点	结构化程序设计和系统测试的基本概念和方法。
教学难点	系统测试方法，系统转换方式的比较，效益评价特别是间接效益评价。
难点解决	案例讨论+实例讲解
知识汇总	1. 理解系统实施的主要内容、系统实施框架、系统实施成功的关键因素。 2. 了解程序设计与调试的基本方法和原则，理解信息系统测试的主要内容，理解软件测试与软件开发过程的关系。 3. 理解试运行和系统切换的相关问题。 4. 理解信息系统质量的特征和指标。 5. 理解软件维护的相关问题。 6. 了解系统运行评价指标及其相关问题。
课程导入	在系统设计阶段工作结束后就转入系统实施阶段，实施的管理信息系统软件是哪儿来的？是谁编写的程序？

曾几何时，软件开发和编写代码被认为是同一件事情。但是随着软件开发生命周期中的各个活动被人们逐渐认识，专家们就开始花更多的时间去分析和争论诸如项目管理方法、需求、设计和测试等问题了，而在学习和研究新领域的浪潮中，系统实施这个与软件开发骨肉相连的环节反而被忽视了。人们忽视程序编制的原因颇具讽刺意味，就因为它是软件开发中唯一一项肯定能完成的活动。对于需求分析，人们可以自以为是地不去潜心分析；对于系统设计，人们可以偷工减料而不去精心研究；对于系统测试，人们可以短斤少两甚至跳过不做。但是要写出来的是程序，总归要进行程序的编制，这也说明，只要改进系统实施这一环节，就一定会对软件开发实践有好处。

第一节　系统实施

系统实施阶段是管理信息系统开发生命周期中的后期阶段，是将系统设计阶段的结果在计算机上实现的阶段，即将原来纸面上的、类似于设计图纸式的新系统方案转换成可执行的应用软件系统。系统实施阶段的目标就是把系统设计的物理模型转换成可实际运行的新系统，系统实施阶段既是成功实现新系统的阶段，又是取得用户对系统信任的关键阶段。

前面将信息系统的开发比喻为“建造房屋”，而系统设计就好像是施工的图纸，完成了图纸设计之后，下一步就是具体的房屋建造了，也就是常说的系统实施。

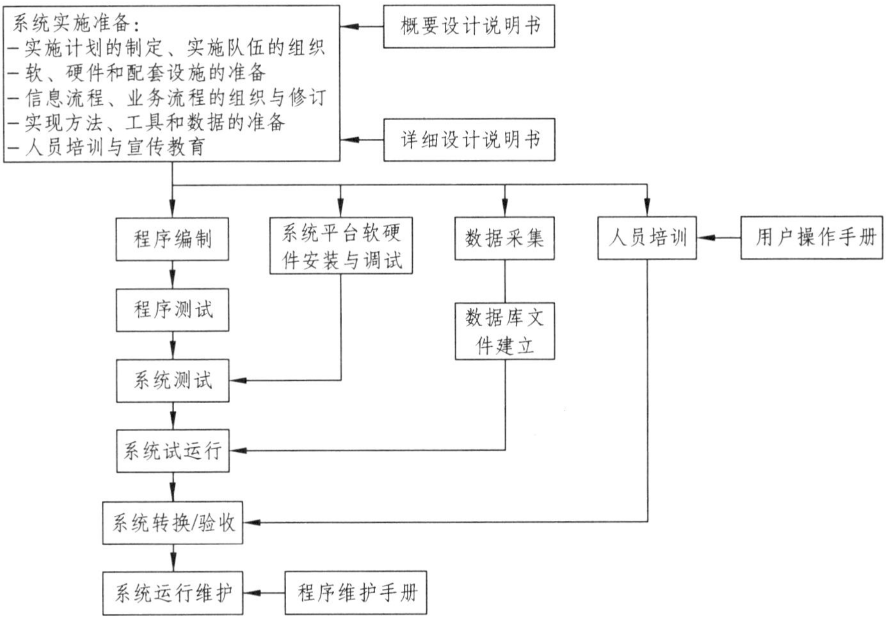

图 7-1　系统实施知识框架

在前面的分析和设计过程中，我们采用的是自顶向下的结构化系统开发思想，而在系统实施过程中我们将采用的是自底向上的逐步开发方法，即先开发出一个个的模块，然后再结构化地逐步向上建立起整个系统。因此，一些具体软件工程的开发方法如原型方法、面向对象方法、集成化的编程环境等工具就有了广泛的用途。

1. 主要任务

首先，按总体设计方案购置和安装计算机网络系统；其次，按数据库设计文档建立数据库系统；再次，编程（或客户化、本地化的二次开发）、调试、投入切换和试运行；最后，整理基础数据，培训操作人员。

2. 基本要求

系统实施工作是在完成系统分析和设计工作之后开始的，必须按照系统分析和设计阶段的文档进行，系统开发人员需要通过系统开发文档，充分理解系统目标、总体结构、代码设计、输入/输出设计、数据库设计、处理过程设计以及系统的运行环境。通常，对于硬件的获取（购置和安装设备），只需按总体设计的要求和可行性报告对财力资源进行分析，选择恰当的设备，通知供货厂家按要求供货并安装即可。

系统实施成功的关键因素是领导重视并亲自参与、严格的组织与管理、系统硬件、系统软件、扎实而细致的基础性工作、人员的教育与培训。在上述关键因素中，人的因素是第一位的。

一、系统实施工作流程

系统实施期间将投入大量的人力、物力并占用较长的时间，系统的使用部门将发生组织机构、人员、设备、工作方法和工作流程的较大变革。因此，系统实施必须要有严格周密的计划，尤其是不要因为系统的实施而打乱组织的正常工作秩序。

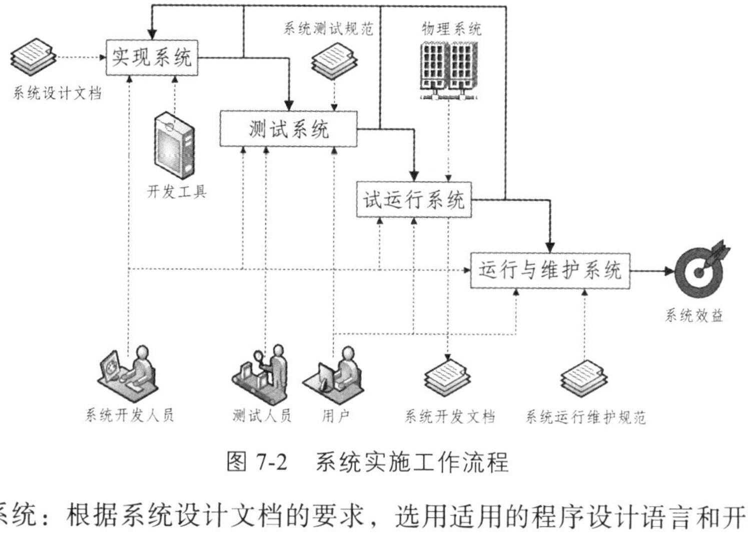

图 7-2　系统实施工作流程

（1）实现系统：根据系统设计文档的要求，选用适用的程序设计语言和开发工具编写源程序。参与人员为系统开发人员。

（2）测试系统：采用一定的技术和方法，通过单元测试、组装测试（又称集成测试）、确认测试和系统测试几个步骤，发现和排除软件系统存在的问题。该阶段的参与人员有系统开发人员、用户和系统测试人员。

（3）试运行系统：用新系统替换老系统，即采用适当的转换方式（如直接转换、并行转换、分段转换）进行新老系统的转换，并使新系统投入使用的过程。该阶段的参与人员有用户和系统开发人员。

（4）运行与维护系统：任何一个新开发的系统都不是一开始就很完善的，总是经过多次重复地开发、运行、再开发、再运行的循环而不断上升的（例如 Windows 的各种补丁和更新）。系统维护是指在管理信息系统交付使用后，为了改正错误或满足新的需要而修改系统的过程。该阶段可由用户和系统开发人员共同参与。

管理信息系统是一个复杂的社会系统，系统的实施要求系统能够适应内、外环境的变化和各种人为的、机器的因素的影响变化，并不断地完善。

二、程序设计

程序设计工作与 IT 的发展是密切相关的，随着计算机技术的发展，当今程序设计无论从设计思想、方法技巧，还是从评价指标都发生了一些根本性的变化。例如，前些年所倡导的程序设计的紧凑性和技巧性，目前已被“尽量写清楚、不要太巧”的观点所取代。此外，由于目前系统分析、设计技术越来越成熟和规范，模块的划分越来越细（基本以单一处理功能为主），因此，原来所强调的程序设计框图（流程图）已基本无人再画，有些公司甚至根本没有专门的编程部门，系统设计完成后，在社会上临时招聘技术人员或学生来编程或以资源外包的方式来完成系统的开发工作。

1. 程序设计概述

> 在早些年，程序被看作是程序员的个人财产，未经邀请，人们是不会阅读同事的代码的（就像不会看别人的情书一样）。而程序代码本质上就像是程序员写给计算机硬件的情书，充满了只有配偶之间才知晓的细节。因此，程序里尽是些昵称和口语表达法，只有处于热恋的、以为世界只有他们两个人的爱侣之间才能看懂。这样的程序对于外界来说简直就是天书。
>
> ——Michael Marcotty

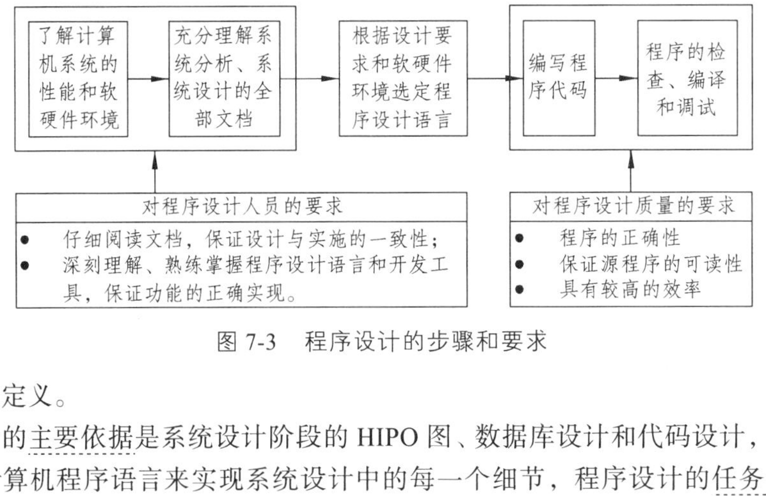

图 7-3　程序设计的步骤和要求

（1）相关定义。

程序设计的主要依据是系统设计阶段的 HIPO 图、数据库设计和代码设计，程序设计的目的就是要用计算机程序语言来实现系统设计中的每一个细节，程序设计的任务是使用选定的语言设计程序，把系统设计阶段所得到的设计说明书中对信息处理过程的描述，转换成能在计算机系统运行的源程序。

（2）人员要求。

仔细阅读系统全部文档，保证系统设计与系统实施的一致性。深刻理解、熟练掌握并正确运用程序设计语言和软件开发的环境和工具，以保证功能的正确实现。要求编程人员做到：

① 明确需要编写模块的主要任务以及在总体结构中的作用。

② 明确模块前后的控制调用关系以及模块之间有哪些信息传递关系。

③ 明确程序的详细处理过程内容，有哪些特殊需求（在结构化程序设计中就是 HIPO 图以及说明，在 OO 方法中就是 OOD 范式及其说明）。

④ 明确程序所用的数据库或数据文件有哪些，具体格式如何。

（3）质量要求。

① 程序的正确性，包括正确运用程序设计语言环境和满足系统设计的功能要求。

② 保证源程序的可读性，便于其他人员能够读懂和维护。

③ 具有较高的效率，程序应占用较少内存，具有较高的运行速度。

2. 程序设计的语言选择

前面我们将软件开发比喻成“建造”，而编程就是具体实施的一个过程。选择编程语言就像是在向工地进发之前，如何选择适当的工具，工具箱应该装哪些东西？目前市场上能够提供给系统选用的编程语言和工具十分广泛，各类软件工具也是整个计算机或信息产业中发展最快的领域之一。采用哪种程序设计语言对于程序代码的编写有很大影响，程序设计语言的特性也在很大程度上决定了程序代码的质量。

一套好的符号系统能把大脑从所有非必要的工作中解脱出来，集中精力去对付更高级的问题，从功效上看，能够有效地提高人类的智力。在引入阿拉伯数字之前计算乘法是困难的，除法（即便只是整数除法）更需要发挥全部的数学才能。而我们现在具有轻易进行小数计算的能力，这完全是逐步发现了完美的表示法的令人惊叹的结果。

——怀德海

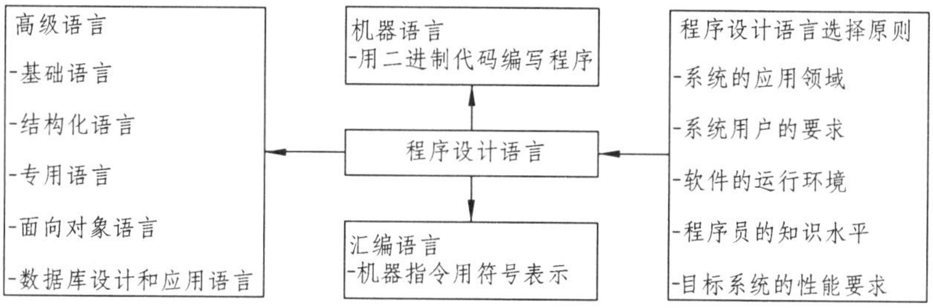

图 7-4　程序设计语言选择

（1）机器语言。

又叫低级语言，是直接以二进制代码编写程序，可以直接被计算机识别并执行。其特点是程序占用内存少，执行效率高，但是编写、阅读和修改困难（每条指令都是由 0、1 数字组成），面向机器，可移植性差，一旦变换成其他类型的计算机，程序可能无法运行。

（2）汇编语言。

又叫符号语言，将计算机能识别的机器指令用规定的符号表示出来，从而更直观，方便阅读和修改，但必须经过编译程序的编译，“翻译”成机器语言程序。特点是占用内存少，执行效率高，但阅读和修改比较困难。如果对执行效率没有特别高的要求时，一般不使用机器语言和汇编语言编程。

高级语言又称为算法语言，起始于 20 世纪 50 年代中期，高级语言比机器语言和汇编语言更容易理解和掌握，可以在不同的机器上运行，极大地提高了程序设计的效率和可靠性。但是高级语言必须经过编译程序“翻译”，才能转换为计算机能识别和执行的二进制机器指令。

（3）基础语言。

又叫通用语言，应用广泛，有大量成熟的软件库，例如 Fortran、Basic、Cobol、Pascal 等。Fortran 是第一个高级计算机语言，主要应用于科学和工程计算领域；Basic 简单、易学，是初学者学习程序设计的入门语言；Cobol 是一种像英语的编程语言，主要适用于商业应用，其流行程度仅次于 Visual Basic，适用于计算简单、数据量大的场合；Pascal 主要用于教学中。

（4）结构化语言。

采用了结构化的程序设计思想，在工程科学、商业、系统应用等方面有广泛的应用，例如 Pascal 和 C。C 是一种通用的中级语言，是 20 世纪 70 年代在 Bell Labs 开发的，在 80 和 90 年代，C 语言是微型计算机和工作站程序设计的事实标准。

（5）专用语言。

专门为某种特定应用而设计的语言，应用范围比较窄，如：APL 语言是为数组和向量运算而设计的语言；LISP 语言是人工智能语言，适用于人工智能领域的问题求解；PROLOG 语言是逻辑推理语言，适用于求解具有逻辑推理性质的问题，常用于专家系统开发。

（6）面向对象。

以“对象+消息”程序设计范式构成的程序设计语言，如 VB、Java、C++、C#等。Java 广泛应用于 Web 应用的编程；JavaScript 是一种解释执行的脚本语言，最初与 Java 略有关系，主要用于客户端编程；PHP 是一种开源的脚本语言，能在所有主要的操作系统上运行，用来执行服务器端的交互功能；VB 是一种高级的面向对象的可视化 Basic 语言，在 21 世纪初期，使用 VB 的专业开发人员比用其他任何语言的专业开发人员都多。

（7）数据库语言。

专门用于数据库应用系统的开发和实现，包括目前比较流行的关系数据库设计软件，例如 Oracle、DB2、Sybase、Informix、SQL Server 等。前台开发工具常用 VB、Delphi、Power Builder 和网上数据库应用系统开发工具 HTML、ASP、JSP、PHP 等，数据库设计和应用语言在开发管理信息系统中是应用最多的语言。

思考的能力取决于是否知道能够表达该思想的词汇，如果不知道这些词汇，就无法表达出这种思想，甚至不能形成这种思想。在编码阶段，我们希望尽量缩短编码时间，并且编出的代码执行效率高，编出的程序容易阅读，同时方便测试和维护。因此，需要对编程语言进行选择，选择的基本原则是缩短编码阶段的时间，代码执行效率高，程序容易阅读，方便测试和维护。

（8）选择原则。

① 系统的应用领域：应用领域的不同决定了程序设计语言的不同，例如在人工智能领域中主要采用 LISP 和 PROLOG 语言，在科学工程领域中主要采用 Fortran 语言等。

② 系统用户的要求：如所开发的系统由用户负责或参与维护，那么用户通常要求用他们熟悉的语言来编写程序。

③ 软件运行环境：要考虑软件的运行环境必须符合目标系统运行环境的要求，因为目标系统的运行环境是一定的，而不同的语言对运行环境的要求是不同的。例如 Microsoft 公司开发的 VB，最初设计是为了创建 Microsoft Windows 应用程序。

④ 程序员的知识水平：应尽量选择程序员熟悉的语言，以缩短开发时间，保证软件的质量，因为熟练掌握一种新的语言需要一定的时间和实践工作。

⑤ 目标系统的性能要求：不同语言的性能是不同的，要结合目标系统的具体性能要求来选择编程语言，如对单机版或网络版的信息系统，就要选用不同的编程语言，如果要求目标系统能用于不同的使用环境，就要尽量选用程序可移植性好的语言。

研究表明，程序员使用熟悉的语言时，生产率比使用不熟悉的语言时要高。Cocomo 估计模型的数据表明，当程序员用“使用了三年以上的语言”编写代码时，生产率比“同等经验但使用新语言的程序员”高 30%（Boehm et al.2000）。

使用高级语言的程序员能比使用低级语言的程序员达到更好的生产率和质量。高级语言如 C++、Java、Smalltalk、Visual Basic 等比低级语言如汇编和 C 语言在生产率、可靠性、简洁性、易理解性等方面高 5 至 15 倍（Brooks 1987，Jones 1998，Boehm 2000）。

3. 编程工具

现代化的编程工具减少了系统实施所需的时间。使用最前沿的工具集，并熟悉所使用的工具，能使生产率增加 50%以上（Jones 2000；Boehm et al.2000）。编程工具也能降低编程中必需的单调乏味的琐碎事物的劳动量。

（1）设计工具。

目前的设计工具主要是那些“能创建设计图表”的图形化工具。设计工具通常内含于“计算机辅助软件工程”（Case）工具中，而且功能更宽泛。图形化的设计工具通常能用标准的图形符号来描述设计，包括 UML、架构方块图、继承体系图、实体关系图、类图等。设计工具可以在高层抽象和低层抽象之间来回移动，可以检查设计的一致性，某些工具还能直接根据设计产生源代码。

（2）源代码工具。

① 编辑。与编辑源代码有关的工具有：集成开发环境（IDE）、针对多个文件的字符串查找和替换工具（grep、Perl、AWK、sed 等）、diff 工具、Merge 工具、源代码美化器、生成接口文档的工具（Javadoc）、模板、交叉引用工具、类的继承体系生成器。

② 分析代码质量。对源代码进行静态检查，评定其质量的工具有：吹毛求疵语法/语义检查器（Lint）、尺度报告器。据报道，复杂性分析工具在系统维护的生产率方面有大约 20%的正面效应（Jones 2000）。

③ 重构源代码。帮助把源代码从一种格式转换为另一种格式的工具有：重构器（Java 和

Smalltalk 已经有重构器）、结构改组工具（Capers Jones 2000 年报告，改组代码结构的工具在系统维护的生产率方面能有 25%～30%的正面效果）、代码翻译器。

④ 版本控制。为了应对软件版本的“增生扩散”状况，可以使用版本控制工具。

⑤ 数据字典。数据字典是描述项目中所有重要数据的数据库，在很多情况下，数据字典主要关注数据库模式（schema）。

（3）可执行码工具。

① 产生目标码。编译器与链接器、Build 工具（UNIX 附带的 make 工具和 Java 程序的 ant 工具）、程序库、代码生成向导、预处理器。

② 调试和测试工具。

③ 代码调整。可以帮助调整代码的工具有执行剖测器、汇编代码清单和反汇编。

在过去的数十年中，程序员已经看到过无数号称能“消除编程”的工具。先是第三代编程语言，其次是第四代编程语言，然后是自动编程，再然后是 CASE 工具，最后是可视化编程。以上各项进步都对计算机编程产生了价值客观的、增量式的改进。但是，目前为止依然没有哪一项改革成功地消除了编程。

4. 结构化的程序设计

自顶向下、逐步求精的设计方法符合人们解决复杂问题的习惯，结构化程序设计首先从问题的全局出发、用抽象算法把问题描述为若干个子问题，然后对问题进行细化，最后把算法全部细化为程序设计语言来描述，程序设计也就随之完成了。这样开发出的程序具有清晰的层次结构，容易阅读和理解，便于今后对程序的维护。20 世纪 70 年代开始形成的结构化程序设计得到了人们的普遍认可，并逐渐成为一种规范。结构化的程序设计采用自顶向下、逐步求精的设计方法和单入口单出口的基本控制结构，并且只包含顺序、选择和循环三种控制结构（BOHM 和 JACOPINI 在 1966 年证明了结构定理：任何程序结构都可以用顺序、选择和循环这三种基本结构来表示），此外，在程序设计中尽可能不采用 GOTO 等容易造成死循环或内存泄露的语句。

（1）顺序结构。

各个操作是按程序书写的先后顺序执行的，如图 7-5 中先执行 A，再执行 B。尽管顺序结构是一个相对简单的任务，但代码结构上的一些微妙之处还是会对代码的质量、正确性、可读性和可维护性带来影响。

图 7-5　顺序结构

Java 示例：有前后依赖关系的语句

```
data = ReadData( );
results = CalculateResultsFromData( data );
PrintResults ( results );
```

（2）选择结构。

条件语句用来控制其他语句是否执行，根据某个逻辑表达式的取值决定选择哪个操作，对于每个具体问题的执行，常常因条件不同而从两个或多个路径中选择其中一条路径执行：

① 单分支选择（if-then-else 结构），即测试后符合条件执行 A，否则执行 B。

② 多分支选择（switch-case 结构），根据不同的取值选择不同的操作，如图 7-6 所示。

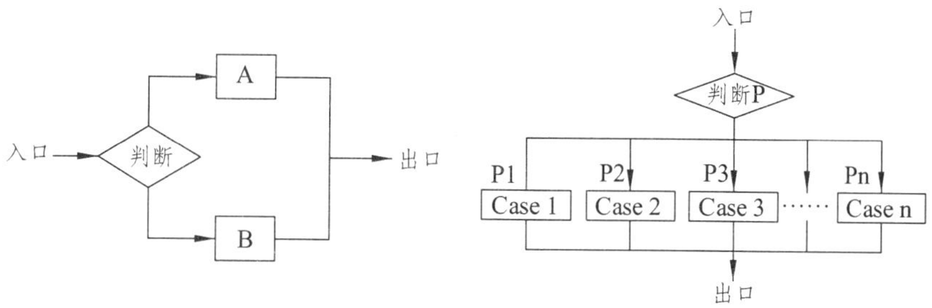

图 7-6　选择结构

在写 if 语句时应遵循下述指导原则：

• 首先写正常代码路径，再处理不常见的情况，确认那些不常见的情况不会遮掩正常的执行路径。

• 确保对于等量的分支是正确的，不要用“>”代替“>=”。

• 把正常情况的处理放在 if 后面而不要放在 else 后面，目的是使注意力集中到阅读代码的主流程上，而不是费力地去理解那些异常处理情况，还可以将判断减到最少。

• 让 if 子句后面跟随一个有意义的语句，检查 else 子句的正确性。

case 语句或者 switch 语句随着编程语言的不同而有着很大的差异，C++和 Java 只支持在 case 中使用序数类型（整数），VB 还提供了表示区间和数值集合，但是很多脚本语言根本不支持 case 语句。在使用 case 语句时应遵循以下一些指导原则：

• 为 case 选择最有效的排列顺序，可以按字母顺序或按数字顺序排列各种情况，或把正常的情况放在前面，或按执行频率排列 case 子句。

• 简化每种情况对应的操作，不要为了使用 case 子句而刻意制造一个变量，把 default 子句只用于检查真正的默认情况，利用 default 子句来检测错误。

（3）循环结构。

循环结构用来解决程序中某些语句多次重复执行的问题，循环语句在执行过程中，必须使测试条件发生变化，否则将发生“死循环”。包括：

①“当”型循环结构（Do-While 结构）：先进行测试，条件成立则执行 S，执行后重新测试，一旦条件不成立，循环结束，即“先测试，后执行”，VB 里用 For-Next 表示。

②“直到”型循环结构（Do-Until 结构）：先执行 S，再进行测试，条件成立，执行后再测试，一旦条件不成立，循环结束，即“先执行，后测试”。在 C++、C#以及 Java 里可以用 do-while，在 VB 里用 Do-Loop-While，如图 7-7 所示。

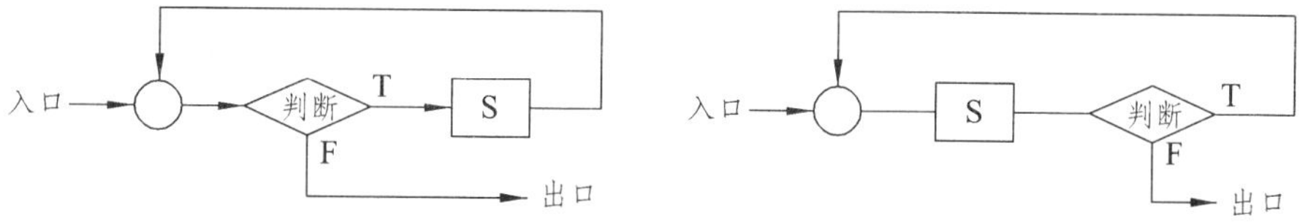

图 7-7　循环结构

5. 程序设计风格

程序设计的风格，就是程序员在程序设计中喜欢或习惯使用的表达程序主题的方式。早期的程序设计强调效率，而不注重程序的清晰度，造成程序难以理解，甚至无法进行维护。

自从 20 世纪 70 年代以来，人们认识到注重程序的清晰结构和简洁明了的算法设计，对提高程序的质量和程序的可维护性，有着至关重要的作用。而程序设计风格的好坏在很大程度上会影响到程序质量的好坏，良好的程序设计风格可以使程序结构清晰合理，并且使程序代码便于维护。所谓的学编程就是学思考（也就是遇到了问题后如何去思考解决）。

（1）标识符命名。

标识符包括文件名、变量名、常量名、函数名等用户定义的名字的总称。名字的选取应含义鲜明，能正确地提示程序对象所代表的实体，从而有助于阅读理解程序。

（2）程序的注释。

注释是对代码含义或功能的“说明”，而不是文档。程序中的注释不可喧宾夺主，注释太多会让人眼花缭乱。常见的程序注释有：

① 序言性注释：通常在每个程序或模块的起始部分，是对程序的整体说明。

② 功能性注释：是嵌入在源程序体内，用来描述语句或程序段的功能的注释，功能注释一定要准确，否则会妨碍对程序的理解。

三、系统测试

在系统转换之前，要进行计算机系统与整个工作系统的调试，测试是系统实施阶段的重要工作，系统测试占用的时间、花费的人力和成本占软件开发的很大比例。统计表明，开发较大规模系统，系统测试的工作量大约占整个软件开发工作量的 40% ~ 50%。

1. 基本概念

测试是选择适当的测试用例执行被测试程序的过程，目的在于发现程序的错误。测试本身并不能提高软件的质量，想通过更多测试来提高软件的质量，就像妄想通过天天称体重来减肥一样。

调试是诊断程序的错误性质、出错位置并加以改正错误的过程，通常由编码人员承担。

测试目的就是在系统投入生产性运行之前，发现尽可能多的缺欠。这里的缺欠是一种泛称，可以指功能错误，也可以指性能低下、易用性差等方面的问题。因此，测试是一种“破坏性”的行为（不破不立）。测试的目标是找出错误，它与其他开发活动背道而驰，一个成功的测试应该弄垮软件，而其他开发活动的目标是避免程序错误和软件的崩溃。

测试的原因主观上由于开发人员思维的局限性，客观上由于目前开发的软件系统都具有相当的复杂性，这就决定了在开发过程中出现软件错误是不可避免的。若能及早排除开发中的错误，就可以排除给后期工作带来的麻烦，也就避免了付出高昂的代价，从而大大提高系统开发过程的效率。因此，软件测试在整个软件开发生命周期各个环节都是不可缺少的。

目前，系统测试仍然是保证系统质量的关键步骤，它是对系统规格说明、设计、编码和集成的最后复审。程序软件只是管理信息系统的一部分，要形成一个整体，还要包括硬件、软件和与此相关的设备，因此，不仅要进行软件测试，还要进行包括硬件等整个系统的测试。

2. 测试方法

系统测试的方法有静态测试法和动态测试法两种，如图 7-8 所示。

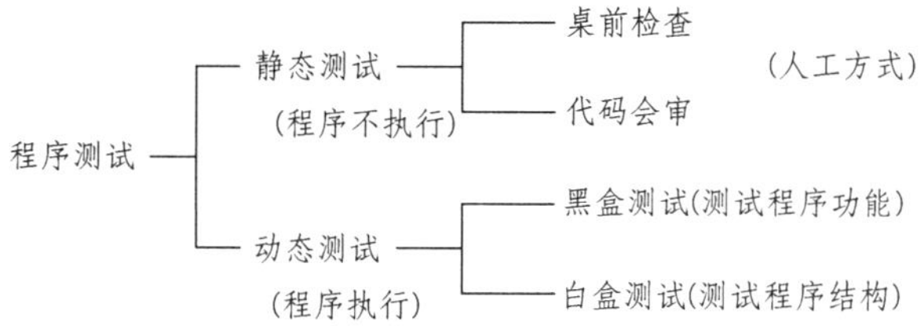

图 7-8　系统测试方法

（1）静态测试法。

静态测试是通过对被测程序的静态审查，发现代码中潜在的错误，这种方法的主要特性是不利用计算机运行被测试的程序，而是采用人工方式完成。通常以人工方式对程序进行分析，可以查出 30%～70%的逻辑错误，成效明显、成本低。静态测试一般按代码审查单阅读程序、查找错误，其内容包括：检查代码和设计的一致性、检查代码的标准性和可读性、检查代码逻辑表达的正确性和完整性、检查代码结构的合理性等。按照评审的不同组织形式，静态测试可分为：

① 代码会审（Code Reading Review）：由程序员和测试员组成评审小组，按照“常见的错误清单”，进行会议讨论检查。

② 桌前检查（Desk Checking）：由程序员检查自己的程序，对源代码进行分析、检验。

（2）动态测试法。

动态测试是实际运行被测程序，输入相应的测试用例，判定执行结果是否符合要求，从而检验程序的正确性、可靠性和有效性。动态测试可分为两类：一类把被测程序看成一个黑盒，根据程序功能来设计测试用例，称为黑盒测试；另一类则根据被测程序的内部结构设计测试用例，测试者需事先了解被测程序的结构，故称为白盒测试。

测试原则是尽早地和不断地进行软件测试；程序员应避免测试自己的程序；应当对每一个测试结果做全面检查；测试用例应由测试输入数据和与之对应的预期输出结果这两部分组成；在设计测试用例时应当包括合理的输入条件和不合理的输入条件。

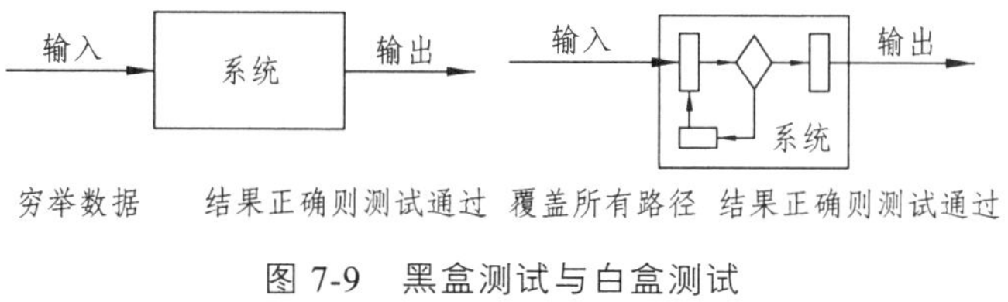

图 7-9　黑盒测试与白盒测试

① 黑盒测试，也称功能测试，即将软件看作黑盒子，完全不考虑程序的内部结构与特性，只测试软件的外部特性，看它是否都达到了预期的目标。检查的主要方面有：程序的功能是否正确或完善，数据的输入能否正确接收，输出是否正确，是否能保证外部信息（数据文件）的完整性等。测试用例通常采用穷举数据，即用所有可能的输入数据来检查所有数据经过处理后所产生的结果是否正确，在实际测试中不可能实现穷尽测试，因此可以选择有代表性的数据进行检查。

② 白盒测试，也称结构测试，就是将软件看作透明的白盒子，按程序的内部结构和处理逻辑来选择测试用例，对软件的逻辑路径及过程进行测试，检查与设计是否相符。测试用例通常采用覆盖路径数据，检查所有路径是否正确，通常在实际测试中不可能覆盖所有路径，应选择主要路径，如选择、循环路径检查。

采用穷尽测试是不现实的，为了提高测试效率，尽可能多地发现错误，需要精心准备测试用例。白盒测试的用例设计有逻辑覆盖，分为：语句覆盖、判定覆盖、条件覆盖、路径覆盖等；黑盒测试的用例设计包括：等价类划分、边界值分析、错误推测等。

利用精心挑选的测试数据，使程序和模块中的每一条语句都能得到执行，即能够测试程序中的任一逻辑通路。常用的测试数据有：用正常数据测试、用异常数据测试、用错误数据测试。试验程序对错误的处理能力：包括显示出错信息以及容许修改错误的可能性，具体检查内容有输入键号错误、输入数据错误、操作错误等。

经过代码调试正确的程序只是基本上验证了程序逻辑上的正确性，但并不能验证程序是否满足程序说明中定义的功能，也不能验证数据本身是否完备。测试永远不可能彻底证明程序中没有错误，测试没有发现错误可能意味着软件完美无缺，但同样有可能暗示测试用例是无效的或者是不完整的。

3. 系统测试的步骤

系统测试工作一般分为以下 4 个步骤：单元测试、组装测试、确认测试和系统测试，每一步都是在上一步基础上进行的，如图 7-10 所示。

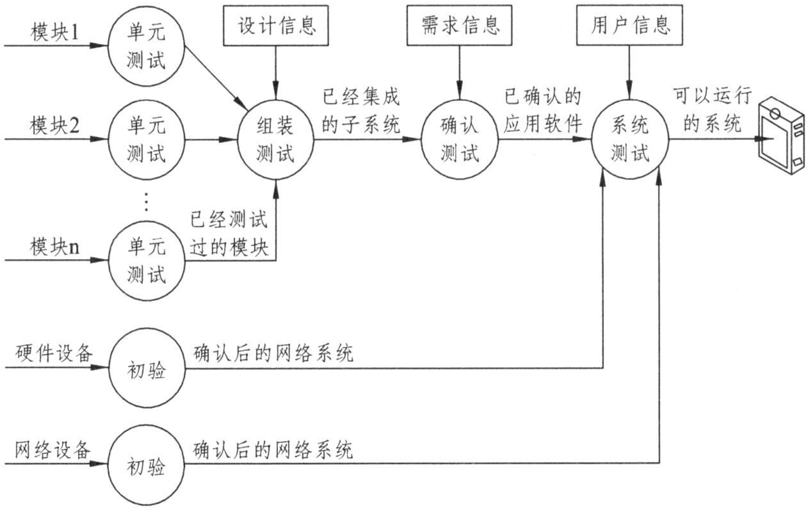

图 7-10　系统测试工作步骤

（1）单元测试。

检查各个程序模块是否正确地实现了规定的功能，以确保每个模块能正常工作。模块测试的内容包括：模块接口、模块内部的数据结构、逻辑路径、出错处理、边界条件等，单元测试大量采用白盒测试法，尽可能发现模块内部的程序差错。在单元测试期间主要评价模块的下述五个特性：

① 模块接口：对测试模块，是否正确无误地流入和流出。

② 局部数据结构：在模块工作过程中，其内部交换数据能否保持完整性，包括内部数据的内容、形式及相互关系是否正确。

③ 边界条件：在为限制数据加工而设置的边界处模块是否能正常工作。

④ 覆盖条件：模块的运行能否达到满足特定的逻辑覆盖。

⑤ 出错处理：模块运行中发生了错误，其中的出错处理设施是否有效。

（2）组装测试。

把已测试过的模块组装起来，进行组装测试，主要是根据系统设计信息，按照软件体系结构的构造和模块层次结构图，将经过单元测试的程序模块组装起来，对正确性和程序结构等方面进行测试。组装测试以系统详细设计和程序设计为依据，其目的在于检验与软件设计相关的程序结构问题，较多地采用黑盒测试法来设计测试用例。组装测试包括：

① 各模块是否无错误地连接，能否保证数据有效传送及数据的完整性和一致性。

② 人机界面及各种通信接口能否满足设计要求。

③ 除了在存储器中需要分配绝对地址的程序段外是否具有新定位的能力，能否与软件需求规格说明中规定的所有设备正确连接。

组装测试通常采用自底向上的集成，如图 7-11 所示。在自底向上的集成中，先按功能集成底部完成单元测试成功的模块，然后自底向上逐步集成子系统。

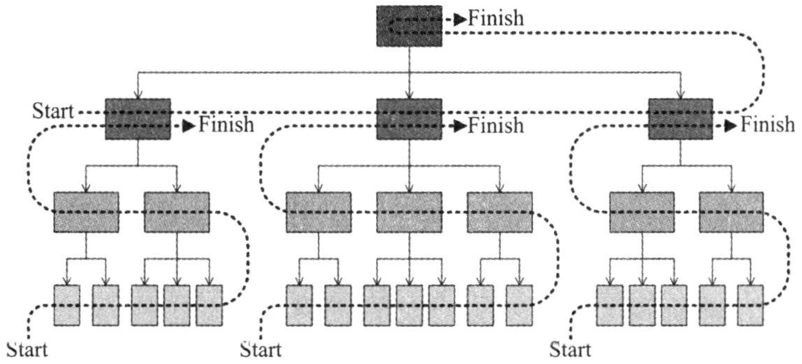

图 7-11　自底向上的单元测试和组装测试

“出现问题的位置的不确定性”加上“所有问题都是一下子出现”这一事实，不仅要处理由于各个类之间的交互导致的问题，还要处理那些难以诊断的、由于“问题”之间相互影响而导致的问题。因此，阶段式集成的另一个名称是“大爆炸集成”。

（3）确认测试。

组装测试完成后，需要检查已经实现的软件系统是否满足了需求规格说明书中确定的各种需求，以及软件配置是否完全、正确。确认测试是检验所开发的软件能否满足所有功能和性能需求的最后手段，以整个软件作为测试对象，通常均采用黑盒测试法，确认测试是面向用户的，必须由用户参与。通常包括：

① 功能方面：需要测试系统的输入、处理、输出是否满足需求。

② 性能方面：应测试系统的数据精确度、时间特性（如响应时间、更新处理时间、数据转换及传输时间等）、适应性（在操作方式，运行环境等与其他软件的接口发生变化时应具备

的适应能力）是否满足设计要求。

③ 其他如可使用性、安全保密性、可维护性、可移植性、故障处理能力等限制条件测试。

（4）系统测试。

把经过确认的软件放入实际运行环境中，与其他系统元素如硬件设备、网络设备等一起进行测试，最后形成可交付给用户使用的软件。系统测试是以整个软件为测试对象，采用黑盒测试方法，将信息系统的所有组成部分包括硬件、软件、用户和环境等综合在一起进行测试。测试内容包括：

① 恢复测试：采取各种人工方法使软件出错，进而检验系统的恢复能力。

② 安全测试：设置一些企图突破系统安全保密措施的测试用例，检验系统是否有安全保密的漏洞。

③ 强度测试：检验系统的能力最高能达到什么实际限度，以验证在超出临界状态下性能降低是不是灾难性的。

④ 性能测试：检验安装在系统内的软件运行性能，需与强度测试结合起来进行。

迈尔斯（Grenford J Myers）对测试进行了如下描述：测试是为了发现程序中的错误而执行的程序；好的测试方案是可能发现迄今为止尚未发现的错误的测试方案；成功的测试是发现了至今为止尚未发现的错误的测试；测试只能查找出程序中的错误，而不能证明程序中没有错误。

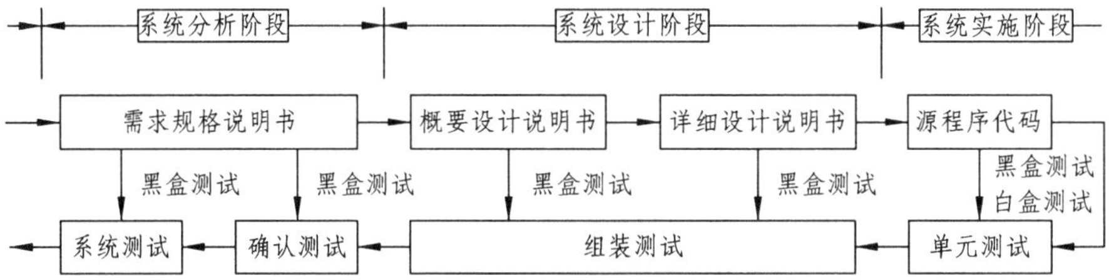

图 7-12　系统测试与开发过程间的关系

四、系统转换

新系统测试通过以后并不能马上投入使用，还存在一个新旧系统交替的问题。系统转换是由现行系统的工作方式向所开发的新的管理信息系统工作方式的转换过程，也是系统的设备、数据和人员等的转换过程。

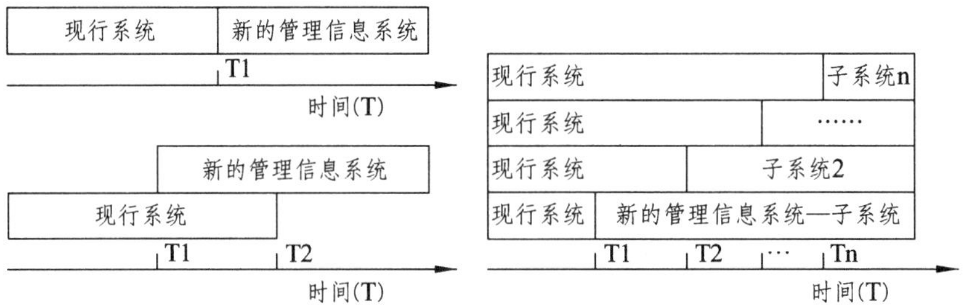

图 7-13　系统转换的三种方法

系统转换的基本条件：

① 系统设备：系统实施前购置、安装、调试完毕。

② 系统人员：系统转换前配齐并参与各管理岗位工作，并进行相关培训。

③ 系统数据：系统转换所需各种数据按照要求格式输入系统之中。

④ 系统文件资料：用户手册、系统操作规程、系统结构与性能介绍手册。

（1）直接转换。

直接转换是在确定新的管理信息系统运行准确无误时，在某一时刻终止现行系统，启用新的管理信息系统。特点是转换方式费用低，方法简单，但风险大。适合于处理过程不太复杂的小型简单系统。

（2）并行转换。

并行转换是新的管理信息系统和现行系统并行工作一段时间，在新的管理信息系统运行准确无误时，替代现行系统。特点是有利于减轻管理人员心理压力、安全性较好，但费用高，两个系统的数据一般不具备可比性。适合于处理过程复杂、数据重要的系统。

（3）分段转换。

分段转换是直接转换和并行转换的结合，分阶段将新的管理信息系统的各个子系统采用并行转换方式替代现行系统。特点是用户心理、安全性较好，但费用高。适合于处理过程复杂、数据重要的大型复杂系统，一般多采用这种方式进行系统转换。

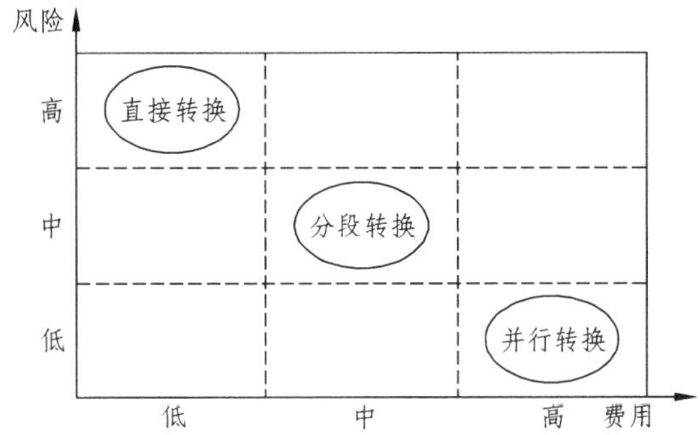

图 7-14　系统转换方式的风险费用分析

系统转换的考虑因素：

风险由低到高：并行转换→分段转换→直接转换。

费用由低到高：直接转换→分段转换→并行转换。

在一些大型的管理信息系统切换过程中，应采用三种方式配合使用。

整个系统的切换采用分段转换逐步切换的方式，即开发好一个子系统即切换运行一个子系统，既有利于尽快见到效益，又有利于积累经验、培训人员、以点带面，还能减轻由于系统切换对日常管理工作带来的冲击，利于整个系统的平稳过渡。具体到每一个子系统的切换，需视情况考虑采用直接转换或是采用并行转换方式，有些子系统，如通用办公、通用查询、电子邮件等子系统，主要提供了一些 OA 功能，故可采用直接转换方式。对于像财务管理、人事管理、工资管理等子系统，由于系统要求数据处理结果万无一失，故可采用并行转换方式。

第二节　系统维护

管理信息系统在实施阶段结束并投入正常运行之后，就进入了系统运行和维护阶段。系统维护是为了应对管理信息系统的环境和其他因素的各种变化，保证系统正常工作，并不断得到改善和提高而采取的一切活动。系统维护包括系统功能的改进、解决在系统运行期间发生的一切问题和错误。系统维护的目的就是保证新系统的正常运行，使用户新需求快速得到满足。无论在新系统交付使用前还是在交付使用后，系统维护工作始终需要进行。

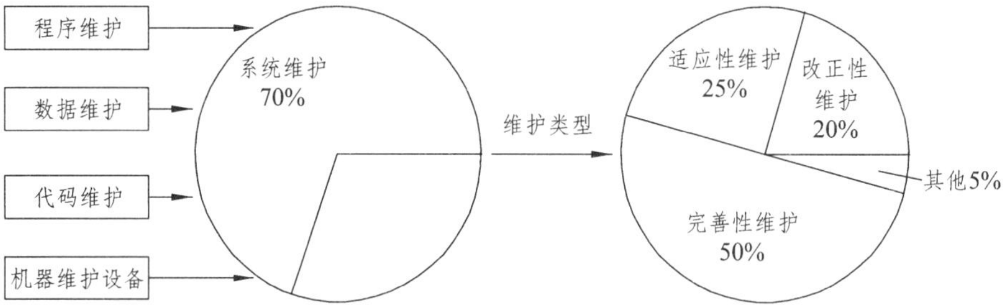

图 7-15　三种主要维护类型所占比例

系统维护是软件生命周期中最长的一段时间，是一项非常重要的工作。系统维护得好，能使软件发挥更大的经济效益，维护得不好，就可能大大缩短它的生命周期。

1. 维护内容

（1）程序维护：信息系统的业务处理是以计算机为主的，如果处理的业务稍有变化或程序发生问题，则会引起程序的变化，一般来说，信息系统的主要维护工作量是对程序的修改。

（2）数据维护：系统的业务处理对数据的需求是不断变化的，因此需要经常进行数据的更新、数据结构的调整，数据的备份与恢复等工作。

（3）代码维护：随着系统应用范围的扩大和应用环境的变化，旧的代码可能不再适用于新的要求，这就要求必须进行代码的变更，包括制定新的或修改旧的代码系统。

（4）机器设备维护：包括主机及外设等设备的日常管理和维护工作，例如一旦机器发生故障，要有专门人员进行修理。

2. 维护类型

（1）改正性维护（corrective maintenance）：在软件交付使用后，由于开发时测试得不彻底和不完全，必然会有一部分隐藏的错误被带到运行阶段来，改正性维护就是改正软件性能上的缺陷、排除实施中的错误使用等问题所进行的诊断和改正错误的过程。

（2）适应性维护（adaptive maintenance）：随着信息技术的飞速发展，外部环境（硬件和软件配置）或数据环境（数据库、数据格式、数据输入/输出方式、数据存储介质）都可能发生变化，为了使软件适应这种变化，而修改软件的过程被称为适应性维护。

（3）完善性维护（perfective maintenance）：在系统的使用过程中，用户往往会提出新的功能与性能要求，为了满足这些要求，需要修改或再开发软件，以扩充软件功能、增强软件性能、改进加工效率，这种情况下进行的维护活动叫作完善性维护。

（4）预防性维护（preventive maintenance）：该类型维护通常定义为“把今天的方法学用于昨天的系统以满足明天的需要”，也就是说，采用先进的软件工程方法对需要维护的软件或软件中的某一部分重新进行设计、编制和测试。

维护类型	系统刚刚实施	早期运行阶段	中期运行阶段	后期运行阶段
改正性维护	高	低	低	高
适应性维护	无	中	中	中至高
完善性维护	低	低至中	中	低
预防性维护	低	中	中	低

（横轴：系统年龄）

图 7-16　维护类型与系统生命周期的关系

3. 维护费用

在系统实施过程中，维护费用通常是很高的，因为需要通过改正性维护发现、研究并解决问题；一旦系统稳定下来，费用通常保持较低，并且只包含少量的适应性维护；而后随着系统的进一步使用，在动态的业务环境中适应性维护和完善性维护活动会变得较多；在系统的生命周期接近结束时，适应性维护和改正性维护费用迅速增加；最后当组织计划开发新系统来替换现有的系统时，完善性维护和预防性维护的费用明显降低。

第三节　信息系统评价体系

一个信息系统投入运行以后如何分析其工作质量？如何对其所带来的效益和所花费成本的投入产出比进行分析？如何分析一个信息系统对信息资源的充分利用程度？如何分析一个信息系统对组织内部各部分的影响？所有这些都是评价体系所要解决的问题。系统评价是对信息系统的性能进行估计、检查、测试、分析和评审的过程，包括实际指标与计划指标进行比较，以及评价系统目标实现的程度。

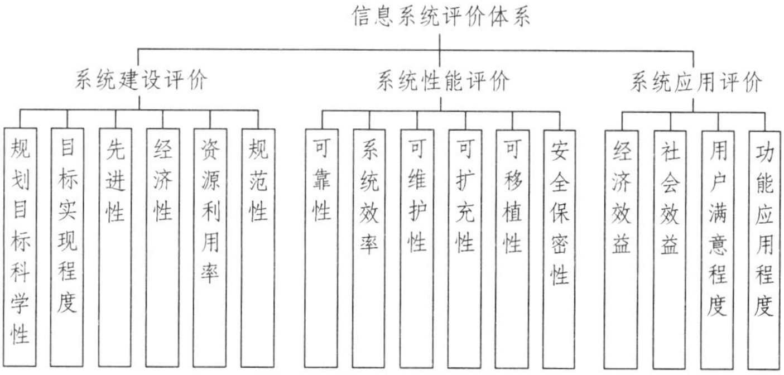

图 7-17　信息系统评价体系

系统评价一方面检查信息系统的目标、功能及各项指标是否达到设计要求，系统中各种资源的利用程度，从而对系统当前状态有明确的认识；另一方面通过评价和分析的结果发现问题，找出系统薄弱环节，提出改进意见，进行必要的修改和维护，为系统今后的发展和提高做准备。

1. 建设评价

（1）系统规划目标的科学性：分析管理信息系统规划目标的科学性，并考虑经济上、技术上、管理上和法律上的可行性。

（2）规划目标的实现程度：分析管理信息系统是否达到或超过规划阶段提出的规划目标。

（3）先进性：满足用户的需求，充分利用资源，融合先进管理知识，先进组织管理，设计的科学性和适应性。

（4）经济性：投资与所实现的功能相适应程度。

（5）资源利用率：对计算机、各种外部设备、各类硬软件和系统资源的利用程度。

（6）规范性：系统建设遵循相关的国际标准、国家标准和行业标准，相关文档资料的全面性和规范程度。

2. 性能评价

（1）可靠性：系统所涉及硬件系统和软件系统的可靠性。

（2）系统效率：系统完成各项功能所需要的资源，通常以时间衡量，例如周转时间、响应时间、吞吐量等。

（3）可维护性：确定系统中的错误、修改错误所需做出努力的大小，通常以系统的模块化程度、简明性及一致性来衡量。

（4）可扩充性：系统的处理能力和功能的可扩充程度，通常包括系统结构、硬件设备、软件功能的可扩充性等。

（5）可移植性：系统移至其他硬件环境下所需做出努力的程度。

（6）安全保密性：系统抵御硬件设备、软件系统和用户误操作、自然灾害及敌对者采取的窃取或破坏系统的能力，系统采取的安全保密措施等。

3. 应用评价

（1）经济效益：系统所产生的经济效益，如降低成本、提高竞争力、改进服务质量、获得更多利润等，通常以货币化形式来衡量。

（2）社会效益：系统对国家、地区和民众的公共利益所做出的贡献，该效益一般不能用货币化指标来衡量。如思想观念的转变、技术水平的提高、促进经济社会协调发展、决策科学化、生产力水平的提高、公共信息服务、合理利用资源、改变工作方式等。

（3）用户满意程度：用户对系统的功能、性能、用户界面的满意程度。通常以人机界面友好、操作方便、容错性强、易学易用、界面设计清晰合理、帮助系统完整等来衡量。

（4）系统功能应用程度：系统的目标和功能实现了多少，用户应用到什么程度，是否达到预期的目标和技术指标。

【学习指导】

• 系统实施不只是将所开发的系统装在计算机上的过程，涉及许多技术和非技术方面的问题，需要与开发系统过程一样重视。并通过实际案例理解一个好的管理信息系统软件，如果实施工作做得不好，同样会失败。

• 着重掌握系统调试的过程和每一步调试的主要内容，学会如何选择不同类型的数据进行调试，特别要注意排除程序中出现的逻辑错误。

• 系统转换过程不仅仅只是将所开发的管理信息系统应到管理实际工作之中，为了能够顺利实现系统转换，还必须在转换方式、人员培训、基础数据整理等方面做大量艰苦细致的工作，在系统试运行期间，对所出现的问题，要及时加以解决。

• 熟悉系统评价的指标体系，按照系统评价文档要求，掌握系统评价报告的撰写方法。

参考文献

[1] 黄梯云．管理信息系统导论[M]．北京：机械工业出版社，1986.

[2] 斯蒂芬·哈格，梅芙·卡明斯，詹姆斯·道金斯．信息时代的管理信息系统（2 版）[M]．北京：机械工业出版社，2000.

[3] 韩彪．交通运输发展理论[M]．大连：大连海事大学出版社，1994.

[4] 董宝田，刘军．铁路信息化概论[M].北京：中国铁道出版社，2014.

[5] 刘澜．交通运输系统分析[M]．成都：西南交通大学出版社，2008.

[6] 李雪梅，阎玮．基于产业生命周期理论的我国铁路发展趋势分析[J]．中国铁道科学，2011，32（01）.

[7] 赵俊岚．市场经济条件下铁路运输业营销机制的建立[J]．内蒙古科技与经济，2009（03）.

[8] 荣朝和．运输发展理论的近期进展[J]．中国铁道科学，2001，22（03）.

[9] 吴芳．铁路局运输管理信息系统的设计与开发[J]．铁道运输与经济，2004，05（026）.

[10] 廉文彬．铁路客运管理信息系统的研究与应用[J]．铁道运输与经济，2016，11（12）.

[11] 杨国元，史天运，方凯，张秋亮．铁路客运管理信息系统总体架构及关键技术研究[J]．铁路计算机应用，2016，03（007）.

[12] 张巨俭，甘仞初．管理信息系统的发展方向及实现技术[J]．计算机应用研究，2003,01（003）.

[13] 闻兵．铁路运输管理信息系统(TMIS)建设[J]．计算机系统应用，1996，（01）.